西方經濟學

主　編●肖　嵐
副主編●陳巧林、閆琴

前 言

西方經濟學是整個經濟管理類學科的基礎理論之一，是教育部規定的財經專業十門核心課程之一，主要介紹經濟理論與經濟政策。它既研究古老而又現代的家政管理，又研究多姿多彩的企業經營，還大膽解說政府日益加碼的經濟調控。它既讚美價格機制這只"看不見的手"的效率優勢，也無情地剖析市場機制在資源配置上的諸多缺陷。

我們在現實生活中不可能不碰到經濟問題，我們力圖用經濟學理論來解釋現實中的經濟問題，並提出解決的方案。我們希望學生通過本書的學習，能夠熟練掌握經濟學的一些原理，並能在實際生活中運用所學知識進行分析，提高運用理論解決現實問題的能力。

本書共十七章，第一章至第八章是微觀經濟學部分，第九章至第十七章是宏觀經濟學部分。其中，第一章由詹進偉老師編寫，第二章、第三章由王丹老師編寫，第四章至第八章由閆琴老師編寫，第九章由陳巧林老師編寫，第十六章由朱靖老師編寫，其他章節由肖嵐老師編寫。

本書主要有以下特點：

第一，由於本書針對的對象是應用型本科的學生，因此構建了一個內容簡明的理論體系，盡量採用簡潔的語言來表述。

第二，本書中引入了大量與實事相關的案例，以此來引起學生的興趣，並幫助學生運用所學知識來解釋現實中的問題。

本書在編寫過程中，借鑒、吸收了多種教材及著作，在此表示感謝。由於編者能力有限，書中出現紕漏甚至錯誤在所難免，敬請大家批評指正。

目 錄

第一章 導論 …………………………………………………………… (1)
    第一節 經濟學的研究對象 ……………………………………… (2)
    第二節 微觀經濟學與宏觀經濟學 ……………………………… (4)
    第三節 經濟學的研究方法 ……………………………………… (6)

第二章 市場經濟：需求與供給 …………………………………… (11)
    第一節 需求理論 ………………………………………………… (11)
    第二節 供給理論 ………………………………………………… (14)
    第三節 市場均衡 ………………………………………………… (16)
    第四節 彈性 ……………………………………………………… (20)

第三章 消費者行爲理論 …………………………………………… (32)
    第一節 基數效用論 ……………………………………………… (32)
    第二節 序數效用論 ……………………………………………… (36)
    第三節 需求曲線的推導 ………………………………………… (42)
    第四節 替代效應和收入效應 …………………………………… (45)

第四章 生產者行爲理論 …………………………………………… (51)
    第一節 生產與生產函數 ………………………………………… (52)
    第二節 一種可變生產要素的生產函數（短期生產函數）…… (55)
    第三節 兩種可變生產要素的生產函數 ………………………… (59)
    第四節 規模報酬 ………………………………………………… (67)

第五章 成本與收益理論 …………………………………………… (70)
    第一節 成本的測度 ……………………………………………… (71)

1

第二節　短期成本函數 …………………………………………… (74)
　　第三節　長期成本函數 …………………………………………… (80)
　　第四節　收益與利潤最大化 ……………………………………… (84)

第六章　市場結構 …………………………………………………… (88)
　　第一節　市場結構和廠商決策的共性原則 ……………………… (89)
　　第二節　完全競爭市場 …………………………………………… (91)
　　第三節　完全壟斷市場 …………………………………………… (100)
　　第四節　壟斷競爭市場 …………………………………………… (107)
　　第五節　寡頭壟斷市場 …………………………………………… (111)

第七章　分配理論 …………………………………………………… (121)
　　第一節　生產要素的需求與供給 ………………………………… (122)
　　第二節　工資、地租、利息、利潤 ……………………………… (126)
　　第三節　社會收入分配 …………………………………………… (133)

第八章　市場失靈與微觀經濟政策 ………………………………… (137)
　　第一節　壟斷與反壟斷政策 ……………………………………… (138)
　　第二節　公共物品 ………………………………………………… (142)
　　第三節　外部性 …………………………………………………… (146)
　　第四節　信息不對稱 ……………………………………………… (150)

第九章　宏觀經濟學導論 …………………………………………… (158)
　　第一節　什麼是宏觀經濟學 ……………………………………… (158)
　　第二節　宏觀經濟學的發展階段 ………………………………… (159)
　　第三節　宏觀經濟學的研究對象 ………………………………… (161)

第十章　總體經濟活動的衡量 ·· (163)
第一節　國內生產總值及其核算方法 ·· (163)
第二節　名義 GDP 和實際 GDP ·· (167)
第三節　國民收入核算體系的局限 ··· (168)

第十一章　宏觀經濟的短期分析：總支出均衡 ································ (171)
第一節　總需求與均衡 ··· (172)
第二節　均衡國民收入 ··· (173)

第十二章　金融與貨幣市場 ··· (179)
第一節　金融市場與貨幣 ··· (179)
第二節　貨幣供給與貨幣需求 ··· (181)
第三節　IS-LM 模型 ·· (185)

第十三章　經濟增長與經濟波動 ··· (189)
第一節　經濟增長的概念 ··· (189)
第二節　經濟增長的源泉 ··· (190)
第三節　經濟增長理論 ··· (192)
第四節　經濟波動的概念 ··· (195)
第五節　經濟波動理論 ··· (196)

第十四章　總需求與總供給 ··· (198)
第一節　總需求曲線 ··· (198)
第二節　總供給曲線 ··· (202)
第三節　AD-AS 模型 ·· (206)

第十五章　失業與通貨膨脹 ··· (210)
第一節　失業 ··· (210)

3

第二節　通貨膨脹 …………………………………………………（213）
　　第三節　失業與通貨膨脹的關係：菲利普斯曲線 …………………（220）

第十六章　開放經濟 ………………………………………………（222）
　　第一節　物品與資本的國際流動 …………………………………（223）
　　第二節　匯率與匯率的決定 ………………………………………（224）

第十七章　宏觀經濟政策 …………………………………………（228）
　　第一節　宏觀經濟政策目標 ………………………………………（229）
　　第二節　財政政策 …………………………………………………（230）
　　第三節　貨幣政策 …………………………………………………（233）

第一章　導論

引導案例

　　據中新社報道，日本國家旅遊局上海事務所所長鈴木克明表示，中國赴日遊客平均每人消費 16 萬日元（約合 14,000 元人民幣），中國已位居日本"重要旅遊推廣國家"之首。鈴木克明是在此間舉辦的"中日婦女迎世博城市創意旅遊經濟論壇"上透露這一數據的。他稱，其他國家遊客人均在日消費 8 萬日元（約合 7 000 元人民幣），而中國遊客的消費額是其他國家遊客的兩倍，前幾年電器是中國赴日遊客最喜歡購買的物品，而近年來服裝、化妝品有取而代之的勢頭。

　　鈴木克明說，全球金融危機沒有影響中國人赴日旅遊的熱情，2008 年赴日中國遊客創紀錄地達到 100 萬人。2009 年 6 月A型流感病毒（H1N1）爆發，中國赴日遊客與其他國家相比，下降幅度是最低的，進入 7 月份以後"下降勢頭更是趨緩"。日本 2009 年 7 月開始對中國遊客開放個人旅遊簽證。

　　問題：運用有關經濟學原理說明中國已居日本"重要旅遊推廣國家"之首的原因。

教學目的

　　本章介紹西方經濟學的研究對象、研究方法以及簡要介紹微觀經濟學和宏觀經濟學的異同。通過本章的學習，要求掌握西方經濟學的基本常識和概念。

本章重難點

　　西方經濟學的研究對象、研究方法以及微觀經濟學和宏觀經濟學的異同。

　　經濟問題是人類社會生存的首要問題。從個人的家庭生活到企業的經營活動，再到一個地區、一個國家的發展以至整個世界的發展，無不是在不斷處理各種各樣經濟問題中前進的，同時亦為不斷出現的無數的經濟問題苦惱。例如，失業、通貨膨脹、經濟停滯等問題經常困擾着各國政府；資金短缺、債務沉重、產品積壓、利潤下降等問題讓公司管理者焦頭爛額；雖然工資增加了，但伴隨著物價的上漲，人們在高興之餘不得不調整自己的生活安排。實際上幾乎每個人都自覺或不自覺地運用着經濟學的方法，在各種可能的經濟行為方案間進行選擇。然而，由於很多人不瞭解經濟運行規律，常常會感到被動和無可奈何。長期以來，經濟學家們都在為瞭解和解決這些問題進行思考與探索，提出了各種各樣的理論、方法和政策建議。

　　在西方，經濟學被稱為"社會科學的皇后"。經濟學是來源於實際的，我們可以用一個例子來說明西方經濟學的研究對象及方法。任何一個社會都擁有一定數量的人口、自然資源和其他生產所需物品。資源的數量是有限的，所能生產的各種產品也是有限的。多生產某種物品就一定要少生產另一種物品。簡便起見，我們可以假定用糧食和棉花作爲一定量土地資源投入生產的兩種產品，利用這些資源生產出來一定量的糧食和棉花的數量比例可以有多種不同選擇。例如，若全部土地都種糧食，就不能同時生產棉花；若全部土地都用於生產棉花，就不能生產糧食；若使用一部分土地種糧食，一部分土地種棉花，那麽究竟是以多少土地種糧食，多少土地種棉花呢？是多生產些棉花，少生產糧食呢？還是多生產些糧食，少生產些棉花呢？這裡就有個資源配置方案的選擇問題。在技術水平既定的條件下，一定量資源投入能生產的棉花和糧食的可能的產量組合可用生產可能性邊界來表示。所有這些可能產量的組合，都位於圖1-1中生產可能性邊界（OAB）圍起來的範圍內。

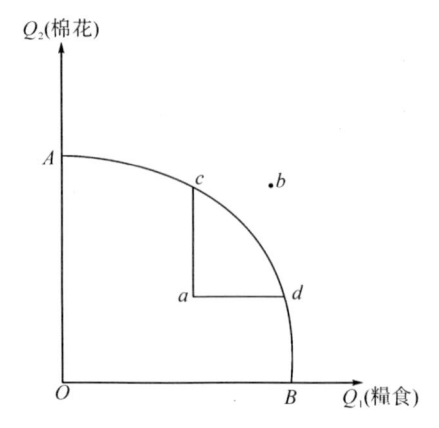

圖1-1　糧食與棉花可能性組合圖

　　曲線AB稱爲生產可能性曲線，AB線上的任何點都表示在現有技術條件下，投入的資源都得到充分利用時所生產的兩種商品的最大可能性的數量組合。偏離曲線AB的各點有不同意義。例如，位於AB線以外的b點，是在現有技術及資源條件下無法實現的；位於AB線以內的a點，表示所投入的資源尚未充分利用。糧食與棉花的矛盾向我們提供了一系列的問題：爲什麽能生產的棉花與糧食是有限的？在多種方案中選擇哪一種？爲什麽有時生產組合達不到AB線，而只能是a點？爲什麽現有條件達不到b點？我們就這些問題來説明經濟學的研究對象與方法。

第一節　經濟學的研究對象

一、稀缺性

　　糧食與棉花的矛盾根源在於資源的有限性，經濟學的研究對象正是這種資源的有限性決定的。相對於人類社會的無窮慾望而言，經濟物品或者說生產這些物品的資源總是不足的。從糧食與棉花的例子來看，糧食和棉花對於人們均是必需品。而糧食和棉花是靠有限的土地生產出來的。這就產生了稀缺性。經濟學意義上的稀缺性，即有限性實際包含的意義有二：一是可提供獲取的自然資源本身有限；二是人類獲取這些資源的能力有限。

需要註意的是，稀缺性是相對的。這就是說，稀缺性不是指能生產多少糧食和棉花，而是相對於人類社會無限的慾望而言的。同時，也要注意稀缺性又是絕對的。從歷史上看，稀缺性存在於人類社會的一切時期。無論是落後的原始社會還是發達的資本主義社會，都存在稀缺性。從現實來看，稀缺性存在於各個社會，無論是發展中國家還是發達國家都存在稀缺性。在地球上，無論是土地、礦產資源還是勞動資源，甚至像潔淨的空氣資源也越來越稀缺了。因此稀缺性是人類永恒的問題，只要有人類就會有稀缺性。

二、選擇與資源配置

人類社會的無窮慾望有輕重緩急之分。以糧食和棉花來說，也許某一時期內人類社會更需要糧食，而在另一時期卻更需要棉花。因此，在解決稀缺性問題時，人類社會就必須做出選擇。所謂選擇，就是如何利用既定的資源去生產經濟物品，以便更好地滿足人類的需求。具體來說，選擇中包含以下三個問題：

第一，生產什麼物品與生產多少，即在諸多的方案中選擇哪一種？

第二，如何生產？生產方法實際上就是如何對各種生產要素進行組合，是多用資本，少用勞動，用資本密集型方法進行生產呢？還是少用資本，多用勞動，用勞動密集型方法進行生產呢？

第三，生產出來的產品如何分配？這也是爲誰生產的問題。稀缺性是人類社會各個時期和各個社會面臨的永恒問題。因此，生產什麼、如何生產、爲誰生產的問題，就是人類社會必須解決的基本問題。這三個問題也被稱爲資源配置問題。

三、資源利用

人類社會往往面臨這樣一個矛盾：一方面，資源是稀缺的；另一方面，稀缺的資源還得不到充分利用。因此，人類社會如何更好地利用現有的稀缺資源，使之生產出更多的物品就是經濟學中所說的資源利用。

資源利用包括以下三個相關問題：

第一，爲什麼資源得不到充分利用，即糧食和棉花的產量達不到生產可能線上的各點。如何能使稀缺的資源得到充分的利用，就是一般所說的充分就業問題。

第二，糧食與棉花的產量爲什麼不能始終保持在生產可能線上，即相關資源並沒有改變，但產量卻時高時低。如何使糧食和棉花的產量不斷增長，就是一般所說的經濟波動與經濟增長問題。

第三，現代社會是一個以貨幣爲交換媒介的商品社會，貨幣購買力的變動對糧食與棉花的矛盾引起的各種問題的解決都影響甚大。這也就是一般所說的通貨膨脹（或通貨緊縮）問題。

由以上可以看出，稀缺性不僅引起了資源配置問題，而且還引起了資源利用問題。因此，許多經濟學家將經濟學定義爲研究稀缺性資源配置和利用的科學。

四、經濟制度

在不同的經濟制度下，資源配置問題與資源利用問題的解決方法是不同的。當前世界上解決資源配置問題與資源利用問題的經濟制度有兩種。一種是市場經濟制度，另一種是計劃經濟制度。當然，在現實中還有許多國家採用市場經濟與計劃經濟不同程度的結合（即混合經濟）來解決該問題。但是，從整體上看，市場經濟比計劃經濟效率高，更有利於經濟發展。我國同世界上絕大多數國家一樣採取的是由國家宏觀調控的市場經濟制度。既然稀缺性問題的解決離不開具體的經濟制度，那麼經濟學的定義應該是研究在一定制度下稀缺資源配置和利用的科學。

第二節　微觀經濟學與宏觀經濟學

在本章第一節中，我們從糧食與棉花的矛盾例子中得知，西方經濟學是研究資源配置與資源利用問題的。由此出發，經濟學的基本內容也就分爲研究資源配置問題的微觀經濟學與研究資源利用問題的宏觀經濟學。在本節中，我們先對微觀經濟學與宏觀經濟學做一些簡要的介紹，爲本書內容提供一些預備性知識。

一、微觀經濟學

微觀經濟學以單個經濟單位爲研究對象，通過研究單個經濟單位的經濟行爲和相應的經濟變量單項數值的決定來說明價格機制如何解決社會的資源配置問題。

在這一定義中包含了這樣幾個內容：

第一，研究的對象是單個經濟單位。單個經濟單位是指組成經濟的最基本單位，即居民戶與廠商。在微觀經濟學的研究中，假設居民戶與廠商經濟行爲的目標是實現最大化，即消費者居民戶要實現滿足程度最大化，生產者廠商要實現利潤最大化。微觀經濟學就是研究居民戶如何把有限的收入分配於各種物品的消費，以實現滿足程度最大化，以及廠商如何把有限的資源用於各種物品的生產，以實現利潤最大化。

第二，解決的問題是資源配置。資源配置，即前文所說的生產什麼、如何生產和爲誰生產的問題。解決資源配置問題就是要使資源配置達到最優化，微觀經濟學從研究單個經濟單位的最大化行爲入手來解決社會資源的最優配置問題。

第三，中心理論是價格理論。在市場經濟中，居民戶和廠商的行爲要受價格的支配。價格像一隻看不見的手，調節着整個社會的經濟活動。通過價格的調節，社會資源的配置實現了最優化。因此，價格理論是微觀經濟學的中心，其他問題都是圍繞這一中心問題展開的。

第四，研究方法是個量分析。個量分析研究經濟變量的單項數值如何決定。例如，某種商品的價格,某種產品的產量、價格等。

二、宏觀經濟學

宏觀經濟學是指總量經濟活動,即國民經濟的總體活動。國民經濟的總體活動是指整個國民經濟或國民經濟總體及其經濟活動和運行狀態。例如,總供給與總需求,國民經濟的總值及其增長速度,國民經濟中的主要比例關係,物價的總水平,勞動就業的總水平與失業率,貨幣發行的總規模與增長速度,進出口貿易的總規模及其變動等。一般認為,宏觀經濟學一詞是由挪威經濟家拉格納·弗里希(Ragnar Frisch)於1933年在建立"宏觀經濟學"時提出的。宏觀經濟學的主要目標是高水平的和快速增長的產出率、低失業率和穩定的價格水平。

宏觀經濟學的基本內容如下:

第一,國民收入決定理論。國民收入是衡量已有經濟資源利用整體情況和整個國民經濟狀況的基本指標。國民收入決定理論就是要從總需求和總供給的角度出發,分析國民收入決定經濟變動的規律,這是宏觀經濟學的中心。

第二,失業與通貨膨脹理論。失業與通貨膨脹是各國經濟中最主要的問題。宏觀經濟學把失業與通貨膨脹和國民收入聯繫起來,分析其原因、聯繫,以便找出解決該問題的途徑。

第三,中心理論是國民收入決定論。宏觀經濟學把國民收入作為最基本的總量,即以國民收入的決定為中心來研究資源利用問題,分析整個國民經濟的運行。

第四,研究方法是總量分析。總量是能反應整個經濟運行情況的經濟變量。這種總量可分為兩類:一類是個量的綜合。例如,國民收入是組成整個經濟的各個單位的收入之總和。另一類是平均量。例如,價格水平適合商品與勞務的平均價格。總量分析就是研究這些總量的決定、變動及相互關係,從而說明整體的經濟狀況。

三、微觀經濟學與宏觀經濟學的關係

從以上分析可以看出,微觀經濟學與宏觀經濟學在研究對象、解決的問題、中心理論和分析方法上都不相同,但兩者之間又有着密切的聯繫。

(一)微觀經濟學與宏觀經濟學是相互補充的

經濟學的目的是要實現社會經濟福利的最大化。為了達到這一目的,既要實現資源的最優配置,又要實現資源的充分利用。微觀經濟學在假定資源已實現充分利用的前提下分析如何達到最優配置問題;宏觀經濟學在假定資源已實現最優化配置的前提下分析如何達到充分利用問題。因此,兩者不是互相排斥而是相互補充的。兩者共同組成經濟學的基本原理。

(二)微觀經濟學與宏觀經濟學都是實證分析

微觀經濟學與宏觀經濟學都把社會經濟制度作為既定的,不分析社會經濟制度變動對經濟的影響。微觀經濟學與宏觀經濟學都是把資本主義制度作為一個既定的存在,分析這一制度下的資源配置與利用問題。這種不涉及制度問題,只分析問題的方法就是實證分析。

(三) 微觀經濟學是宏觀經濟學的基礎

整體經濟是單個經濟單位的總和，總量分析建立在個量分析的基礎之上。因此，微觀經濟學是宏觀經濟學的基礎。宏觀經濟學的許多理論是建立在微觀經濟學理論基礎上的。

四、現代西方經濟學的構成

現代西方大學流行的經濟學教科書的內容及體系不盡相同，但其經濟理論大體上可分爲兩部分，即微觀經濟學與宏觀經濟學。微觀經濟學主要研究個體經濟行爲，我們可以把它理解爲單個消費者、單個廠商、單個市場。市場是由消費者和廠商構成的，微觀經濟學就要從單個市場的構成元素開始着手。消費者有需求動機，廠商有供給動機，那麼對需求和供給的研究自然是微觀經濟學，從而成爲經濟學的起點。單獨考察消費者，有了消費者行爲理論、效用理論；單獨考察廠商，有了廠商理論、生產理論、成本理論。這樣，有了消費者和廠商，市場就構成了。然而市場又有不同類型，於是又有關於不同市場類型的理論。因此整個微觀經濟學實際上是循着以上線索展開的。

至於宏觀經濟學，其真正產生時期是凱恩斯主義的確立時期。宏觀經濟學一直就是和政府政策緊密聯繫的。宏觀經濟政策的四大目標是充分就業、物價穩定、經濟增長、國際收支平衡。充分就業就是宏觀經濟學中的失業理論研究；物價穩定就是通貨膨脹和通貨緊縮理論研究；經濟增長就是各學派針對經濟增長提出的模型；國際收支平衡就引出了開放條件下的宏觀經濟學。以上就大體構成了宏觀經濟學的理論框架。對於初學者來說，瞭解西方經濟學的構成，對學好這門課起着非常重要的作用。

第三節 經濟學的研究方法

經濟學也同其他學科一樣，都有自己的研究方法。用實證方法來分析經濟問題稱爲實證經濟學，而用規範方法來分析經濟問題稱爲規範經濟學。我們就從實證經濟學與規範經濟學入手來介紹經濟學的研究方法。

一、實證經濟學與規範經濟學的定義

實證經濟學企圖超越或排斥一切價值判斷，只研究經濟本身的內在規律，並根據這些規律，分析和預測人們經濟行爲的效果。它要回答"是什麼"的問題。規範經濟學以一定的價值判斷爲基礎，提出某些標準作爲分析處理經濟問題的標準、樹立經濟理論的前提、制定經濟政策的依據，並研究如何才能符合標準。它要回答"應該是什麼"的問題。爲了理解這兩個定義，需要做如下說明：

(一) 價值判斷的含義

這裡的價值並不是商品的價值，而是指經濟事物的社會價值，即不是指經濟事物是好或是壞的問題，而是指其對社會是具有積極意義，還是具有消極意義。價值判斷屬於社會倫理學範疇，具有強烈的主觀性與階級性。實證經濟學爲了使經濟學具有客觀科學性，就要避開價值判斷問題；而規範經濟學要判斷某一具體經濟事物的好壞，要從一定的價值判斷出發來研究問題。是否以一定的價值判斷爲依據，是實證經濟學與規範經濟學的重要區別之一。

(二) 實證經濟學與規範經濟學要解決的問題不同

實證經濟學要解決"是什麼"的問題，即要確認事實本身，研究經濟本身的客觀規律與內在邏輯，分析經濟變量之間的關係，並用於分析與預測。規範經濟學要解決"應該是什麼"的問題，即要說明事物本身是好是壞、是否符合某種價值判斷。這一點也就決定了實證經濟學科避開了價值判斷，而規範經濟學必須以價值判斷爲基礎。

二、實證分析的方法

實證分析是當代西方經濟學中最重要的分析方法。運用實證分析法研究經濟問題，就是要提出用於解讀事實的理論論據並做出預測。這也就是形成經濟理論的過程。因此，我們重點介紹如何用實證分析法得出經濟理論。

(一) 理論的組成

一個完整的理論包括定義、假設、假說、預測。

定義是對經濟學研究的各種變量規定的明確的含義。變量是一些可以取不同數值的量。在經濟分析中常用的變量有內生變量與外生變量，即通常所說的 $y=f(x)$ 公式，x 稱爲自變量，y 稱爲因變量。存量是指一定時點上存在的變量的數值。其數值大小與時間維度無關。流量是指一定時期內發生的變量的數值。其數值大小與時間維度有關。

假設是某一理論使用的條件，因爲任何理論都是有條件的、相對的，所以在理論形成中假設非常重要。西方經濟學家在分析問題時特別重視假設條件。有一個小故事可以說明這一點。幾位在沙漠上旅行的學者討論如何打開罐頭的問題。物理學家說："給我一個聚光鏡，我可以用陽光把罐頭打開。"化學家說："我可以用幾種化學藥劑的化學反應來打開罐頭。"而經濟學家說："假設我有一把開罐頭刀會怎樣？"這說明經濟學家總是從"假設"開始分析問題的，離開了假設條件，分析與結論就毫無意義。例如，需求定理是在假設消費者的收入、嗜好、人口量、社會風尚等不變的前提下來分析需求量與價格之間的關係。離開這些假設，需求定理說明的需求量與價格的反方向變動的真理就沒有意義。在形成理論時，假設的某些條件往往並不現實，但沒有假設就很難得出正確的結論。

假說是對兩個或兩個以上的經濟變量之間的關係的闡述，即未經證明的理論。在理論形成中提出假說是十分重要的，這種假說往往是對某些現象的經驗性概括或總結。但要經過驗證才能說明假說是否能成爲具有普遍意義的理論。因此，假說不是憑空產生的，它必須來源於實際。

預測是根據假說對未來進行預期。科學的預測是一種有條件性的說明，其形式一般是"如果……就會……"預測是否正確，是對假說的驗證。正確的假說的作用就在於它能正確地預測未來。

(二) 理論的形成

我們可以用圖 1-2 來說明一種經濟理論的形成過程。這就是實證分析法。

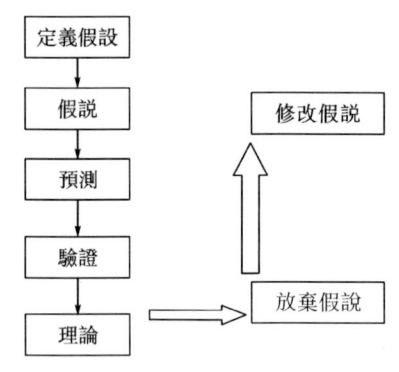

```
定義假設
  ↓
 假說 ────→ 修改假說
  ↓           ↑
 預測          │
  ↓           │
 驗證 ────→ 放棄假說
  ↓
 理論
```

圖 1-2　經濟理論的形成過程

(三) 理論的表述方式

運用實證分析得出的各種理論可以有不同的方法進行表述，也就是說，同樣的理論內容可以用不同的方法表述。一般說來，經濟理論有以下四種表述方法：

(1) 口述法，即用文字表述經濟理論。
(2) 算數表述法，即用表格來表述經濟理論。
(3) 圖形法，即用幾何圖形表述經濟理論。
(4) 代數表達法，即用函數關係表述經濟理論。

這四種方法各有優劣，在分析經濟問題時可靈活運用。

三、實證分析工具

在實證分析中涉及的分析工具是很多的，這里僅介紹如下四種實用性強、應用廣泛的分析工具：

(一) 均衡分析與非均衡分析

均衡是物理學中的名詞，當一物體同時受到方向相反的兩個外力的作用時，這兩個外力力量相等時，該物體處於靜止狀態，這種狀態就是均衡。19 世紀末的英國經濟學家馬歇爾把這一概念引入經濟學中。均衡分析是通過分析各種經濟變量之間的關係，說明均衡的實現及其變動。均衡分析又可以分爲局部均衡分析與一般均衡分析。局部均衡分析考察在其他條件不變時整個市場的均衡的建立與變動；一般均衡分析則考察各個市場之間的均衡問題。均衡分析偏重於數量分析，非均衡分析則認爲經濟現象及其變化的原因是多方面的、複雜的，不能單純用有關變量之間的均衡與不均衡來加以解釋，非均衡分析主張以歷史的、制度的、社會的因素作爲分析的基本方法。即使是量的分析，非均衡分析也不強調各種力量相等時的均衡狀態，而是強調各種力量不

8

相等時的非均衡狀態。微觀經濟學與宏觀經濟學中運用的主要工具是均衡分析。

(二) 動態分析與靜態分析

　　靜態分析和動態分析的基本區別在於，前者不考慮時間因素，而後者考慮時間因素。換句話說，靜態分析考察一定時期內各種變量之間的相互關係，而動態分析考察各種變量在不同時期的變動情況；靜態分析研究經濟現象的相對靜止狀態，而動態分析研究經濟現象的發展變化過程。

(三) 靜態均衡分析、比較靜態均衡分析、動態均衡分析

　　均衡分析、靜態分析、動態分析結合在一起產生了三種分析工具：靜態均衡分析、比較靜態均衡分析與動態均衡分析。靜態均衡分析要説明各種經濟變量達到的均衡條件；比較靜態均衡分析要説明從一種均衡狀態變動到另一種均衡狀態的過程；動態均衡分析則要在引進時間因素的基礎上説明均衡的時間變化過程。

(四) 定性與定量分析

　　定性分析説明經濟現象的性質及內在的規定性與規律性。定量分析則是分析經濟現象之間量的關係。許多經濟現象是可以用某種標準來衡量的，可以表示為一定的數量，各種經濟現象之間量的關係可以更為準確地反應經濟運行的內在規律。因此，實證經濟分析中特別注意定量分析。在經濟學中，可以廣泛應用數學工具，一是運用數學公式、定理來表示或推導、論證經濟理論。二是根據一定的經濟理論，編制數學模型，帶入數據進行計算，以驗證理論或進行經濟預測。定量分析使經濟學更能應用於實際。

四、微觀經濟理論與經濟政策

　　經濟學具有很強的實用性，是為現實服務的。它既包括經濟理論又包括經濟政策，是兩者的結合。

　　經濟理論是對各種經濟問題的分析，力圖尋找出經濟現象本身的客觀規律。經濟政策是根據經濟規律制定的。因此，經濟理論是經濟政策的基礎。沒有正確的經濟理論就難以制定出正確的經濟政策。經濟政策則是經濟理論的應用。從這種意義上來説，經濟理論是基礎，這也是經濟理論受到重視的原因。

　　但是，從實際情況來看，也並不是先有經濟理論而後有經濟政策。常見的情況是先有解決某個實際問題的經濟政策，而後才有為之服務並做出解釋的經濟理論。例如，在20世紀30年代的世界經濟大危機中就是先有國家干預經濟的具體政策，而後才有對這種政策進行解釋的凱恩斯主義宏觀經濟理論。但這並不意味着否定經濟理論的重要意義，只有以正確的理論為依據，政策才會完善。因此，整個政策的制定、發展和驗證都離不開理論。同樣，理論也只有為政策服務，並通過政策實施的結果來驗證才能證明其正確性。正因為如此，我們在研究經濟學時既要研究理論，也要研究政策，把兩者有機結合起來。

　　一般來説，經濟政策可以大致分為微觀經濟政策和宏觀經濟政策。前者以微觀經

濟學理論爲基礎，是從其中引申出來的；後者以宏觀經濟理論爲基礎，是從其中引申出來的。微觀經濟理論與微觀經濟政策的結合就是微觀經濟學，而宏觀經濟理論與宏觀經濟政策的結合就是宏觀經濟學。本書就是從理論與實際政策結合的角度來介紹西方經濟的基本內容的。

習題

1. 請簡述微觀經濟學與宏觀經濟學的異同。
2. 請簡述實證經濟學與規範經濟學的異同。
3. 請簡述如何提高資源利用率。

第二章　市場經濟：需求與供給

引導案例

　　1967 年，一場大暴雪使得芝加哥市區的交通癱瘓，外面的生活必需品難以進入。某住所附近有兩家雜貨店，一家雜貨店的店主慈悲爲懷，堅持在大雪天對店内商品不漲價，其店中的商品很快被搶購一空，但如此低的價格難以使其以高價向外界繼續採購新的商品，這家雜貨店很快就關門大吉了。另外一家雜貨店則將所有商品的價格暫時提高到原來的兩倍，同時這家雜貨店的店主出高價請當地的孩子乘雪橇從外地運進當地市民需要的各種商品。漲價的雜貨店因爲能夠支付較高的運貨成本，在暴雪時期保證了對居民的基本供應，同時較高的價格也自然促使居民根據新的價格狀況調整自己的需求，將自己採購的物品控制在自己能夠承擔的範圍内。爲什麼這兩家雜貨店會有兩種不同的結果？

　　情人節這天玫瑰花要比平常貴，商場里的衣服常常打折出售，但是米面這類商品基本不打折，這是爲什麼呢？

教學目的

　　價格分析是微觀經濟學分析的核心，微觀經濟學也被稱爲價格理論。在微觀經濟學中，任何商品的價格都是由商品的需求和供給這兩個因素共同決定的。正因爲如此，對需求曲線和供給曲線的初步論述，通常被當作微觀經濟學分析的出發點。本章通過分析需求、供給以及均衡價格相關理論，旨在讓學生掌握需求供給的基本理論以及運用相關理論對現實市場變化或某些現象進行分析。

本章重難點

　　需求定理、需求與需求量的區別、供給定理、供給與供給量的區別、彈性的定義與分類、影響彈性的因素、需求價格彈性與總收益的關係。

第一節　需求理論

一、需求的概念

　　需求是指消費者在一定時期内在各種可能的價格水平下願意而且能夠購買的該商

品的數量。構成需求必須滿足兩個條件：其一，消費者對某種商品有購買的慾望；其二，消費者具有購買的能力。需求和慾望是不同的，你想買一輛寶馬轎車，但是沒有資金購買就不構成需求。

需求可以分爲個人需求和市場需求，個人需求是指某個消費者對某種商品的需求，市場需求是在不同價格水平下個人需求量的總和。

二、影響需求的因素

一種商品的需求數量是由許多因素共同決定的。其中，主要的因素有該商品自身價格、消費者的收入水平、相關商品的價格、消費者的偏好、消費者對該商品的價格預期和政府政策等。

（一）商品自身價格

一般來說，一種商品的價格越高，該商品的需求量就會越小；相反，一種商品的價格越低，該商品的需求量就會越大。

（二）消費者的收入水平

對於大多數商品來說，當消費者的收入水平提高時，就會增加對商品的需求量；相反，當消費者的收入水平下降時，就會減少對商品的需求量。

（三）相關商品的價格

當一種商品本身的價格保持不變，相關的其他商品的價格發生變化時，這種商品本身的需求量也會發生變化。相關商品可以分爲替代品和互補品。替代品是指那些功能相似、可以相互替代、滿足人們同種需要的商品，如鷄肉和豬肉。替代品之間價格與需求呈同方向變動，如果豬肉的價格上漲了，鷄肉的需求量相應會上漲一些。互補品是指那些功能相互補充才能滿足人們某種需要的商品，如眼鏡片和眼鏡架。在其他條件不變的前提下，眼鏡架的價格不變，眼鏡片的價格上漲，人們往往也會減少對眼鏡架的購買，從而使得眼鏡架的需求量下降。

（四）消費者的偏好

當消費者對某種商品的偏好程度增強時，該商品的需求量就會增加；相反，當消費者對某種商品的偏好程度減弱時，該商品的需求量就會減少。

（五）消費者對商品的價格預期

當消費者預期某種商品的價格在未來（下一期）會上升時，就會增加對該商品的現期需求量；當消費者預期某商品的價格在未來（下一期）會下降時，就會減少對商品的現期需求量。

三、需求的表達方式

（一）需求函數

需求函數是表示一種商品的需求數量和影響該需求數量的各種因素之間的函數關

係。在需求函數中，影響需求數量的各個因素是自變量，需求數量是因變量。一種商品的需求數量是所有影響這種商品需求數量的因素的函數。我們假定其他因素保持不變，僅分析一種商品的價格對該商品需求量的影響，即把一種商品的需求量看成這種商品的價格的函數，於是，需求函數就可以用下式表示：

$$Q^d = f(P) \tag{2.1}$$

式中，P 爲商品的價格；Q^d 爲商品的需求量。

(二) 需求表

需求函數 $Q^d = f(P)$ 表示一種商品的需求量和該商品的價格之間存在着一一對應的關係。這種函數關係可以分別用商品的需求表和需求曲線來表示。

商品的需求表是表示某種商品的各種價格水平和與各種價格水平相對應的該商品的需求數量之間關係的數字序列表。表 2-1 是某商品的需求表。

從表 2-1 可以清楚地看到商品價格與需求量之間的函數關係。例如，當商品價格爲 1 元時，商品的需求量爲 700 單位；當價格上升爲 2 元時，需求量下降爲 600 單位；當價格進一步上升爲 3 元時，需求量下降爲更少的 500 單位；等等。

表 2-1　　　　　　　　　　　某商品的需求表

價格—數量組合	A	B	C	D	E	F	G
價格（元）	1	2	3	4	5	6	7
需求量（單位數）	700	600	500	400	300	200	100

(三) 需求曲線

商品的需求曲線是根據需求表中商品不同的價格—需求量的組合在平面坐標圖上繪制的一條曲線。圖 2-1 是根據表 2-1 繪制的一條需求曲線。在圖 2-1 中，橫軸 Q 表示商品的數量，縱軸 P 表示商品的價格。

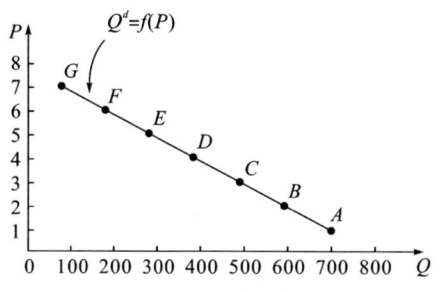

圖 2-1　某商品的需求曲線

圖 2-1 中的需求曲線是這樣得到的：根據表 2-1 中每一個商品的價格—需求量的組合，在平面坐標圖中描繪相應的各點，某商品的需求曲線點分別爲 A、B、C、D、E、F、G，然後順次連接這些點，便得到需求曲線 $Q^d = f(P)$。它表示在不同價格水平下消費者願意且能夠購買的商品數量。因此，需求曲線是以幾何圖形來表示商品的價格和

需求量之間的函數關係的。

圖 2-1 中的需求曲線是一條直線，實際上，需求曲線可以是直線，也可以是曲線。當需求函數爲線性函數時，相應的需求曲線是一條直線，直線上各點的斜率是相等的；當需求函數爲非線性函數時，相應的需求曲線是一條曲線，曲線上各點的斜率是不相等的。在微觀經濟分析中，爲了簡化分析過程，在不影響結論的前提下，大多使用線性需求函數。線性需求函數的通常形式爲：

$$Q^d = \alpha - \beta \cdot P \tag{2.2}$$

式中，α、β 爲常數，α、$\beta>0$。該函數對應的需求曲線爲一條直線。

建立在需求函數基礎上的需求表和需求曲線都反應了商品的價格變動和需求量變動兩者之間的關係。從表 2-1 可見，商品的需求量隨著商品價格的上升而減少。相應地，在圖 2-1 中的需求曲線具有一個明顯的特徵，它是向右下方傾斜的，即它的斜率爲負值。它們都表示商品的需求量和價格之間呈反方向變動的關係。一般的需求曲線是向右下方傾斜的，但是並不是所有的需求曲線都是向右下方傾斜的，這在後面的章節會進行介紹。

第二節　供給理論

一、供給的概念

商品的供給是指生產者在一定時期內、在各種可能的價格下願意而且能夠提供出售的該種商品的數量。根據上述定義，如果生產者對某種商品只有提供出售的願望，而沒有提供出售的能力，則不能形成有效供給，也不能算是供給。供給必須要滿足供給意願和供給能力兩個條件。

二、影響供給的因素

一種商品的供給數量受多種因素的影響，其中主要的因素有商品的價格、生產的成本、生產的技術水平、相關商品的價格和生產者對未來的預期等。

(一) 商品的自身價格

一般說來，一種商品的價格越高，生產者提供的產量就越大；相反，一種商品的價格越低，生產者提供的產量就越小。

(二) 商品的生產成本

在商品自身價格不變的條件下，生產成本上升會減少利潤，從而使得商品的供給量減少；相反，生產成本下降會增加利潤，從而使得商品的供給量增加。

(三) 生產的技術水平

在一般的情況下，生產技術水平的提高可以降低生產成本，增加生產者的利潤，生產者會提供更多的產量。

（四）相關商品的價格

在一種商品的價格不變，而其他相關商品的價格發生變化時，該商品的供給量會發生變化。例如，對於某個生產小麥和玉米的農戶來說，在玉米價格不變而小麥價格上升時，該農戶就可能增加小麥的耕種面積而減少玉米的耕種面積。

（五）生產者對未來的預期

如果生產者對未來的預期是樂觀的，如預期商品的價格在未來會上漲，那麼廠商現期會減少供給；如果生產者對未來的預期是悲觀的，如預期商品的價格在未來會下降，那麼廠商現期會增加供給。在理解生產者的預期的時候，要注意一定要把生產和供給區分開，因爲這兩個名詞並不一定總是具有相同含義的。

三、供給的表示方式

（一）供給函數

一種商品的供給量是所有影響這種商品供給量的因素的函數。如果假定其他因素均不發生變化，僅考慮一種商品的價格變化對其供給量的影響，即把一種商品的供給量只看成這種商品價格的函數，則供給函數就可以表示爲：

$$Q^s = f(P) \tag{2.3}$$

式中，P 爲商品的價格；Q^s 爲商品的供給量。

（二）供給表

供給函數 $Q^s = f(P)$ 表示一種商品的供給量和該商品價格之間存在着一一對應的關係。這種函數關係可以分別用供給表和供給曲線來表示。

商品的供給表是表示某種商品的各種價格和與各種價格相對應的該商品的供給數量之間關係的數字序列表。表 2-2 是某商品的供給表。

表 2-2　　　　　　　　　　某商品的供給表

價格—數量組合	A	B	C	D	E
價格（元）	2	3	4	5	6
供給量（單位數）	0	200	400	600	800

表 2-2 清楚地表示了商品的價格和供給量之間的函數關係。例如，當價格爲 6 元時，商品的供給量爲 800 單位；當價格下降爲 4 元時，商品的供給量減少爲 400 單位；當價格進一步下降爲 2 元時，商品的供給量減少爲零。

（三）供給曲線

商品的供給曲線是根據供給表中的商品的價格—供給量組合在平面坐標圖上繪制的一條曲線。圖 2-2 便是根據表 2-2 繪制的一條供給曲線。圖 2-2 中的橫軸 Q 表示商品數量，縱軸 P 表示商品價格。在平面坐標圖上，把根據供給表中商品的價格—供給量組合所得到相應的坐標點 A、B、C、D、E 連接起來的線，就是該商品的供給曲線

$Q^s = f(P)$。它表示在不同的價格水平下生產者願意而且能夠提供出售的商品數量。供給曲線是以幾何圖形表示商品的價格和供給量之間的函數關係。和需求曲線一樣，供給曲線也是一條光滑的、連續的曲線，它是建立在商品的價格和相應的供給量的變化具有無限分割性（即連續性）的假設上的。

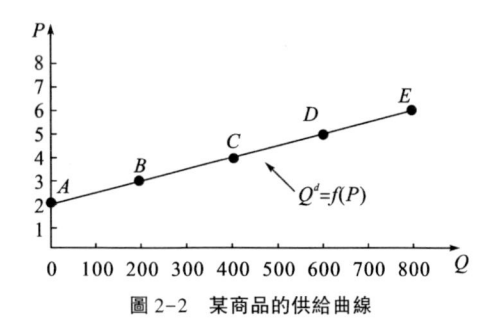

圖 2-2 某商品的供給曲線

如同需求曲線一樣，供給曲線可以是直線，也可以是曲線。如果供給函數是線性函數，則相應的供給曲線爲直線。如果供給函數是非線性函數，則相應的供給曲線爲曲線。直線型的供給曲線上的每個點的斜率是相等的，曲線型的供給曲線上的每個點的斜率則不相等。在微觀經濟分析中，使用較多的是線性供給函數。它的通常形式爲：

$$Q^s = -\delta + \gamma P \tag{2.4}$$

式中，δ、γ 爲常數，γ、$\delta > 0$。

與該函數相對應的供給曲線爲一條直線。

第三節 市場均衡

需求曲線說明了消費者對某種商品在每一價格下的需求量是多少，供給曲線說明了生產者對某種商品在每一價格下的供給量是多少。但是，它們都沒說明這種商品本身的價格究竟是如何決定的。那麼，商品的價格是如何決定的呢？微觀經濟學中的商品價格是指商品的均衡價格。商品的均衡價格是在商品的市場需求和市場供給這兩種相反的力量的相互作用下形成的。本節將需求曲線和供給曲線結合在一起分析均衡價格的形成及其變動。

一、均衡價格的決定

一種商品的均衡價格是指該種商品的市場需求量和市場供給量相等時的價格。在均衡價格水平下的相等的供求數量被稱爲均衡數量。從幾何意義上說，一種商品在市場上的均衡出現在該商品的市場需求曲線和市場供給曲線相交的交點上，該交點被稱爲均衡點。均衡點上的價格和相等的供求量分別被稱爲均衡價格和均衡數量。市場上需求量和供給量相等的狀態，也被稱爲市場出清的狀態。

在圖 2-3 中，假定 D 曲線爲市場的需求曲線，S 曲線爲市場的供給曲線。需求曲

線 D 和供給曲線 S 相交於 E 點，E 點爲均衡點。在均衡點 E 上，均衡價格 $\bar{P}=4$ 元，均衡數量 $\bar{Q}=400$。顯然，在商品價格爲 4 元時，消費者的購買量和生產者的銷售量是相等的，都爲 400 單位；也可以反過來說，在需求量和供給量均爲 400 單位時，消費者願意支付的最高價格和生產者願意接受的最低價格是相等的，都爲 4 元。因此，這樣一種狀態便是一種使買賣雙方都感到滿意並願意持續下去的均衡狀態。

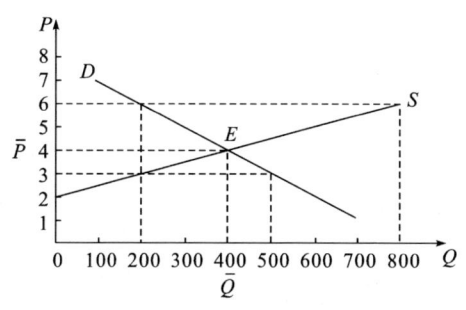

圖 2-3　某商品的均衡價格

均衡價格的決定也可以用與圖 2-3 相對應的表 2-3 來說明。由表 2-3 可知，商品的均衡價格爲 4 元，商品的均衡數量爲 400 單位。

商品的均衡價格是如何形成的呢？

商品的均衡價格表現爲商品市場上需求和供給這兩種相反的力量共同作用的結果，是在市場的供求力量的自發調節下形成的。當市場價格偏離均衡價格時，市場上會出現需求量和供給量不相等的非均衡的狀態。一般說來，在市場機制的作用下，這種供求不相等的非均衡狀態會逐步消失，實際的市場價格會自動地回復到均衡價格水平。

表 2-3　　　　　　　　　　某商品均衡價格的決定

價格（元）	6	5	4	3	2
需求量（單位數）	200	300	400	500	600
供給量（單位數）	800	600	400	200	0

仍用圖 2-3 或相應的表 2-3 來說明均衡價格的形成。當市場的實際價格爲 6 元，高於均衡價格時，商品的需求量爲 200 單位，供給量爲 800 單位。出現供給量大於需求量的商品過剩或超額供給的市場狀況時，一方面，會使需求者壓低價格來購買商品；另一方面，又會使供給者減少商品的供給量。這樣，該商品的價格必然下降，一直下降到 4 元，即均衡價格的水平。與此同時，隨著價格由 6 元下降爲 4 元，商品的需求量逐步由 200 單位增加爲 400 單位，商品的供給量逐步由 800 單位減少爲 400 單位，從而實現供求量相等的均衡數量，即 400 單位。相反地，當市場的實際價格爲 3 元，低於均衡價格時，商品的需求量爲 500 單位，供給量爲 200 單位。面對需求量大於供給量的商品短缺或超額需求的市場狀況時，一方面，迫使需求者提高價格來得到其要購買的商品量；另一方面，又使供給者增加商品的供給量。這樣，該商品的價格必然上升，一直上升到 4 元，即均衡價格的水平。在價格由 3 元上升爲 4 元的過程中，商品的需求量

逐步由 500 單位減少爲 400 單位，商品的供給量逐步由 200 單位增加爲 400 單位，最後達到供求量相等的均衡數量，即 400 單位。由此可見，當市場上的實際價格偏離均衡價格時，市場上總存在着變化的力量，最終達到市場的均衡或市場出清。

二、均衡價格的變動

一種商品的均衡價格是由該商品的市場需求曲線和供給曲線的交點決定的。因此，需求曲線或供給曲線的位置移動都會使均衡價格水平發生變動。下面將先介紹有關需求曲線和供給曲線位置移動的內容，然後再說明這兩種移動對均衡價格以及均衡數量的影響。

（一）需求曲線的移動

要瞭解需求曲線的移動，必須區分需求量的變動和需求的變動這兩個概念。需求量的變動和需求的變動都是需求數量的變動，它們的區別在於引起這兩種變動的因素是不相同的，而且這兩種變動在幾何圖形中的表示也是不相同的。

1. 關於需求量的變動

需求量的變動是指在其他條件不變時，由某商品的價格變動引起的該商品的需求數量的變動。在幾何圖形中，需求量的變動表現爲商品的價格—需求數量組合點沿着一條既定的需求曲線的運動。在圖 2-4 中，A 點到 B 點的變動就是需求量的變動。

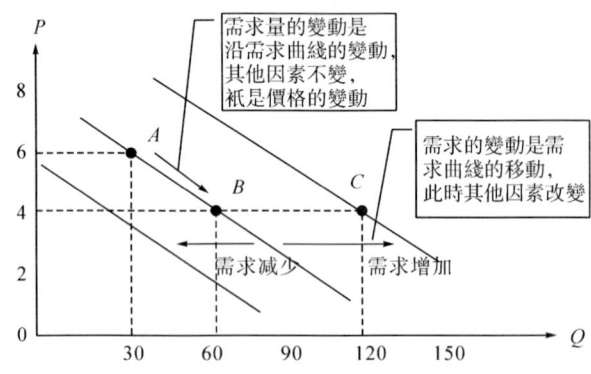

圖 2-4　需求量的變動與需求的變動

2. 關於需求的變動

需求的變動是指在某商品價格不變的條件下，由其他因素變動引起的該商品的需求數量的變動。這里的其他因素變動是指消費者收入水平變動、相關商品的價格變動、消費者偏好的變化和消費者對商品的價格預期的變動等。在圖 2-4 中，B 點到 C 點的變動就是需求的變動。

（二）供給曲線的移動

要瞭解供給曲線的移動，必須區分供給量的變動和供給的變動這兩個概念。類似於以上關於需求量的變動和需求的變動的區分，供給量的變動和供給的變動都是供給數量的變動,它們的區別在於引起這兩種變動的因素是不相同的,而且這兩種變動在幾何圖形中的表示也是不相同的。

供給量的變動是指在其他條件不變時,由某商品的價格變動引起的該商品供給數量的變動。在幾何圖形中,這種變動表現爲商品的價格—供給數量組合點的變動。

供給的變動是指在某商品價格不變的條件下,由其他因素變動引起的該商品的供給數量的變動。這里的其他因素變動可以指生產成本的變動、生產技術水平的變動、相關商品價格的變動和生產者對未來的預期的變化等。在幾何圖形中,供給的變動表現爲供給曲線的位置發生移動。

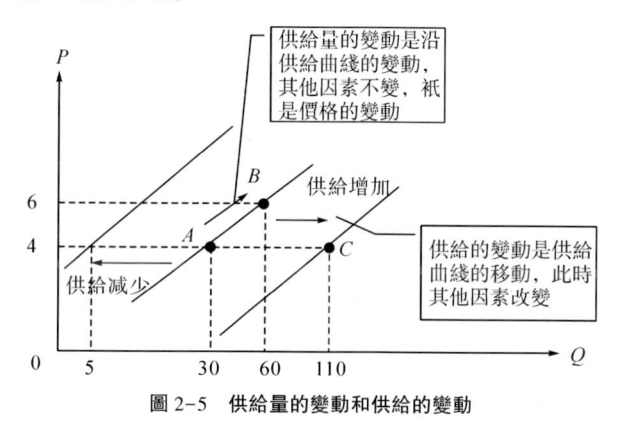

圖 2-5 供給量的變動和供給的變動

在圖 2-5 中,A 點到 B 點的變動是供給量的變動,A 點到 C 點的變動是供給的變動。

(三)需求的變動和供給的變動對均衡價格和均衡數量的影響

1. 需求變動的影響

在供給不變的情況下,需求增加會使需求曲線向右平移,從而使得均衡價格和均衡數量都增加;需求減少會使需求曲線向左平移,從而使得均衡價格和均衡數量都減少(如圖 2-6 所示)。

在圖 2-6 中,既定的供給曲線 S 和最初的需求曲線 D_1 相交於 E_1 點。在均衡點 E_1,均衡價格爲 P_1,均衡數量爲 Q_1。需求增加使需求曲線 D_1 向右平移至 D_2 曲線的位置,D_2 曲線與 S 曲線相交於 E_2 點。在均衡點 E_2,均衡價格上升爲 P_2,均衡數量增加爲 Q_2。相反,需求減少使需求曲線 D_1 向左平移至 D_3 曲線的位置,D_3 曲線與 S 曲線相交於 E_3 點。在均衡點 E_3,均衡價格下降爲 P_3,均衡數量減少爲 Q_3。

2. 供給變動的影響

在需求不變的情況下,供給增加會使供給曲線向右平移,從而使得均衡價格下降,均衡數量增加;供給減少會使供給曲線向左平移,從而使得均衡價格上升,均衡數量減少(如圖 2-7 所示)。

在圖 2-7 中,既定的需求曲線 D 和最初的供給曲線 S_1 相交於 E_1 點。在均衡點 E_1 的均衡價格和均衡數量分別爲 P_1 和 Q_1。供給增加使供給曲線 S_1 向右平移至 S_2 曲線的位置,並與 D 曲線相交於 E_2 點。在均衡點 E_2,均衡價格下降為 P_2,均衡數量增加為 Q_2。相反,供給減少使供給曲線 S_1 向左平移至 S_3 曲線的位置,與 D 曲線相交於 E_3 點。在均衡點 E_3,均衡價格上升為 P_3,均衡數量減少為 Q_3。

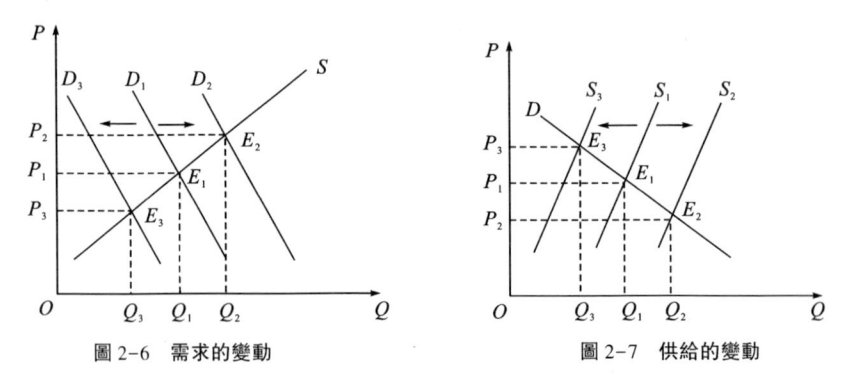

圖 2-6　需求的變動

圖 2-7　供給的變動

綜上所述,可以得到供求定理:在其他條件不變的情況下,需求變動分別引起均衡價格和均衡數量的同方向的變動;供給變動引起均衡價格的反方向的變動,引起均衡數量的同方向的變動。

第四節　彈性

一、彈性的一般含義

我們已經知道,當一種商品的價格發生變化時,這種商品的需求量會發生變化。除此之外,當消費者的收入水平或者相關商品的價格等其他因素發生變化時,這種商品的需求也會發生變化。同樣地,當一種商品的價格發生變化,或者這種商品的生產成本等其他因素發生變化時,這種商品的供給量會發生變化。由此,我們會很自然地想知道,例如,當一種商品的價格下降1%時,這種商品的需求量和供給量究竟分別會上升和下降多少呢?當消費者的收入水平上升1%時,商品的需求量究竟增加了多少?等等。彈性概念就是專門為解決這一類問題而設立的。

彈性概念在經濟學中得到了廣泛的應用。一般來說,只要兩個經濟變量之間存在着函數關係,我們就可以用彈性來表示因變量對自變量變化的反應的敏感程度。具體來說,彈性是這樣一個數字,它告訴我們,當一個經濟變量發生1%的變動時,由它引起的另一個經濟變量變動的百分比。例如,彈性可以表示當一種商品的價格上升1%時,相應的需求量和供給量的變化的百分比具體是多少。

在經濟學中,彈性的一般公式為:

$$彈性系數 = \frac{因變量的變動比例}{自變量的變動比例} \quad (2.5)$$

設兩個經濟變量之間的函數關係為 $Y=f(X)$,則彈性的一般公式還可以表示為:

$$e = \frac{\frac{\Delta Y}{Y}}{\frac{\Delta X}{X}} = \frac{\Delta Y}{\Delta X} \cdot \frac{X}{Y} \tag{2.6}$$

式中，e 爲彈性系數；ΔX、ΔY 分別爲變量 X、Y 的變動量。該式表示當自變量 X 變化1%時，因變量 Y 的變化百分比。

若經濟變量的變化量趨於無窮小，即當公式（2.6）中的 $\Delta X \to 0$，$\Delta Y \to 0$ 時，則彈性公式爲：

$$e = \lim_{\Delta x \to 0} \frac{\frac{\Delta Y}{Y}}{\frac{\Delta X}{X}} = \frac{\frac{dY}{Y}}{\frac{dX}{X}} = \frac{dY}{dX} \cdot \frac{X}{Y} \tag{2.7}$$

通常將公式（2.6）稱爲弧彈性公式，將公式（2.7）稱爲點彈性公式。

需要指出的是，由彈性的定義公式可以清楚地看到，彈性是兩個變量的變動比例的一個比值，因此彈性是一個具體的數字，它與自變量和因變量的單位無關。

本節將以需求的價格彈性爲重點，考察與需求和供給有關的幾個彈性概念。

二、需求的價格彈性

需求方面的彈性主要包括需求的價格彈性、需求的交叉價格彈性和需求的收入彈性。其中，需求的價格彈性又被簡稱爲需求彈性。下面將詳細考察需求的價格彈性。

需求的價格彈性表示在一定時期內一種商品的需求量變動對於該商品的價格變動的反應程度。或者說，需求的價格彈性表示在一定時期內當一種商品的價格變化1%時所引起的該商品的需求量變化的百分比。其公式爲：

$$\text{需求的價格彈性系數} = -\frac{\text{需求量變動率}}{\text{價格變動率}}$$

需求的價格彈性可以分爲弧彈性和點彈性。

需求的價格弧彈性表示某商品需求曲線上兩點之間的需求量的變動對於價格的變動的反應程度。簡單地說，它表示需求曲線上兩點之間的彈性。假定需求函數爲 $Q = f(P)$，ΔQ 和 ΔP 分別表示需求量的變動量和價格的變動量，以 e_d 表示需求的價格彈性系數，則需求的價格弧彈性的公式爲：

$$e_d = -\frac{\frac{\Delta Q}{Q}}{\frac{\Delta P}{P}} = -\frac{\Delta Q}{\Delta P} \cdot \frac{P}{Q} \tag{2.8}$$

這裏需要指出的是，在通常情況下，由於商品的需求量和價格是呈反方向變動的，$\frac{\Delta Q}{\Delta P}$ 爲負值，因此爲了便於比較，就在公式（2.8）中加了一個負號，以使需求的價格彈性系數 e_d 取正值。

當需求曲線上兩點之間的變化量趨於無窮小時，需求的價格彈性要用點彈性來表示。也就是說,它表示需求曲線上某一點上的需求量變動對於價格變動的反應程度。在公式(2.8)的基礎上,需求的價格點彈性的公式為:

$$e_d = \lim_{\Delta x \to 0} \frac{\frac{\Delta Q}{Q}}{\frac{\Delta P}{P}} = \frac{\frac{dQ}{Q}}{\frac{dP}{P}} = \frac{dQ}{dP} \cdot \frac{P}{Q} \qquad (2.9)$$

比較公式(2.8)和公式(2.9)可見,需求的價格弧彈性和點彈性的本質是相同的。它們的區別僅在於:前者表示價格變動量較大時的需求曲線上兩點之間的彈性,而後者表示價格變動量無窮小時的需求曲線上某一點的彈性。

(一)需求的價格彈性:弧彈性

我們已經知道,需求的價格彈性是告訴我們,當商品的價格變動1%時,需求量的變動的百分比究竟是多少。於是,我們完全可以設想:在商品的價格變化1%的前提下,需求量的變化率可能大於1%,這時有 $e_d > 1$;需求量的變化率也可能小於1%,這時有 $e_d < 1$;需求量的變化率也可能恰好等於1%,這時有 $e_d = 1$。進一步講,由於 $e_d > 1$ 表示需求量的變動率大於價格的變動率,即需求量對於價格變動的反應是比較敏感的,因此 $e_d > 1$ 稱為富有彈性;由於 $e_d < 1$ 表示需求量的變動率小於價格的變動率,即需求量對於價格變動的反應欠敏感,因此 $e_d < 1$ 稱為缺乏彈性;而 $e_d = 1$ 是一種巧合的情況,它表示需求量和價格的變動率剛好相等,因此 $e_d = 1$ 稱為單一彈性或單位彈性。以上這三種類型的需求的價格弧彈性分別如圖2-8中的(a)、(b)和(c)所示。

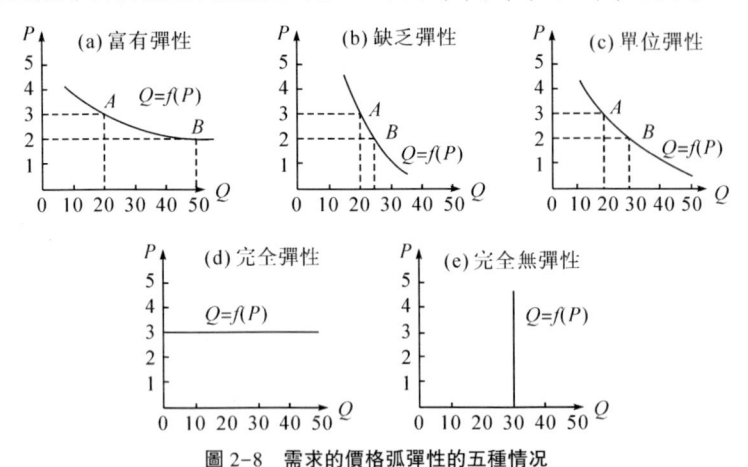

圖2-8 需求的價格弧彈性的五種情況

比較圖2-8(a)和圖2-8(b)可以看出,就需求的價格弧彈性而言,富有彈性的需求曲線相對比較平坦,缺乏彈性的需求曲線相對比較陡峭。但是,特別需要引起注意的是,儘管在經濟學中,把富有彈性的需求繪製成一條相對平坦的曲線和把缺乏彈性的需求繪製成一條相對陡峭的曲線,已成為一種習慣,這種繪製方法通常也是可行的。但是,在有些場合,這種繪製方法便會成為一種不好的甚至是錯誤的方法。例如,當圖2-8(a)中橫軸上的刻度由10、20、30、40、50改為11、12、13、14、15以後,平坦的需求曲線就是缺乏彈性的了。因此，在使用這種繪製方法時必須十分小心。關於這一點，在以後分析需求曲線的斜率和需求的價格點彈性的關係時，會進一步說明。

再看圖 2-8（d）和圖 2-8（e）。圖 2-8（d）中的需求曲線爲一條水平線。水平的需求曲線表示在既定的價格水平下（如圖中的 $P=3$）需求量是無限的。從需求的價格彈性的角度看，對於水平的需求曲線來說，只要價格有一個微小的上升，就會使無窮大的需求量一下子減少爲零。也就是說，相對於無窮小的價格變化率，需求量的變化率是無窮大的，即有 $e_d=\infty$，這種情況被稱爲完全彈性。圖 2-8（e）中的需求曲線是一條垂直線。垂直的需求曲線表示相對於任何價格水平需求量都是固定不變的（如圖中的 $Q=30$）。從需求的價格彈性的角度看，對於垂直的需求曲線來說，無論價格如何變化，需求量的變化量總是爲零，即有 $e_d=0$，這種情況被稱爲完全無彈性。

（二）需求的價格彈性：點彈性

點彈性指需求曲線上某一點的彈性，適用於價格變化極爲微小的條件（即價格變化 $\to 0$）。點彈性的公式表示如下：

$$e_d = -\frac{\mathrm{d}Q}{\mathrm{d}P} \cdot \frac{P}{Q} \tag{2.10}$$

在圖 2-9（a）中，隨著需求曲線上的點的位置由最低的 A 點逐步上升到最高的 E 點的過程中，相應的點彈性由 $e_d=0$ 逐步增加到 $e_d=\infty$。在線性需求曲線的兩個端點上，即需求曲線與數量軸和價格軸的交點 A 點和 E 點，分別有 $e_d=0$ 和 $e_d=\infty$。可見，向右下方傾斜的線性需求曲線上每一點的彈性都是不相等的。這一結論對於除了將要說明的兩種特殊形狀的線性需求曲線以外的所有線性需求曲線都是適用的。

在圖 2-9（b）和圖 2-9（c）中各有一條特殊形狀的線性需求曲線。圖 2-9（b）中一條水平的需求曲線上的每一點的點彈性均爲無窮大，即 $e_d=\infty$。圖 2-9（c）中的一條垂直的需求曲線上每一點的點彈性均爲零，即 $e_d=0$。可見，對於線性需求曲線上每一點的點彈性都不相等的結論來說，水平的和垂直的需求曲線是兩種例外。

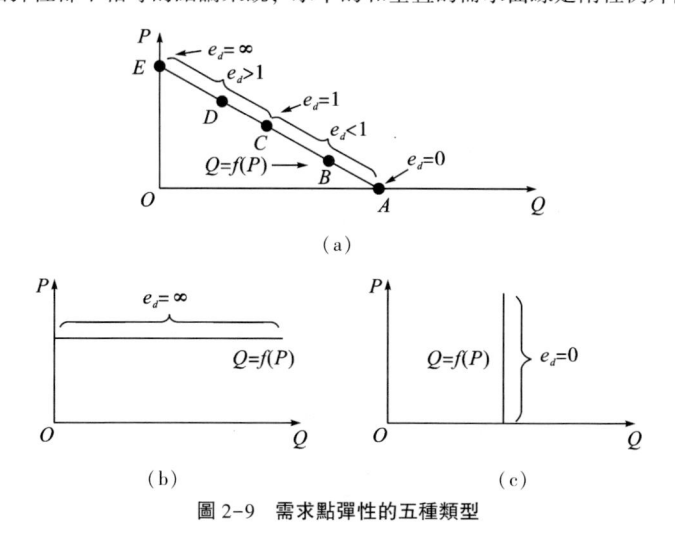

(a)

(b) (c)

圖 2-9 需求點彈性的五種類型

三、需求的價格彈性和廠商的銷售收入

在實際的經濟生活中會發生這樣一些現象：有的廠商提高自己的產品價格，能使自己的銷售收入得到提高；而有的廠商提高自己的產品價格，卻反而使自己的銷售收入減少了。這意味着，以降價促銷來增加銷售收入的做法對有的產品適用，對有的產品卻不適用。如何解釋這些現象呢？這便涉及商品的需求的價格彈性的大小和廠商的銷售收入兩者之間的相互關係。

廠商的銷售收入等於商品的價格乘以商品的銷售量，即廠商銷售收入 $=P\cdot Q$。其中，P 表示商品的價格，Q 表示商品的銷售量，即需求量。

商品的需求的價格彈性和廠商的銷售收入之間存在着密切的關係。這種關係可歸納爲以下三種情況。

第一種情況：對於 $e_d>1$ 的富有彈性的商品，降低價格會增加廠商的銷售收入；相反，提高價格會減少廠商的銷售收入，即廠商的銷售收入與商品的價格呈反方向的變動。這是因爲，當 $e_d>1$ 時，廠商降價引起的需求量的增加率大於價格的下降率。這意味着價格下降造成的銷售收入的減少量必定小於需求量增加帶來的銷售收入的增加量。因此，降價最終帶來的銷售收入是增加的；相反，在廠商提價時，最終帶來的銷售收入是減少的。這種情況如圖 2-10（a）所示。

第二種情況：對於 $e_d<1$ 的缺乏彈性的商品，降低價格會使廠商的銷售收入減少；相反，提高價格會使廠商的銷售收入增加，即銷售收入與商品的價格呈同方向的變動。這是因爲，當 $e_d<1$ 時，廠商降價引起的需求量的增加率小於價格的下降率。這意味着需求量增加帶來的銷售收入的增加量並不能全部抵消價格下降造成的銷售收入的減少量。因此，降價最終使銷售收入減少；相反，在廠商提價時，最終帶來的銷售收入是增加的。這種情況如圖 2-10（b）所示。

第三種情況：對於 $e_d=1$ 的單位彈性的商品，降低價格或提高價格對廠商的銷售收入都沒有影響。這是因爲，當 $e_d=1$ 時，廠商變動價格引起的需求量的變動率和價格的變動率是相等的。這樣一來，由價格變動造成的銷售收入的增加量或減少量剛好等於由需求量變動帶來的銷售收入的減少量或增加量，因此無論廠商是降價還是提價，銷售收入是固定不變的。這種情況如圖 2-10（c）所示。

與以上三種情況相對應，在西方經濟學中，也可以根據商品的價格變化引起的廠商的銷售收入的變化，來判斷商品的需求的價格彈性的大小。如果某商品價格變化引起廠商銷售收入反方向的變化，則該商品是富有彈性的；如果某商品價格變化引起廠商銷售收入同方向的變化，則該商品是缺乏彈性的。如果廠商的銷售收入不隨商品價格的變化而變化，則該商品是單位彈性的。

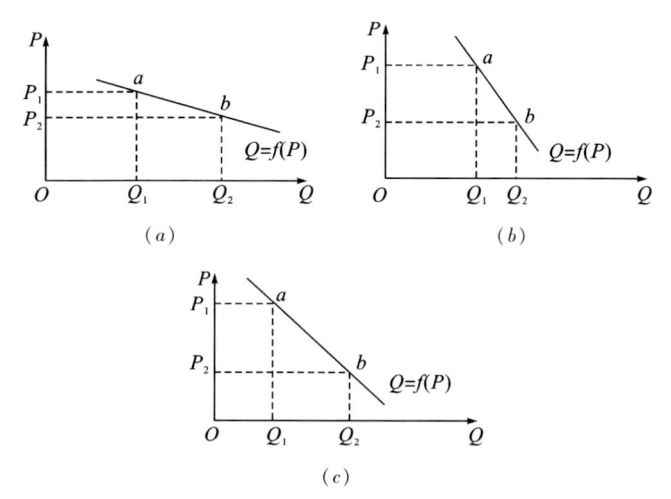

圖 2-10　廠商銷售收入的三種情況

將 $e_d=\infty$ 和 $e_d=0$ 的兩種特殊情況考慮在內，商品的需求的價格彈性和廠商的銷售收入之間的綜合關係如表 2-4 表示。

表 2-4　　　　　　　　需求的價格彈性和銷售收入

	$e_d>1$	$e_d=1$	$e_d<1$	$e_d=0$	$e_d=\infty$
降價	增加	不變	減少	同比例於價格的下降而減少	既定價格下，收益可以無限增加，因此廠商不會降價
漲價	減少	不變	增加	同比例於價格的上升而增加	收益會減少爲零

四、影響需求的價格彈性的因素

影響需求的價格彈性的因素是很多的，其中主要有以下幾個：

（一）商品的可替代性

一般說來，一種商品的可替代品越多，相近程度越高，則該商品的需求的價格彈性往往就越大；相反，該商品的需求的價格彈性往往就越小。例如，在水果市場，當蘋果的價格上升時，消費者就會減少對蘋果的需求量，增加對相近的替代品如香蕉的購買。這樣，蘋果的需求彈性就比較大。又如，對於食鹽來說，沒有很好的可替代品，因此食鹽價格的變化引起的需求量的變化幾乎等於零，它的需求的價格彈性是極小的。

（二）商品用途的廣泛性

一般說來，一種商品的用途越是廣泛，它的需求的價格彈性就可能越大；相反，一種商品的用途越是狹窄，它的需求的價格彈性就可能越小。這是因爲，如果一種商品具有多種用途，當它的價格較高時，消費者只購買較少的數量用於最重要的用途上。

當它的價格逐步下降時，消費者的購買量就會逐漸增加，會將商品越來越多地用於其他的各種用途上。

（三）商品對消費者生活的重要程度

一般說來，生活必需品的需求的價格彈性較小，非必需品的需求的價格彈性較大。例如，大米的需求的價格彈性是較小的，旅遊的需求的價格彈性是較大的。

（四）商品的消費支出在消費者預算總支出中所占的比重

消費者在某商品上的消費支出在預算總支出中所占的比重越大，該商品的需求的價格彈性可能越大；反之，則越小。例如，火柴、鹽、鉛筆、肥皂等商品的需求的價格彈性就是比較小的。原因在於，消費者在這些商品上的支出是很小的，消費者往往不太重視這類商品價格的變化。

（五）消費者調節需求量的時間

一般說來，消費者調節需求量的時間越長，需求的價格彈性就可能越大。原因在於，當消費者決定減少或停止對價格上升的某種商品的購買之前，其一般需要花費時間去尋找和瞭解該商品的可替代品。例如，當石油價格上升時，消費者在短期內不會較大幅度地減少需求量。但設想在長期內，消費者可能找到替代品，於是石油價格上升會導致石油的需求量較大幅度地下降。

需要指出的是，一種商品需求的價格彈性的大小是各種影響因素綜合作用的結果。因此，在分析一種商品的需求的價格彈性的大小時，要根據具體情況進行全面的綜合分析。

五、需求的交叉價格彈性

如前所述，一種商品的需求量受多種因素的影響，相關商品的價格就是其中的一個因素。假定其他的因素都不發生變化，僅僅研究一種商品的價格變化和它的相關商品的需求量變化之間的關係，則需要運用需求的交叉價格彈性的概念。需求的交叉價格彈性也簡稱爲需求的交叉彈性。

需求的交叉價格彈性表示在一定時期內一種商品的需求量的變動對於它的相關商品價格變動的反應程度。或者說，它表示在一定時期內當一種商品的價格變化1%時引起的另一種商品的需求量變化的百分比。它是該商品的需求量的變動率和該商品的相關商品的價格的變動率的比值。

假定商品 X 的需求量 Q_X 是它的相關商品 Y 的價格 P_Y 的函數，即 $Q_X = f(P_Y)$，則商品 X 的需求的交叉價格弧彈性公式爲：

$$e_{XY} = \frac{\frac{\Delta Q_X}{Q_X}}{\frac{\Delta P_Y}{P_Y}} = \frac{\Delta Q_X}{\Delta P_Y} \cdot \frac{P_Y}{Q_X} \tag{2.11}$$

式中，ΔQ_X 爲商品 X 的需求量的變化量；ΔP_Y 爲相關商品 Y 的價格的變化量；e_{XY}

爲當 Y 商品的價格發生變化時的 X 商品的需求的交叉價格彈性系數。

當 X 商品的需求量的變化量 ΔQ_X 和相關商品價格的變化量 ΔP_Y 均爲無窮小時，則商品 X 的需求的交叉價格點彈性公式爲：

$$e_{XY} = \lim_{\Delta P_Y \to 0} \frac{\frac{\Delta Q_X}{Q_X}}{\frac{\Delta P_Y}{P_Y}} = \frac{dQ_X}{dP_Y} \cdot \frac{P_Y}{Q_X} \tag{2.12}$$

（一）當 $E_{XY} > 0$，説明 X 和 Y 是替代品

若兩種商品之間存在着替代關係，則一種商品的價格與它的替代品的需求量之間呈同方向的變動，相應的需求的交叉價格彈性系數爲正值。例如，當蘋果的價格上升時，人們自然會在減少蘋果的購買量的同時，增加對蘋果的替代品如梨的購買量。

（二）當 $E_{XY} < 0$，説明 X 和 Y 是互補品

若兩種商品之間存在着互補關係，則一種商品的價格與它的互補品的需求量之間呈反方向的變動，相應的需求的交叉價格彈性系數爲負值。例如，當錄音機的價格上升時，人們會減少對錄音機的需求量，這樣作爲錄音機的互補品的磁帶的需求量也會因此而下降。

（三）當 $E_{XY} = 0$，説明 X 和 Y 相互獨立，互不相關

若兩種商品之間不存在相關關係，則意味着其中任何一種商品的需求量都不會因另一種商品的價格變動而發生變化，相應的需求的交叉價格彈性系數爲零。

六、需求的收入彈性

需求的收入彈性表示在一定時期內某種商品的需求量的變動對消費者收入量變動的反應程度。或者説，它表示在一定時期內當消費者的收入變化 1% 時所引起的商品需求量變化的百分比。它是商品的需求量的變動率和消費者的收入量的變動率的比值。

假定某商品的需求量 Q 是消費者收入水平 M 的函數，即 $Q = f(M)$，則該商品的需求的收入彈性公式爲：

$$e_M = \frac{\frac{\Delta Q}{Q}}{\frac{\Delta M}{M}} = \frac{\Delta Q}{\Delta M} \cdot \frac{M}{Q} \tag{2.13}$$

或

$$e_M = \lim_{\Delta M \to 0} \frac{\frac{\Delta Q}{Q}}{\frac{\Delta M}{M}} = \frac{dQ}{dM} \cdot \frac{M}{Q} \tag{2.14}$$

公式（2.13）和公式（2.14）分別爲需求的收入弧彈性公式和點彈性公式。

根據商品的需求的收入彈性數值，可以給商品分類。首先，商品可以分爲兩類，

分別是正常品和劣等品。其中，正常品是指需求量與收入呈同方向變化的商品；劣等品是指需求量與收入呈反方向變化的商品。其次，還可以將正常品再進一步區分爲必需品和奢侈品兩類。以上的這種商品分類方法可以用需求的收入彈性來表示。具體地說，$e_M>0$ 的商品爲正常品，因爲 $e_M>0$ 意味着該商品的需求量與收入水平呈同方向變化；$e_M<0$ 的商品爲劣等品，因爲 $e_M<0$ 意味着該商品的需求量與收入水平呈反方向變化。在正常品中，$e_M<1$ 的商品爲必需品，$e_M>1$ 的商品爲奢侈品。當消費者的收入水平上升時，儘管消費者對必需品和奢侈品的需求量都會有所增加，但消費者對必需品的需求量的增加是有限的，或者説，是缺乏彈性的；而消費者對奢侈品的需求量的增加是較多的，或者説，是富有彈性的。

七、供給彈性

供給的價格彈性表示在一定時期內一種商品的供給量的變動對於該商品的價格的變動的反應程度。或者説，供給的價格彈性表示在一定時期內當一種商品的價格變化1%時所引起的該商品的供給量變化的百分比。它是商品的供給量變動率與價格變動率之比。

與需求的價格彈性一樣，供給的價格彈性也分爲弧彈性和點彈性。

供給的價格弧彈性表示某商品供給曲線上兩點之間的彈性。供給的價格點彈性表示某商品供給曲線上某一點的彈性。假定供給函數爲 $Q=f(P)$，以 e_s 表示供給的價格彈性系數，則供給的價格弧彈性的公式爲：

$$e_s = \frac{\frac{\Delta Q}{Q}}{\frac{\Delta P}{P}} = \frac{\Delta Q}{\Delta P} \cdot \frac{P}{Q} \qquad (2.15)$$

供給的價格點彈性的公式爲：

$$e_s = \frac{\frac{dQ}{Q}}{\frac{dP}{P}} = \frac{dQ}{dP} \cdot \frac{P}{Q} \qquad (2.16)$$

在通常情況下，商品的供給量和商品的價格是呈同方向變動的，供給量的變化量和價格的變化量的符號是相同的。

供給的價格彈性根據 e_s 值的大小可以分爲五個類型。$e_s>1$ 表示富有彈性；$e_s<1$ 表示缺乏彈性；$e_s=1$ 表示單一彈性或單位彈性；$e_s=\infty$ 表示完全彈性；$e_s=0$ 表示完全無彈性。

供給的價格彈性的計算方法和需求的價格彈性是類似的。給定具體的供給函數，則可以根據要求，由公式（2.15）求出供給的價格弧彈性，或由中點公式求出供給的價格弧彈性。供給的價格弧彈性的中點公式爲：

$$e_s = \frac{\Delta Q}{\Delta P} \cdot \frac{\frac{P_1+P_2}{2}}{\frac{Q_1+Q_2}{2}} \tag{2.17}$$

供給的價格點彈性可以直接用公式（2.16）求出。

在影響供給的價格彈性的衆多因素中，時間因素是一個很重要的因素。當商品的價格發生變化時，廠商對產量的調整需要一定的時間。在很短的時間內，廠商若要根據商品的漲價及時地增加產量，或者根據商品的降價及時地縮減產量，都存在不同程度的困難，相應地，供給彈性是比較小的。但是，在較長的時間內，生產規模的擴大與縮小甚至轉產，都是可以實現的，供給量可以對價格變動做出較爲充分的反應，供給的價格彈性也就比較大了。

除此之外，在其他條件不變時，生產成本隨產量變化而變化的情況和產品的生產週期的長短，也是影響供給的價格彈性的兩個重要因素。就生產成本來說，如果產量增加只引起邊際成本輕微的提高，則意味着廠商的供給曲線比較平坦，供給的價格彈性可能是比較大的；相反，如果產量增加引起邊際成本較大的提高，則意味着廠商的供給曲線比較陡峭，供給的價格彈性可能是比較小的。就產品的生產週期來說，在一定的時期內，對於生產週期較短的產品，廠商可以根據市場價格的變化及時地調整產量，供給的價格彈性相應就比較大；相反，生產週期較長的產品的供給的價格彈性往往就比較小。

習題

1. 已知需求函數 $Q_d = 14-3P$，供給函數 $Q_s = 2+P$。
   （1）求該商品的均衡價格以及均衡時的 e_d、e_s。
   （2）此時如果廠商調整價格，對其收益有何影響？
   （3）如果供給增加爲 $Q_s = 5+P$，均衡價格和數量如何變化？
2. 需求曲線向下傾斜，表示當一種商品價格（　　）時，需求量（　　）。
   A. 上升，增加　　　　　　　　　B. 下降，減少
   C. 下降，不變　　　　　　　　　D. 下降，增加
3. 消費者收入增加一般會導致（　　）。
   A. 需求量沿着需求曲線減少　　　B. 需求曲線左移
   C. 個人減少他所消費的所有商品的數量　D. 需求曲線右移
4. 互補品價格下降一般會導致（　　）。
   A. 需求量沿着需求曲線減少　　　B. 需求曲線左移
   C. 個人減少他所消費的所有商品的數量　D. 需求曲線右移
5. 供給曲線向上傾斜，表示當一種商品價格（　　）時，它的供給量（　　）。
   A. 上升，增加　　　　　　　　　B. 上升，減少

C. 下降，不變　　　　　　　　　　D. 下降，增加
　6. 當一種投入生產的要素價格下降時，一般會導致（　　）。
　　　A. 供給量沿着供給曲線減少　　　　B. 供給曲線左移
　　　C. 供給曲線右移　　　　　　　　　D. 廠商減少提供的數量
　7. 技術進步一般會導致（　　）。
　　　A. 供給曲線右移　　　　　　　　　B. 供給曲線左移
　　　C. 供給量沿着供給曲線增加　　　　D. 以上都不對
　8. 在均衡價格下，（　　）。
　　　A. 需求量超過供給量
　　　B. 消費者和廠商都認爲價格合理
　　　C. 供給量超過需求量
　　　D. 供給量等於需求量
　9. 在均衡價格下，（　　）。
　　　A. 價格趨於下降　　　　　　　　　B. 供給量超過需求量
　　　C. 價格趨於上升　　　　　　　　　D. 價格不發生變動
　10. 如果一種商品的需求價格彈性是2，當價格由1美元上升至1.02美元時會導致需求量（　　）。
　　　A. 上升4%　　　　　　　　　　　　B. 上升2%
　　　C. 下降4%　　　　　　　　　　　　D. 下降2%
　11. 如果一個企業降低其商品的價格之後，發現其收入下降，則（　　）。
　　　A. 商品需求缺乏價格彈性　　　　　B. 商品需求富於彈性
　　　C. 商品需求具有單位價格彈性　　　D. 商品需求曲線向下傾斜
　12. 當出租車租金上漲後，人們對公共汽車服務的（　　）。
　　　A. 需求增加　　　　　　　　　　　B. 需求減少
　　　C. 需求不變　　　　　　　　　　　D. 需求先增後減
　13. 若某商品的消費量隨著消費收入的增加而減少，則該商品是（　　）。
　　　A. 替代品　　　　　　　　　　　　B. 互補品
　　　C. 正常品　　　　　　　　　　　　D. 低檔品
　14. 下列說法正確的是（　　）。
　　　A. 需求的變動與需求量的變動均是由一種原因引起的
　　　B. 需求的變動由價格以外的其他因素的變動引起，而需求量的變動由價格的變動引起
　　　C. 需求量的變動是由一種因素引起的，需求的變動是由兩種及兩種以上的因素引起的
　　　D. 需求的變動和需求量的變動是由兩種相反的力量變動引起的
　15. 鷄蛋的供給量增加是指供給量由於（　　）。
　　　A. 鷄蛋的需求量增加而引起的增加
　　　B. 人們對鷄蛋的偏好而引起的增加

C. 雞蛋的價格提高而引起的增加

D. 消費者收入的增加而引起的增加

16. 在一條供給曲線上，價格與供給量的組合從 A 點移到 B 點表示（　　）。

A. 供給的變動　　　　　　　　B. 收入的變動

C. 供給量的變動　　　　　　　D. 該商品的價格下降

17. 假設某商品的需求曲線為 $Q=3-9P$，該商品的市場均衡價格為 4，那麼當需求曲線變為 $Q=5-9P$ 後，均衡價格將（　　）。

A. 大於 4 元　　　　　　　　　B. 小於 4 元

C. 等於 4 元　　　　　　　　　D. 無法確定

第三章　消費者行爲理論

引導案例

美國總統羅斯福第三次連任總統後，曾有記者問他有何感想，總統一言不發，只是拿出一塊三明治面包讓記者吃，這位記者不明白總統的用意，又不方便問，只好吃了。接着總統拿出第二塊，記者還是勉強吃了。緊接着總統拿出第三塊，記者趕緊婉言謝絕。這時羅斯福總統微微一笑："現在你知道我第三次連任總統的滋味了吧。"

教學目的

本章通過分析效用的相關理論，旨在讓學生掌握效用論的基本理論以及運用相關理論對現實生活中的現象進行分析。

本章重難點

邊際效用、邊際效用遞減規律、無差異曲線、預算線、消費者均衡。

第一節　基數效用論

一、效用的含義

效用是指商品滿足人的慾望的能力評價，或者說，效用是指消費者在消費商品時所感受到的滿足程度。一種商品對消費者是否具有效用，取決於消費者是否有消費這種商品的慾望以及這種商品是否具有滿足消費者慾望的能力。效用這一概念與人的慾望是聯繫在一起的，它是消費者對商品滿足自己慾望的能力的一種主觀心理評價。經濟學上對效用的研究可以分爲兩種方法：基數效用論和序數效用論。本節我們先來介紹基數效用論。

基數和序數這兩個術語來自數學。基數是指1，2，3……基數是可以加總求和的。例如，基數3加9等於12，並且12是3的4倍，等等。

核心觀點：效用是可以計量並可以加總求和的。效用可以用1，2，3，4，5，6……衡量。表示效用大小的計量單位被稱爲效用單位（Utility Unit）。

在19世紀末20世紀初期，西方經濟學家普遍使用基數效用的概念。基數效用論者認爲，效用如同長度、重量等概念一樣，可以具體衡量並加總求和，具體的效用量之間的比較是有意義的。表示效用大小的計量單位被稱爲效用單位。例如，對某一個人來說，吃一頓豐盛的晚餐和看一場高水平的足球比賽的效用分別爲 5 效用單位和 10 效用單位，則可以說這兩種消費的效用之和爲 15 效用單位，並且後者的效用是前者的效用的 2 倍。

二、邊際效用分析法

基數效用論者除了提出效用可以用基數衡量的假定以外，還提出了邊際效用遞減規律的假定。

（一）邊際效用遞減規律

基數效用論者將效用區分爲總效用（Total Utility，TU）和邊際效用（Marginal Utility，MU）。總效用是指消費者在一定時間內從一定數量的商品的消費中所得到的效用量的總和。邊際效用是指消費者在一定時間內增加一單位商品的消費所得到的效用量的增量。假定消費者對一種商品的消費數量爲 Q，則總效用函數爲：

$$TU = f(q) \tag{3.1}$$

邊際效用函數爲：

$$MU = \frac{\Delta TU(Q)}{\Delta Q} \tag{3.2}$$

當商品的增加量趨於無窮小，即 $\Delta Q \to 0$ 時有：

$$MU = \lim_{\Delta Q \to 0} \frac{\Delta TU(Q)}{\Delta Q} = \frac{dTU(Q)}{dQ} \tag{3.3}$$

利用某商品的效用表（見表 3-1），可以進一步說明邊際效用遞減規律，理解總效用和邊際效用之間的關係。從表 3-1 中可見，當商品的消費量由 0 增加爲 1 時，總效用由 0 效用單位增加爲 10 效用單位，總效用的增量（即邊際效用）爲 10 效用單位（10-0=10）。依此類推，當商品的消費量增加爲 6 時，總效用達最大值，爲 30 效用單位，而邊際效用已遞減爲 0。此時，消費者對該商品的消費已達到飽和點。當商品的消費量再增加爲 7 時，邊際效用會進一步遞減爲負值，即 -2 效用單位，總效用便下降爲 28 效用單位了。

表 3-1　　　　　　　　　某商品的效用表

貨幣的邊際效用 $\lambda = 2$

商品數量（1）	總效用（2）	邊際效用（3）	價格（4）
1	10	10	5
2	18	8	4
3	24	6	3
4	28	4	2
5	30	2	1
6	30	0	0
7	28	-2	

根據表 3-1 繪製的總效用和邊際效用曲線如圖 3-1 所示。

圖 3-1 中的橫軸表示商品的數量，縱軸表示效用量，TU 曲線和 MU 曲線分別為總效用曲線和邊際效用曲線。

在圖 3-1 中，MU 曲線是向右下方傾斜的，反應了邊際效用遞減規律；相應地，TU 曲線是以遞減的速率先上升後下降的。當邊際效用為正值時，總效用曲線呈上升趨勢；當邊際效用遞減為零時，總效用曲線達最高點；當邊際效用繼續遞減為負值時，總效用曲線呈下降趨勢。從數學意義上講，如果效用曲線是連續的，則每一消費量上的邊際效用值就是總效用曲線上相應的點的斜率。

邊際效用遞減規律的內容是：在一定時間內，在其他商品的消費數量保持不變的條件下，隨著消費者對某種商品消費量的增加，消費者從該商品連續增加

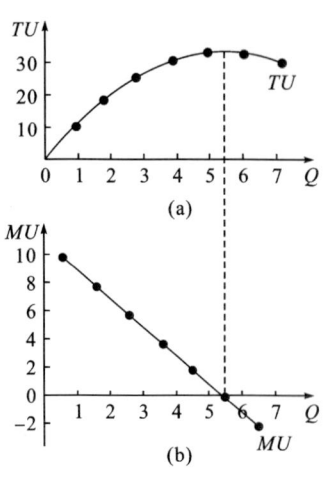

圖 3-1　某商品的效用曲線

的每一消費單位中得到的效用增量（即邊際效用）是遞減的。例如，在一個人饑餓的時候，吃第一個包子給他帶來的效用是很大的，隨著這個人所吃的包子數量的連續增加，雖然總效用是不斷增加的，但每一個包子給他帶來的效用增量（即邊際效用）卻是遞減的。當他完全吃飽的時候，包子的總效用達到最大值，而邊際效用卻降為零。如果他還繼續吃包子，就會感到不適，這意味著包子的邊際效用進一步降為負值，總效用也開始下降。具體地，可以進一步用表 3-1 中的第（1）欄、第（2）欄和第（3）欄來說明。例如，這個人吃第一個包子時，他評價第一個包子帶給自己的效用為 10，即第一個包子的邊際效用為 10。當他吃第二個包子時，他對第二個包子的效用的評價下降為 8，即第二個包子的邊際效用為 8。但這時他吃 2 個包子的總效用為 18（即 10+8＝18）。類似地，當他吃第三個包子時，他對第三個包子的評價進一步下降為 6，即第三個包子的邊際效用為 6，而此時吃三個包子的總效用為 24（即 10+8+6＝24）……依此類推，直至他吃第六個包子時，邊際效用遞減為零，總效用達最大值 30，而到吃第七個包子時，邊際效用遞減為-2，總效用開始下降為 28（即 30-2＝28）。

(二) 關於貨幣的邊際效用

基數效用論者認為，貨幣如同商品一樣，也具有效用。消費者用貨幣購買商品，就是用貨幣的效用去交換商品的效用。商品的邊際效用遞減規律對於貨幣也同樣適用。對於一個消費者來說，隨著貨幣收入量的不斷增加，貨幣的邊際效用是遞減的。這就是說，隨著某消費者貨幣收入的逐步增加，每增加一元錢給該消費者帶來的邊際效用是越來越小的。

但是，在分析消費者行為時，基數效用論者又通常假定貨幣的邊際效用是不變的。據基數效用論者的解釋，在一般情況下，消費者的收入是給定的，而且單位商品的價格只占消費者總貨幣收入量中的很小部分，因此當消費者對某種商品的購買量發生很

小的變化時，支出的貨幣的邊際效用的變化是非常小的。對於這種微小的貨幣的邊際效用的變化，可以忽略不計。這樣，貨幣的邊際效用便是一個不變的常數。

(三) 消費者均衡

消費者均衡是研究單個消費者如何把有限的貨幣收入分配在各種商品的購買中以獲得最大的效用。也可以說，消費者均衡是研究單個消費者在既定收入下實現效用最大化的均衡條件。這裡的均衡是指消費者實現最大效用時既不想再增加、也不想再減少任何商品購買數量的一種相對靜止的狀態。

基數效用論者認為，消費者實現效用最大化的均衡條件是：如果消費者的貨幣收入水平是固定的，市場上各種商品的價格是已知的，那麼消費者應該使自己購買的各種商品的邊際效用與價格之比相等。或者說，消費者應該使自己花費在各種商品購買上的最後一元錢所帶來的邊際效用相等。

假定消費者用既定的收入 I 購買 n 種商品；P_1, P_2, $\cdots$, P_n 分別為這 n 種商品的既定價格；λ 為不變的貨幣的邊際效用；X_1, X_2, $\cdots$, X_n 分別表示這 n 種商品的數量；MU_1, MU_2, $\cdots$, MU_n 分別表示這 n 種商品的邊際效用。上述的消費者效用最大化的均衡條件可以用公式表示為：

$$P_1X_1+P_2X_2+\cdots+P_nX_n=I \tag{3.4}$$

$$\frac{MU_1}{P_1}=\frac{MU_2}{P_2}=\cdots=\frac{MU_n}{P_n}=\lambda \tag{3.5}$$

公式（3.4）是限制條件；公式（3.5）是在限制條件下消費者實現效用最大化的均衡條件。公式（3.5）表示消費者應選擇最優的商品組合，使得自己花費在各種商品上的最後一元錢帶來的邊際效用相等，並且等於貨幣的邊際效用。

三、消費者剩餘

消費者剩餘是消費者在購買一定數量的某種商品時願意支付的最高總價格和實際支付的總價格之間的差額。

消費者剩餘可以用幾何圖形來表示（見圖3-2）。簡單地說，消費者剩餘可以用消費者需求曲線以下、市場價格線以上的面積來表示，如圖 3-2 中的陰影部分面積所示。消費者剩餘是消費者的主觀心理評價，它反應消費者通過購買和消費商品所感受到的狀態的改善。因此，消費者剩餘通常被用來度量和分析社會福利問題。

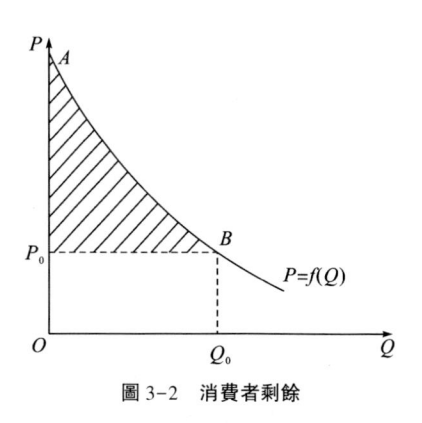

圖 3-2　消費者剩餘

第二節　序數效用論

序數效用論者用無差異曲線分析方法來考察消費者行爲，並在此基礎上推導出消費者的需求曲線，深入地闡述需求曲線的經濟含義。

在介紹序數效用論之前，我們需要先介紹偏好的假定。

序數效用論者認爲，商品給消費者帶來的效用大小應用順序或等級來表示。爲此，序數效用論者提出了消費者偏好的概念。所謂偏好，就是愛好或喜歡的意思。序數效用論者認爲，對於各種不同的商品組合，消費者的偏好程度是有差別的，正是這種偏好程度的差別，反應了消費者對這些不同的商品組合的效用水平的評價。具體地講，給定 A、B 兩個商品組合，如果某消費者對 A 商品組合的偏好程度大於 B 商品組合，那也就是說，這個消費者認爲 A 組合的效用水平大於 B 組合，或者說，A 組合給該消費者帶來的滿足程度大於 B 組合。

序數效用論者提出了關於消費者偏好的三個基本的假定：

第一，偏好的完全性。偏好的完全性指消費者總是可以比較和排列所給出的不同商品組合。換言之，對於任何兩個商品組合 A 和 B，消費者總是可以做出，而且也僅僅只能做出以下三種判斷中的一種：對 A 的偏好大於對 B 的偏好；對 B 的偏好大於對 A 的偏好；對 A 和 B 的偏好相同（即 A 和 B 是無差異的）。偏好的完全性的假定保證了消費者對於偏好的表達方式是完備的，消費者總是可以把自己的偏好評價準確地表達出來。

第二，偏好的可傳遞性。偏好的可傳遞性指對於任何三個商品組合 A、B 和 C，如果消費者對 A 的偏好大於對 B 的偏好，對 B 的偏好大於對 C 的偏好，那麼在 A 和 C 這兩個組合中，消費者對 A 的偏好必定大於對 C 的偏好。偏好的可傳遞性假定保證了消費者偏好的一致性，因此也是理性的。

第三，偏好的非飽和性。偏好的非飽和性指如果兩個商品組合的區別僅在於其中一種商品的數量不相同，那麼消費者總是偏好於含有這種商品數量較多的那個商品組合。這就是說，消費者對每一種商品的消費都沒有達到飽和點；或者說，對於任何一種商品，消費者總是認爲數量多比數量少好。

一、無差異曲線

(一) 無差異曲線的含義

無差異曲線是用來表示消費者偏好相同的兩種商品的所有組合的。或者說，無差異曲線是表示能夠給消費者帶來相同的效用水平或滿足程度的兩種商品的所有組合的。

在圖 3-3 中，A 和 B 兩種商品組合不同，A 組合購買 1 單位 X_1 和 5 單位 X_2，B 組合購買 5 單位 X_1 和 1 單位 X_2，但是兩個組合的效用是相同的，在同一條無差異曲線上。

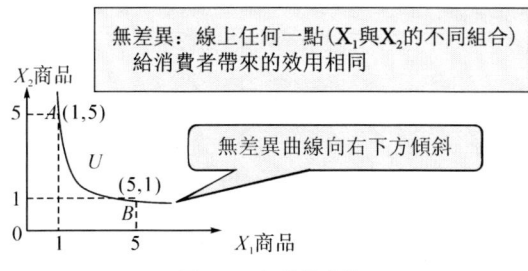

圖 3-3 中，無差異：線上任何一點（X_1與X_2的不同組合）給消費者帶來的效用相同。無差異曲線向右下方傾斜。

圖 3-3　無差異曲線

在此，我們進一步引入效用函數的概念。效用函數表示某一商品組合給消費者帶來的效用水平。假定消費者只消費兩種商品，則效用函數爲：

$$U = f(X_1, X_2) \tag{3.6}$$

公式（3.6）中，X_1和X_2分別爲兩種商品的數量；U爲效用水平。在此基礎上，可以將商品數量擴大到很多，與無差異曲線相對應的效用函數爲：

$$U = f(X_1, X_2, X_3, \cdots, X_n) \tag{3.7}$$

（二）無差異曲線的特徵

（1）無差異曲線是一條向右下方傾斜的曲線，其斜率爲負值。

（2）在同一坐標平面圖上的任何兩條無差異曲線不會相交。這可以用圖 3-4 來說明，兩條無差異曲線相交於 a 點，這種畫法是錯誤的。其理由在於：根據無差異曲線的定義，由無差異曲線 l_1 可得 a、b 兩點的效用水平是相等的，由無差異曲線 l_2 可得 a、c 兩點的效用水平是相等的。於是，根據偏好可傳遞性的假定，必定有 b 和 c 這兩點的效用水平是相等的。但是，觀察和比較圖 3-4 中 b 和 c 這兩點的商品組合，可以發現 c 組合中的每一種商品的數量都多於 b 組合，於是根據偏好的非飽和性假定，必定有 c 點的效用水平大於 b 點的效用水平。這樣一來，矛盾產生了：該消費者在認爲 b 點和 c 點無差異的同時，又認爲 c 點要優於 b 點，這就違背了偏好的完全性假定。由此證明：對於任何一個消費者來說，兩條無差異曲線不會相交，因此圖中的畫法是錯誤的。

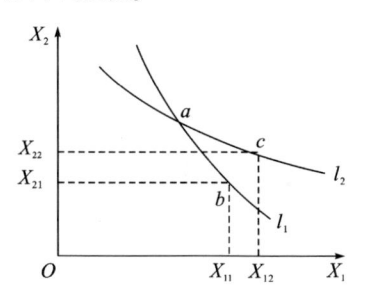

圖 3-4　違反偏好假定的無差異曲線

（3）在同一平面上，可以有無數條無差異曲線，代表不同的效用水平，離原點越遠的曲線上的點效用越大。

（4）無差異曲線是凸向原點的。這就是說，無差異曲線不僅向右下方傾斜，即無差異曲線的斜率爲負值，而且無差異曲線是以凸向原點的形狀向右下方傾斜的，即無差異曲線的斜率的絕對值是遞減的。爲什麼無差異曲線具有凸向原點的特徵呢？這取決於商品的邊際替代率遞減規律。

(三) 商品的邊際替代率

1. 邊際替代率的含義

當一個消費者沿着一條既定的無差異曲線上下滑動的時候，兩種商品的數量組合會不斷地發生變化，而效用水平卻保持不變。這就說明，在維持效用水平不變的前提條件下，消費者在增加一種商品的消費數量的同時，必然會放棄另一種商品的一部分消費數量，即兩種商品的消費數量之間存在着替代關係。在維持效用水平不變的前提下，消費者增加一單位某種商品的消費數量時需要放棄的另一種商品的消費數量被稱爲商品的邊際替代率（MRS）。商品1對商品2的邊際替代率的定義公式爲：

$$MRS_{12} = -\frac{\Delta X_2}{\Delta X_1} \quad (3.8)$$

公式（3.8）中，ΔX_1和ΔX_2分別爲商品1和商品2的變化量。由於ΔX_1是增加量，ΔX_2是減少量，兩者的符號肯定是相反的。因此，爲了使MRS_{12}的計算結果是正值，以便於比較，就在公式中加了一個負號。

當商品數量的變化趨於無窮小時，則商品的邊際替代率公式爲：

$$MRS_{12} = \lim_{\Delta x_1 \to 0} -\frac{\Delta X_2}{\Delta X_1} = -\frac{dX_2}{dX_1} \quad (3.9)$$

顯然，無差異曲線上某一點的邊際替代率就是無差異曲線在該點的斜率的絕對值。

2. 商品的邊際替代率遞減規律

商品的邊際替代率遞減規律是指在維持效用水平不變的前提下，隨著一種商品的消費數量的連續增加，消費者爲得到每一單位的這種商品需要放棄的另一種商品的消費數量是遞減的。由於商品的邊際替代率就是無差異曲線的斜率的絕對值，因此邊際替代率遞減規律決定了無差異曲線的斜率的絕對值是遞減的，即無差異曲線是凸向原點的，如圖3-5所示。

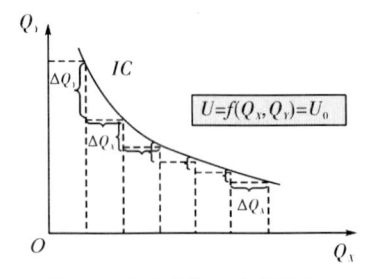

圖3-5 商品替代率遞減的圖示

(四) 無差異曲線的特殊形狀

無差異曲線的形狀表明在維持效用水平不變的前提下一種商品對另一種商品的替代程度。由邊際替代率遞減規律決定的無差異曲線的形狀是凸向原點的，這是無差異曲線的一般形狀。下面，我們介紹兩種極端的情況。

1. 完全替代品情況

完全替代品指兩種商品之間的替代比例是固定不變的情況。因此，在完全替代的情況下，兩商品之間的邊際替代率 MRS_{12} 就是一個常數，相應的無差異曲線是一條斜率不變的直線。例如，在某消費者看來，一杯牛奶和一杯咖啡是無差異的，兩者總是能以 1：1 的比例相互替代，相應的無差異曲線如圖 3-6（a）所示。

2. 完全互補品情況

完全互補品指兩種商品必須按固定不變的比例同時被使用的情況。因此，在完全互補的情況下，相應的無差異曲線爲直角形狀。例如，一副眼鏡架必須和兩片眼鏡片配合時，才能構成一副可供使用的眼鏡，相應的無差異曲線如圖 3-6（b）所示。圖 3-6（b）中水平部分的無差異曲線部分表示，對於一副眼鏡架而言，只需要兩片眼鏡片即可，任何超量的眼鏡片都是多餘的。換言之，消費者不會放棄任何一副眼鏡架去換取額外的眼鏡片，因此相應的 $MRS_{12}=0$。

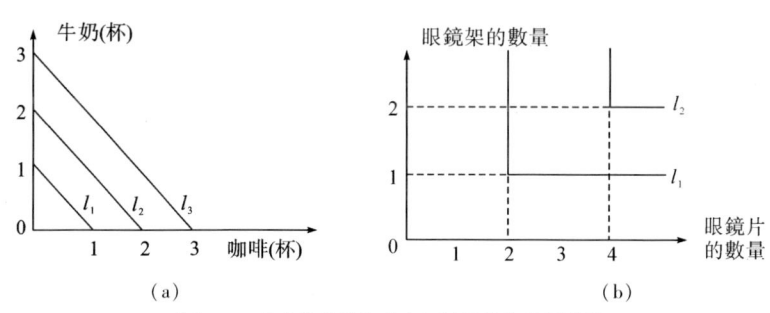

圖 3-6　完全替代品和完全互補品的無差異曲線

二、預算線

（一）預算線的含義

預算線又稱爲預算約束線、消費可能線和價格線。預算線表示在消費者的收入和商品的價格給定的條件下，消費者的全部收入所能購買到的兩種商品的各種組合。假定某消費者的一筆收入爲 120 元，全部用來購買商品 1 和商品 2，其中商品 1 的價格 $P_1=4$ 元，商品 2 的價格 $P_2=3$ 元。那麼，全部收入都用來購買商品 1 可得 30 單位，全部收入用來購買商品 2 可得 40 單位。由此做出的預算線爲圖 3-7 中的線段 AB。

圖 3-7 中預算線的橫截距 OB 和縱截距 OA 分別表示全部收入用來購買商品 1 和商品 2 的數量。預算線的斜率是兩商品的價格之比的相反數，即 $-\dfrac{P_1}{P_2}$。預算線的斜率可以寫爲：

$$-\frac{OA}{OB} = -\frac{\dfrac{120}{P_2}}{\dfrac{120}{P_1}} = -\frac{P_1}{P_2} \qquad (3.10)$$

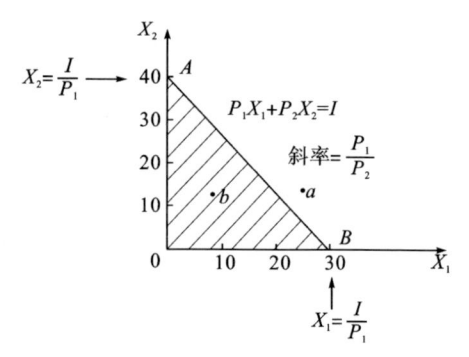

圖 3-7 預算線

下面，我們由以上的具體舉例轉向對預算線的一般分析。

假定以 I 表示消費者的既定收入，以 P_1 和 P_2 分別表示商品 1 和商品 2 的價格，以 X_1 和 X_2 分別表示商品 1 和商品 2 的數量，那麼相應的預算等式爲：

$$P_1X_1+P_2X_2=I \tag{3.11}$$

公式（3.11）表示：消費者的全部收入等於他購買商品 1 和商品 2 的總支出。可以用 $\dfrac{I}{P_1}$ 和 $\dfrac{I}{P_2}$ 分別表示全部收入僅購買商品 1 或商品 2 的數量，它們分別表示預算線的橫截距和縱截距。此外，公式（3.11）可以改寫成如下形式：

$$X_2=-\dfrac{P_1}{P_2}X_1+\dfrac{I}{P_2} \tag{3.12}$$

公式（3.12）的預算線方程告訴我們，預算線的斜率爲 $-\dfrac{P_1}{P_2}$，縱截距爲 $\dfrac{I}{P_2}$。

除此之外，從圖 3-7 中還可以看到，預算線 AB 把平面坐標圖劃分爲三個區域：預算線 AB 以外的區域中的任何一點，如 a 點，表示消費者利用全部收入都不可能實現的商品購買的組合點；預算線 AB 以內的區域中的任何一點，如 b 點，表示消費者的全部收入在購買該點的商品組合以後還有剩餘；唯有預算線 AB 上的任何一點，才是消費者的全部收入剛好花完所能購買到的商品組合點。圖 3-7 中的陰影部分的區域（包括直角三角形的三條邊）被稱爲消費者的預算可行集或預算空間。

(二) 預算線的變動

預算線的變動可以歸納爲以下四種情況。

第一種情況：兩種商品的價格 P_1 和 P_2 不變，消費者的收入 I 發生變化。這時相應的預算線的位置會發生平移。其理由是，P_1 和 P_2 不變，意味着預算線的斜率 $-\dfrac{P_1}{P_2}$ 保持不變。於是，I 的變化只能使得預算線的橫截距、縱截距發生變化，如圖 3-8（a）所示。

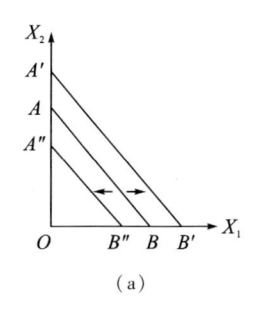

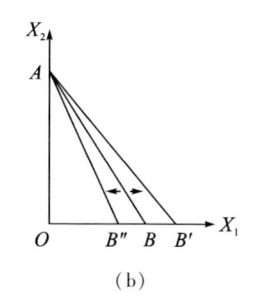

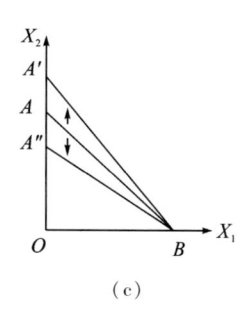

圖 3-8 預算線的變動

第二種情況：消費者的收入 I 不變，兩種商品的價格 P_1 和 P_2 同比例、同方向發生變化。這時相應預算線的位置也會發生平移。其理由是 P_1 和 P_2 同比例、同方向的變化並不影響預算線的斜率 $-\frac{P_1}{P_2}$，而只能使預算線的橫截距、縱截距發生變化，如圖 3-8(a) 所示。

第三種情況：當消費者的收入 I 不變，商品 1 的價格 P_1 發生變化，而商品 2 的價格 P_2 保持不變。這時預算線的斜率 $-\frac{P_1}{P_2}$ 會發生變化，預算線的橫截距 $\frac{I}{P_1}$ 也會發生變化，但是預算線的縱截距 $\frac{I}{P_2}$ 保持不變，如圖 3-8（b）所示。

第四種情況：消費者的收入 I 與兩種商品的價格 P_1 和 P_2 都同比例、同方向發生變化。這時預算線不發生變化。其理由是此時預算線的斜率 $-\frac{P_1}{P_2}$ 以及預算線的橫截距和縱截距都不會發生變化。它表示消費者的全部收入用來購買任何一種商品的數量都未發生變化。

三、消費者的均衡

在已知消費者的偏好和預算線約束的前提下，就可以分析消費者對最優商品組合的選擇。具體的做法是把前面考察過的消費者的無差異曲線和預算線結合在一起，來分析消費者追求效用最大化的購買選擇行爲。

消費者的最優購買行爲必須滿足兩個條件：第一，最優的商品購買組合必須是消費者最偏好的商品組合。也就是說，最優的商品購買組合必須是能夠給消費者帶來最大效用的商品組合。第二，最優的商品購買組合必須位於給定的預算線上。

下面，我們利用圖 3-9 來具體說明消費者的最優購買行爲。

圖 3-9 中有一條預算線 AB 和三條無差異曲線 U_1、U_2、U_3，只有預算線 AB 和無差異曲線 U_2 的相切點 E，才是消費者在給定的預算約束下能夠獲得最大效用的均衡點。在均衡點 E 處，相應的最優購買組合爲 (X_1^*, X_2^*)。

爲什麼唯有 E 點才是消費者效用最大化的均衡點呢？這是因爲，就無差異曲線 U_3

來說，雖然它代表的效用水平高於無差異曲線 U_2，但它與既定的預算線 AB 既無交點又無切點。這說明消費者在既定的收入水平下無法實現無差異曲線 U_3 上的任何一點的商品組合的購買。就無差異曲線 U_1 來說，雖然它與既定的預算線 AB 相交於 a、b 兩點，這表明消費者利用現有收入可以購買 a、b 兩點的商品組合。但是，這兩點的效用水平低於無差異曲線 U_2，因此，理性的消費者不會用全部收入去購買無差異曲線 U_1 上 a、b 兩點的商品組合。事實上，就 a 點和 b 點來說，若消費者能改變購買組合，選擇 AB 線段上位於 a 點右邊或 b 點左邊的任何一點的商品組合，則都可以達到比 U_1 更高的無差異曲線，以獲得比 a 點和 b 點更大的效用水平。這種沿著 AB 線段由 a 點往右和由 b 點往左的運動，最後必定在 E 點達到均衡。顯然，只有當既定的預算線 AB 和無差異曲線 U_2 相切於 E 點時，消費者才在既定的預算約束條件下獲得最大的滿足。因此，E 點就是消費者實現效用最大化的均衡點。

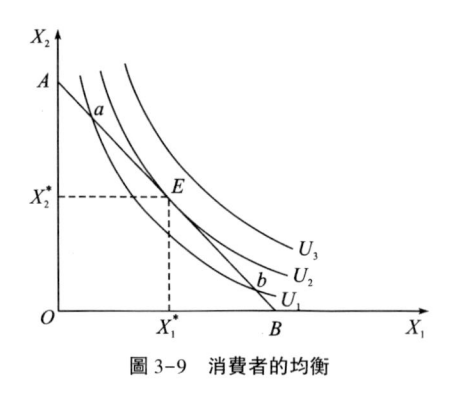

圖 3-9 消費者的均衡

最後，需要找出消費者效用最大化的均衡條件。在切點 E，無差異曲線和預算線兩者的斜率是相等的。我們已經知道，無差異曲線的斜率的絕對值就是商品的邊際替代率 MRS_{12}，預算線的斜率的絕對值可以用兩商品的價格之比 $\frac{P_1}{P_2}$ 來表示。

由此，在均衡點 E 有：

$$MRS_{12} = \frac{P_1}{P_2} \qquad (3.13)$$

這就是消費者效用最大化的均衡條件。它表示在一定的預算約束下，為了實現最大的效用，消費者應該選擇最優的商品組合，使得兩商品的邊際替代率等於兩商品的價格之比。也可以這樣理解，在消費者的均衡點上，消費者願意用一單位的某種商品去交換的另一種商品的數量（即 MRS_{12}），應該等於該消費者能夠在市場上用一單位的這種商品去交換得到的另一種商品的數量（即 $\frac{P_1}{P_2}$）。

第三節　需求曲線的推導

一、價格—消費曲線

在其他條件均保持不變時，一種商品價格的變化會使消費者效用最大化的均衡點的位置發生移動，並由此可以得到價格—消費曲線。價格—消費曲線是在消費者的偏好、收入以及其他商品價格不變的條件下，與某一種商品的不同價格水平相聯繫的消

第三章　消費者行爲理論

費者效用最大化的均衡點的軌跡。具體以圖 3-10 來說明價格—消費曲線的形成。

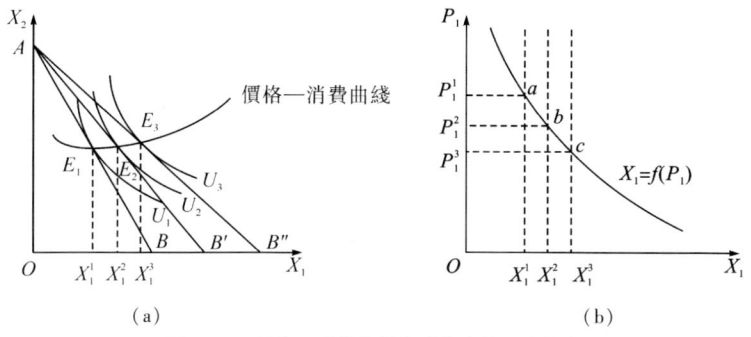

圖 3-10　價格—消費曲線和消費者的需求曲線

在圖 3-10（a）中，假定商品 1 的初始價格爲 P_1^1，相應的預算線爲 AB，它與無差異曲線 U_1 相切於效用最大化的均衡點 E_1。如果商品 1 的價格由 P_1^1 下降爲 P_1^2，相應的預算線由 AB 移至 AB'，於是 AB' 與另一種水平較高的無差異曲線 U_2 相切於均衡點 E_2。如果商品 1 的價格再由 P_1^2 繼續下降爲 P_1^3，相應的預算線由 AB' 移至 AB''，於是 AB'' 與另一條水平更高的無差異曲線 U_3 相切於均衡點 E_3……不難發現，隨著商品 1 的價格的不斷變化，可以找到無數個如 E_1、E_2 和 E_3 那樣的均衡點，它們的軌跡就是價格—消費曲線。

二、消費需求曲線

由消費者的價格—消費曲線可以推導出消費者的需求曲線。

分析圖 3-10（a）中價格—消費曲線上的三個均衡點 E_1、E_2 和 E_3，可以看出，在每一個均衡點上，都存在着商品 1 的價格與商品 1 的需求量之間一一對應的關係。根據商品 1 的價格和需求量之間的這種對應關係，把每一個 P_1 數值和相應的均衡點上的 X_1 數值繪制在商品的價格—數量坐標圖上，便可以得到單個消費者的需求曲線。這便是圖 3-10（b）中的需求曲線 $X_1 = f(P_1)$。在圖 3-10（b）中，橫軸表示商品 1 的數量 X_1，縱軸表示商品 1 的價格 P_1。圖 3-10（b）中需求曲線 $X_1 = f(P_1)$ 上的 a、b、c 點分別和圖 3-10（a）中的價格—消費曲線上的均衡點 E_1、E_2、E_3 相對應。

至此，我們介紹了序數效用論者如何從對消費者經濟行爲的分析中推導消費者的需求曲線。由圖 3-10 可見，序數效用論者推導的需求曲線一般是向右下方傾斜的，它表示商品的價格和需求量呈反方向變化。尤其是，需求曲線上與每一價格水平相對應的商品需求量都是可以給消費者帶來最大效用的均衡數量。

三、收入—消費曲線

在其他條件不變而僅有消費者的收入水平發生變化時，也會改變消費者效用最大化的均衡量的位置，並由此可以得到收入—消費曲線。收入—消費曲線是在消費者的偏好和商品的價格不變的條件下，與消費者的不同收入水平相聯繫的消費者效用最大

43

化的均衡點的軌跡。

下面以圖 3-11 來具體説明收入—消費曲線的形成。

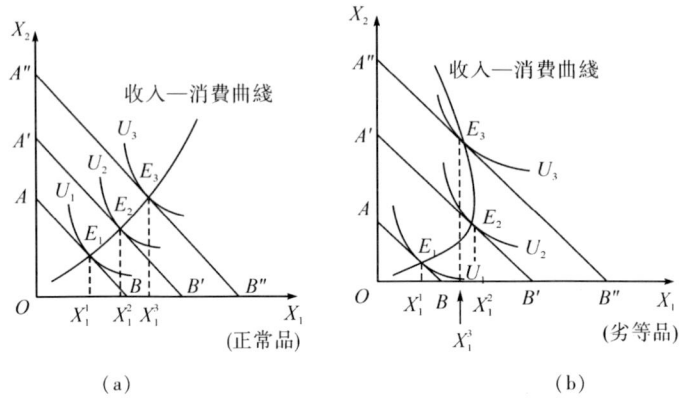

圖 3-11　收入—消費曲線

在圖 3-11（a）中，隨著收入水平的不斷增加，預算線由 AB 移至 A'B'，再移至 A"B"，於是，形成了三個不同收入水平下的消費者效用最大化的均衡點 E_1、E_2 和 E_3。如果收入水平的變化是連續的，則可以得到無數個這樣的均衡點的軌跡，這便是圖 3-11(a) 中的收入—消費曲線。圖 3-11（a）中的收入—消費曲線是向右上方傾斜的，它表示隨著收入水平的增加，消費者對商品 1 和商品 2 的需求量都是上升的，因此圖 3-11（a）中的兩種商品都是正常品。

在圖 3-11（b）中，採用與圖 3-11（a）中相類似的方法，隨著收入水平的連續增加，描繪出了另一條收入—消費曲線。但是圖 3-11（b）中的收入—消費曲線是向後彎曲的，它表示隨收入水平的增加，消費者對商品 1 的需求量開始是增加的，但當收入上升到一定水平之後，消費者對商品 1 的需求量反而減少了。這説明，在一定的收入水平上，商品 1 由正常品變成了劣等品。我們可以在日常經濟生活中找到這樣的例子。例如，對某些消費者來説，在收入水平較低時，土豆是正常品；而在收入水平較高時，土豆就有可能成為劣等品。因為在人們變得較富裕的時候，人們可能會減少對土豆的消費量，而增加對肉類與其他食物的消費量。

四、恩格爾曲線

由消費者的收入—消費曲線可以推導出消費者的恩格爾曲線。

恩格爾曲線表示消費者在每一收入水平下對某商品的需求量。與恩格爾曲線相對應的函數關係為 $X=f(I)$。其中，I 為收入水平；X 為某種商品的需求量。圖 3-11 中的收入—消費曲線反應了消費者的收入水平和商品的需求量之間存在著一一對應的關係。以商品 1 為例，當收入水平為 I_1 時，商品 1 的需求量為 X_1^1；當收入水平增加為 I_2 時，商品 1 的需求量增加為 X_1^2；當收入水平再增加為 I_3 時，商品 1 的需求量變動為 X_1^3……把這種一一對應的收入和需求量的組合描繪在相應的平面坐標圖中，便可以得到相應的恩格爾曲線，如圖 3-12 所示。

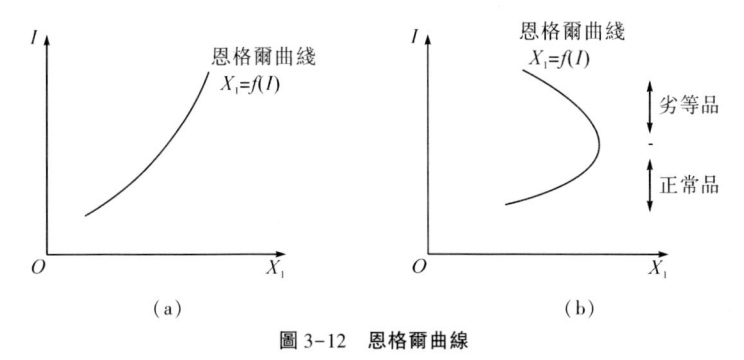

圖 3-12　恩格爾曲線

圖 3-12（a）和圖 3-11（a）是相對應的，圖中的商品 1 是正常品，商品 1 的需求量 X_1 隨著收入水平 I 的上升而增加。圖 3-12（b）和圖 3-11（b）是相對應的，在一定的收入水平上，圖中的商品 1 由正常品轉變爲劣等品。或者說，在較低的收入水平範圍，商品 1 的需求量與收入水平呈同方向的變動；在較高的收入水平範圍，商品 1 的需求量與收入水平呈反方向的變動。

第四節　替代效應和收入效應

一種商品價格的變化會引起該商品的需求量的變化，這種變化可以被分解爲替代效應和收入效應兩個部分。

一、替代效應和收入效應的含義

當一種商品的價格發生變化時，會對消費者產生兩種影響：一是使消費者的實際收入水平發生變化。在這裡，實際收入水平的變化被定義爲效用水平的變化。二是使商品的相對價格發生變化。這兩種變化都會改變消費者對該種商品的需求量。

例如，在消費者購買商品 X 和商品 Y 兩種商品的情況下，當商品 X 的價格下降時，一方面，對於消費者來說，雖然貨幣收入不變，但是現有的貨幣收入的購買力增強了，也就是說實際收入水平提高了，實際收入水平的提高會使消費者改變對這兩種商品的購買量，從而達到更高的效用水平，這就是收入效應；另一方面，商品 X 的價格下降，使得商品 X 相對於價格不變的商品 Y 來說，比以前便宜了。商品相對於價格的這種變化，會使消費者增加對商品 X 的購買而減少對商品 Y 的購買，這就是替代效應。顯然，替代效應不考慮實際收入水平變動的影響，因此替代效應不改變消費者的效用水平。當然，也可以同樣地分析商品 X 的價格提高時的替代效應和收入效應，結果是相反的。

綜上所述，一種商品的價格變動引起的該商品需求量變動的總效應可以被分解爲替代效應和收入效應兩個部分，即總效應＝替代效應＋收入效應。其中，由商品的價格變動引起了實際收入水平的變動，進而由實際收入水平的變動引起了商品需求量的變動，這稱爲收入效應。由商品的價格變動引起了商品相對價格的變動，進而由商品的相對價格變動引起了商品需求量的變動，這稱爲替代效應。收入效應表示消費者的效用水平發生變化，替代效應則不改變消費者的效用水平。

二、正常物品的替代效應和收入效應

以圖3-13爲例分析正常物品價格下降時的替代效應和收入效應。

圖3-13中的橫軸X和縱軸Y分別表示商品X和商品Y的數量，其中商品X是正常物品。在商品價格變化之前，消費者的預算線爲AB_1，該預算線與無差異曲線U_1相切於E_1點，E_1點是消費者效用最大化的一個均衡點。在E_1均衡點上，相應的商品X的需求量爲X_1。現假定商品X的價格P_x下降使預算線的位置由AB_1移至AB。新的預算線AB與另一條代表更高效用水平的無差異曲線U_2相切於E_2點，E_2點是商品X的價格下降以後的消費者的效用最大化的均衡點。在均衡點E_2上，相應的商品X的需求量爲X_2。比較E_1、E_2兩個均衡點，商品X的需求量的增加量爲X_1X_2，這便是商品X的價格P_x下降所引起的總效應。這個總效應可以被分解爲替代效應和收入效應兩個部分。

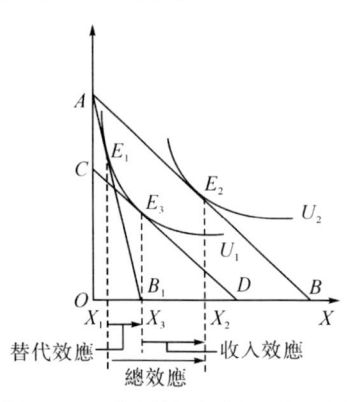

圖3-13 正常品的替代效應和收入效應

首先，我們來分析替代效應。

在圖3-13中，由於商品X的價格P_x下降，消費者的效用水平提高了，消費者的新的均衡點E_2不是在原來的無差異曲線U_1上而是在更高的無差異曲線U_2上。爲了得到替代效應，必須剔除實際收入水平變化的影響，使消費者回到原來的無差異曲線U_1上去。要做到這一點，需要利用補償預算線這一分析工具。

什麼是補償預算線？當商品的價格發生變化引起消費者的實際收入水平發生變化時，補償預算線是用來表示以假設的貨幣收入的增減來維持消費者的實際收入水平不變的一種分析工具。具體地說，在商品的價格下降引起消費者的實際收入水平提高時，假設可以取走消費者的一部分貨幣收入，以使消費者的實際收入維持原有的水平，則補償預算線在此就可以用來表示使消費者的貨幣收入下降到只能維持原有的無差異曲線的效用水平（即原有的實際收入水平）這一情況。相反，在商品的價格上升引起消費者的實際收入水平下降時，假設可以對消費者的損失給予一定的貨幣收入補償，以使消費者的實際收入維持原有的水平，則補償預算線在此就可以用來表示使消費者的貨幣收入提高到得以維持原有的無差異曲線的效用水平（即原有的實際收入水平）這一情況。

在圖3-13中，爲了剔除實際收入水平變化的影響，使消費者能夠回到原有的無差異曲線U_1上去。其具體的做法是：作一條平行於預算線AB且與無差異曲線U_1相切的補償預算線CD。這種做法的含義是：補償預算線CD與無差異曲線U_1相切，表示假設

的貨幣收入的減少（預算線的位置由 AB 向左平移到 CD）剛好能使消費者回到原有的效用水平。補償預算線 CD 與預算線 AB 平行，則這兩條預算線的斜率相同，表示商品 X 的價格和商品 Y 的價格的一個相同的比值 $\frac{P_x}{P_y}$，而且這個商品的相對價格 $\frac{P_x}{P_y}$ 是商品 X 的價格 P_x 變化以後的相對價格。補償預算線 CD 與無差異曲線 U_1 相切於均衡點 E_3，與原來的均衡點 E_1 相比，需求量的增加量爲 X_1X_3，這個增加量就是在剔除了實際收入水平變化影響以後的替代效應。

進一步地，就預算線 AB_1 和補償預算線 CD 而言，它們分別與無差異曲線 U_1 相切於 E_1、E_3 兩點，但斜率卻是不相等的。預算線 AB_1 的斜率絕對值大於補償預算線 CD，由此可以推知，預算線 AB_1 表示的商品的相對價格 $\frac{P_x}{P_y}$ 大於補償預算線 CD 表示的商品的相對價格。顯然，這是由於 P_x 下降，P_y 不變引起的。在這種情況下，當預算線由 AB_1 移至 CD 時，隨著商品的相對價格 $\frac{P_x}{P_y}$ 變小，消費者爲了維持原有的效用水平，其消費必然會沿着既定的無差異曲線 U_1，由 E_1 點下滑到 E_3 點，增加對商品 X 的購買而減少對商品 Y 的購買，即用商品 X 去替代商品 Y。於是，由 E_1 點到 E_3 點的商品 X 的需求量的增加量爲 X_1X_3，便是 P_x 下降的替代效應。它顯然歸因於商品相對價格的變化，它不改變消費者的效用水平。在這裡，P_x 下降所引起的需求量的增加量 X_1X_3 是一個正值，即替代效應的符號爲正。也就是說，正常物品的替代效應與價格成反方向的變動。

其次，我們來分析收入效應。

收入效應是總效應的另一個組成部分，把補償預算線 CD 再推回到 AB 的位置上去，於是消費者的效用最大化的均衡點就會由無差異曲線 U_1 上的 E_3 點回到無差異曲線 U_2 上的 E_2 點，相應的需求量的變化量 X_3X_2 就是收入效應。這是因爲，在上面分析替代效應時，是爲了剔除實際收入水平的影響，才將預算線 AB 移到補償預算線 CD 的位置。因此，當預算線由 CD 的位置再回到 AB 的位置時，相應的需求量的增加量 X_3X_2 必然就是收入效應。收入效應顯然歸因於商品 X 的價格變化所引起的實際收入水平的變化，它改變了消費者的效用水平。

收入效應 X_3X_2 是一個正值。這是因爲，當 P_x 下降使得消費者的實際收入水平提高時，消費者必定會增加對正常物品商品 X 的購買。也就是說，正常物品的收入效應與價格呈反方向的變動。

綜上所述，對於正常物品來說，替代效應與價格呈反方向的變動，收入效應也與價格呈反方向的變動，在它們的共同作用下，總效應必定與價格呈反方向的變動。正因爲如此，正常物品的需求曲線是向右下方傾斜的。

三、低檔物品的替代效應和收入效應

商品可以分爲正常物品和低檔物品兩大類。正常物品和低檔物品的區別在於正常物品的需求量與消費者的收入水平呈同方向的變動，即正常物品的需求量隨著消費者收入水平的提高而增加，隨著消費者收入水平的下降而減少。低檔物品的需求量與消

費者的收入水平呈反方向的變動，即低檔物品的需求量隨著消費者收入水平的提高而減少，隨著消費者收入水平的下降而增加。

首先，我們分析低檔品的替代效應。

在圖3-14中，商品 X 是低檔品，商品 X 的價格 P_x 下降，消費者的效用水平提高了，消費者的新的均衡點 E_2 不是在原來的無差異曲線 U_1 上而是在更高的無差異曲線 U_2 上。補償預算線 CD 與無差異曲線 U_1 相切於均衡點 E_3，與原來的均衡點 E_1 相比，需求量的增加量為 X_1X_3，這就是替代效應。由 E_1 點下滑到 E_3 點，增加對商品 X 的購買而減少對商品 Y 的購買，即用商品 X 去替代商品 Y。低檔品的替代效應與價格也呈反方向的變動。

其次，我們分析低檔品的收入效應。

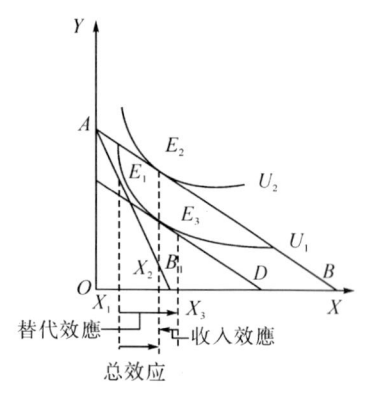

圖3-14 低檔品的替代效應和收入效應

在圖 3-14 中，把補償預算線 CD 再推回到 AB 的位置上去，消費者效用最大化的均衡點就會由無差異曲線 U_1 上 E_3 點回到無差異曲線 U_2 上的 E_2 點，相應的需求量的減少量 X_2X_3 就是收入效應。

低檔品的收入效應 X_2X_3 是一個負值，也就是說低檔品的收入效應與價格呈反方向的變動，即當 P_x 下降使得消費者的實際收入水平提高時，消費者必定會減少對低檔物品商品 X 的購買。

綜上所述，對於低檔物品來說，替代效應與價格呈反方向的變動，收入效應與價格呈同方向的變動。在大多數的場合，收入效應的作用小於替代效應的作用，因此總效應與價格呈反方向的變動，相應的需求曲線是向右下方傾斜的。

但是某些低檔物品的收入效應的作用會大於替代效應的作用，於是就會出現違反需求曲線向右下方傾斜的現象，這類物品就是吉芬物品。

四、吉芬物品的替代效應和收入效應

英國人吉芬於19世紀發現，1845年愛爾蘭發生災荒，馬鈴薯價格上升，但是馬鈴薯需求量卻反而增加了。這一現象在當時被稱為"吉芬難題"。這類需求量與價格呈同方向變動的特殊商品以後也因此被稱為吉芬物品。

吉芬物品是一種特殊的低檔物品，吉芬物品的替代效應與價格呈反方向的變動，收入效應則與價格呈同方向的變動。吉芬物品的特殊性就在於：它的收入效應的作用很大，以至於超過了替代效應的作用，從而使得總效應與價格呈同方向的變動。

這也就是吉芬物品的需求曲線呈現出向右上方傾斜的特殊形狀的原因。

在圖 3-15 中，低檔品降價，E_1 到 E_3，b_1 到 b_3 是低檔品的替代效應，替代效應和價格呈反方向變動。

E_3 到 E_2，b_3 到 b_2 是低檔品的收入效應，收入效應和價格呈同方向變動，並且收入效應大於替代效應。這就導致總效應 E_1 到 E_2，b_1 到 b_2，總效應使得需求量減少，總效

應和價格呈反方向變動。

運用以上分析的結論就可以解釋"吉芬難題"了。在19世紀中葉的愛爾蘭，購買馬鈴薯的消費支出在大多數的貧困家庭的收入中占一個較大的比例，於是馬鈴薯價格的上升導致貧困家庭實際收入水平大幅度下降。在這種情況下，變得更窮的人們不得不大量地增加對劣等物品馬鈴薯的購買，這樣形成的收入效應是很大的，它超過了替代效應，造成了馬鈴薯的需求量隨著馬鈴薯價格的上升而增加的特殊現象。

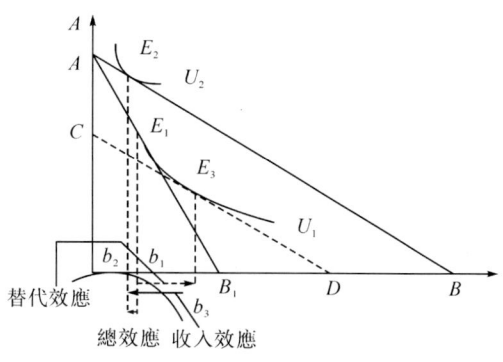

圖 3-15　吉芬物品的替代效應和收入效應

現將本節分析正常物品、低檔物品和吉芬物品的替代效應和收入效應所得到的結論羅列在表 3-2 中。

表 3-2　　　　　　商品價格變化所引起的替代效應和收入效應

商品類別	替代效應與價格的關係	收入效應與價格的關係	總效應與價格的關係	需求曲線的形狀
正常物品	反方向變化	反方向變化	反方向變化	向右下方傾斜
低檔物品	反方向變化	同方向變化	反方向變化	向右下方傾斜
吉芬物品	反方向變化	同方向變化	同方向變化	向右上方傾斜

習題

一、單項選擇

1. 消費者購買每單位物品支付的價格一定等於（　　）。
   A. 消費者從消費第一單位的這種物品中獲得的邊際效用
   B. 消費者從消費這種物品中獲得的總效用
   C. 消費者從平均每單位物品的消費中獲得的效用
   D. 消費者從消費最後一單位物品中獲得的邊際效用
2. 消費者剩餘是消費者的（　　）。
   A. 實際所得　　　　　　　　　　B. 主觀感受
   C. 沒有購買的部分　　　　　　　D. 消費剩餘部分
3. 需求曲線可以從（　　）導出。
   A. 價格—消費曲線　　　　　　　B. 收入—消費曲線
   C. 無差異曲線　　　　　　　　　D. 預算線

4. 邊際效用遞減規律說的是（　　）。
   A. 當消費者從消費的每種商品的每一單位中獲得的效用相等時總效用最大
   B. 當消費者在同一時間連續消費某種商品超過一定數量時，每多消費的一單位該商品帶來的滿足越來越少
   C. 為了使廠商供給更多的商品必須降低價格
   D. 在連續生產某種商品超過一定數量時，每生產一單位該商品耗費的資源越來越多

5. 假定 MU_x/P_x 大於 MU_y/P_y，在全部收入花完的情況下，為了使效用最大化，消費者應該（　　）。
   A. 只有在 X 商品漲價時才減少其購買量
   B. 只有在 Y 商品漲價時才增加其購買量
   C. 增加 Y 商品的購買量，減少 X 商品的購買量
   D. 增加 X 商品的購買量，減少 Y 商品的購買量

二、判斷題

1. 如果邊際效用遞減，則總效用也必然減少。　　　　　　　　　　　（　　）
2. 理性的消費者應該在某商品的邊際效用開始遞減時停止購買該種商品。（　　）
3. 預算線總能與某一條無差異曲線相切並在切點上達到消費者均衡。　（　　）
4. 在畫某一條特定的消費預算線時，假定貨幣收入和兩種商品的價格既定。
　　　　　　　　　　　　　　　　　　　　　　　　　　　　　　　（　　）
5. 貨幣收入不變，一種商品價格上升，另一種商品價格下降將使新的預算線與原來的預算線相交。　　　　　　　　　　　　　　　　　　　　（　　）
6. 在同一條無差異曲線上，越靠左上方的點代表的效用水平越高。　　（　　）
7. 在同一無差異曲線圖上，不同的無差異曲線不可能相交。　　　　　（　　）
8. 理性的消費者會盡可能達到其收入水平允許的最高水平的無差異曲線。（　　）
9. 無差異曲線分析假定效用可以用數字加以衡量。　　　　　　　　　（　　）
10. 邊際效用理論和無差異曲線分析都與需求規律一致。　　　　　　（　　）
11. 消費者的收入水平越高，其預算線的斜率越大。　　　　　　　　（　　）

三、計算題

1. 已知某消費者每年用於商品 1 和商品 2 的收入為 540 元，兩商品的價格分別為 $P_1 = 20$，$P_2 = 30$，該消費者的效用函數為 $U = 3X_1X_2^2$。那麼，該消費者每年購買商品的數量各為多少？他每年從中獲得的總效用是多少？

第四章　生產者行爲理論

引導案例

木桶理論

經濟學家厲以寧曾以"木桶理論"來闡述經濟學問題。這一理論認爲，木桶的盛水量取決於最短板的長度，這在非均衡經濟學里稱爲"短邊決定原則"。它告訴我們，"木桶"想多盛"水"的方法有二：一是生產要素替代，鋸長補短；二是拆桶重裝，進行資產重組。事實上，一個人乃至一個集體所取得的成績或成就也常常取決於其"短邊"。

新華社曾連續播發了長篇報道，介紹天津構建和諧社會的經驗。報道說，自20世紀90年代以來，天津的經濟連續十多年保持了均衡、持續、快速增長。不求短時期的熱鬧，及時提升、彌補可能影響經濟社會整體發展水平的"短板"，保證城市和諧前進，這是天津的能量以令人驚奇的方式釋放的核心因素。

這裡涉及了一個"木桶理論"：一個水桶能容納多少水，取決於最短的那塊木板。要想得到最大容量，得到滿桶的水，就必須把所有木板的長度都提升到與最長的那塊一樣。

社會好比一個木桶，要達到和諧穩定，必須把"短板"及時提升、彌補起來。和諧社會這個"木桶"，是由民主法治、公平正義、誠信友愛、充滿活力、安定有序、人與自然和諧相處等"木板"組合而成的，每塊"木板"都有它的對立物，如不誠不信、混亂無序、缺章少法等。抓緊解決對立物之間的矛盾，即各種社會矛盾的過程，就是構建和諧社會的過程。

教學目的

通過本章的學習，理解廠商目標，掌握生產函數，瞭解生產者行爲，掌握廠商如何以最小的成本獲得最大的產量，如何實現要素最佳組合，實現利潤最大化。

本章重難點

短期與長期分析的區別；短期生產理論中各種產量變動的規律和相互關係、邊際產量遞減規律、短期生產三階段；長期生產理論中的等產量線、等成本線、邊際技術替代率遞減規律、生產者均衡條件。

第一節　生產與生產函數

生產者又稱廠商或企業，是指市場上商品或勞務的供給者，是購買或雇用生產要素並將之組織起來生產和銷售物品與勞務的經濟組織。廠商從組織形式上可以劃分為單人業主制（個人獨資經營）、合夥制（兩個或兩個以上的人同意共同分擔企業經營責任）、公司制（企業以經營者和所有者相分離的形式存在），這三種企業組織形式的比較分析如表 4-1 所示。

表 4-1　　　　　　　　　　三種企業組織形式的比較

企業類型	優點	缺點
個人獨資企業	容易建立； 決策過程簡單； 只繳納個人所得稅不繳納企業所得稅	決策不受約束； 所有者承擔無限責任； 企業隨所有者的死亡而結束
合夥制企業	容易建立； 決策多樣化； 合夥人退出仍可存在； 只繳納個人所得稅不繳納企業所得稅	形成統一意見困難； 所有者承擔無限責任； 合夥人退出引起資本短缺
公司制企業	所有者承擔有限責任； 籌資容易； 管理不受所有者能力限制； 永遠存在	管理體系複雜、決策緩慢； 要繳納企業所得稅和個人所得稅

分析生產者行為理論時，我們假定生產者是具有完全理性的經濟人，一般總是假定廠商的目標是利潤最大化。

一、生產與生產要素

企業的生產是對各種生產要素進行組合以制成產品的行為，在生產中要投入各種生產要素以生產出產品，因此生產也就是把投入（Input）轉化為產出（Output）的過程。因此，生產過程一方面通過要素需求與要素市場相連，另一方面通過產品供給與產品市場相連。

生產要素，即廠商為生產物質產品或提供勞務所需投入的各種經濟資源。這些經濟資源從物質形態上可以千差萬別，但它們可以歸類為四種基本形式，即勞動、資本、土地、企業家才能。勞動是指人類在生產過程中提供的體力勞動和腦力勞動的總和。勞動力是勞動者勞動的能力。在經濟學中，勞動和勞動力一般不進行嚴格的區分。土地是農業社會的核心要素，不僅包括土地本身，還包括地下和地上的一切自然資源，是自然界中本來就存在的，如森林、水、各類礦藏等。資本是工業社會的核心要素，是指用於生產過程中的一切資本品。資本可以表現為實物形態和貨幣形態。資本的實物形態又稱爲資本品或投資品，如廠房、機器設備、原材料等。資本的貨幣形態通常稱爲貨幣資本。顯然，實物資本的獲得離不開貨幣資本。還有一種資本形態稱爲人力資本，指的是體現在勞動者身上的體力、文化、技術狀態等。在生產理論中所使用的資本概念主要是指實物資本。企業家才能是指企業家的管理和組織生產活動工作，包括生產能力、管理能力、組織能力、創新能力。

生產是這四種生產要素合作的過程，產品則是這四種生產要素共同努力的結果。企業家以廠商利潤最大化爲經營企業的目標，來組織生產活動，企業家的不同會使企業的利潤有很大差別，因此經濟學家特別強調企業家才能對生產的作用，認爲把勞動、資本、土地等生產要素合理配置起來，生產出最多、最好的產品的關鍵因素就是企業家才能。同時，通過生產要素的綜合運用，廠商可以生產各種實物產品，如房屋、食品、機器、日用品等；也可以提供各種無形產品，即勞務，如醫療服務、金融服務、旅遊服務等。

二、生產函數

對於特定的生產技術，把投入轉化爲產出的過程表現爲生產過程中生產要素的投入量與產出量之間的數量關係，這種數量關係可以用函數表示。因此，生產函數表示在技術水平不變的情況下，一定時期內廠商在生產過程中使用的各種要素的數量與它們所能生產的最大產量之間的關係。簡單地說，生產函數就是一定技術條件下投入與產出之間的關係。

關於生產函數，應註意以下三點：

第一，生產函數說明某一時期投入的生產要素量和產出量之間的關係，是流量，以特定的時期來考察。

第二，生產函數取決於一定的技術水平。如果技術水平變化了，生產函數將隨之變化。

第三，要生產一定數量的產品，生產要素投入量的比例通常是可以變動的，因爲各種生產要素之間存在一定的替代性。

如果用 Q 表示所能生產的最大產量，投入的生產要素分別是勞動（L）、資本（K）、土地（N）、企業家才能（T）。那麼，生產函數可用公式表示爲：

$$Q = f(L, K, N, T) \qquad (4.1)$$

在實際分析要素與產量之間的關係時，一般認爲土地總量是固定的，而企業家才能又難以估算，因此生產函數可表示爲：

$$Q = f(L, K) \qquad (4.2)$$

這一生產函數表明：在一定的技術條件下，廠商若想生產出某種產品的產量 Q，需要投入一定量的勞動與資本的組合。同樣，生產函數還可以表明：在勞動與資本的數量爲已知時，根據生產函數可以推算出企業可能達到的最大產量。例如，生產函數可能描述的是一家具有特定廠房面積和特定裝配工人的企業每年生產的電腦的臺數；或者，生產函數可能描述的是一個具有特定數目的農機和工人的農機場可以收穫的麥子的總量。

要說明的是，由於生產函數表示的是投入要素與最大產出之間的相互關係，表明投入要素的使用是有效率的。在對生產者行爲進行分析時，我們假定所有廠商都知道相應產品的生產函數，因此其總能達到技術上高效率的產量。這是因爲：一方面，以盈利爲目的的廠商總在尋求達到最大產量的途徑；另一方面，做不到這點的廠商難免在競爭中被淘汰。

三、常見的生產函數

(一) 里昂惕夫生產函數

里昂惕夫生產函數也叫固定投入比例的生產函數，是指在每一個產量水平上任何一對要素投入量之間的比例都是固定的生產函數。假定生產過程中只使用勞動和資本兩種要素，則固定投入比例生產函數的通常形式爲：

$$Q = \text{Minimum}\ (L/u,\ K/v) \tag{4.3}$$

其中，Q 表示一種產品的產量，L、K 分別爲勞動和資本投入量，常數 u 和 v 分別爲固定的勞動和資本生產技術系數，分別表示生產一單位產品所需要的固定的勞動和資本投入量。此生產函數表示，產量取決於 $(L/u,\ K/v)$ 中較小的一個，即使其中的一個比例數量較大，也不會提高產量。

(二) 柯布—道格拉斯生產函數

著名的柯布—道格拉斯生產函數（也稱 $C\text{-}D$ 函數）是線性齊次生產函數。1928 年，美國數學家柯布（Cobb）和經濟學家道格拉斯（Douglas）根據 1899—1922 年美國製造業中的資本和勞動這兩種生產要素對產量的影響，得出了這一時期美國的生產函數。其形式爲：

$$Q = AL^{\alpha}K^{1-\alpha} \tag{4.4}$$

式中，A 代表技術水平，L 和 K 分別代表勞動和資本，α 爲系數，並且 $0<\alpha<1$。在這裡，α 值約爲 0.75，說明美國在這一期間的總產量中，勞動所得的相對份額爲 75%，資本所得的相對份額爲 25%。

柯布—道格拉斯生產函數的一般表達式爲：

$$Q = f\ (L,\ K) = AL^{\alpha}K^{\beta} \tag{4.5}$$

式中，Q 代表產量，L 和 K 分別代表勞動和資本投入量，A、α、β 爲三個正的參數，並且 $0<\alpha$、$\beta<1$。

這是一種很有用的生產函數：

第一，該生產函數是一個指數函數形式，這類函數在數學上較易處理。

第二，函數中的參數 A、α、β 具有明顯的經濟含義，A 可以看成一個技術系數，A 的數值越大，既定投入數量所能生產的產量也越大；α 和 β 分別代表增加 1% 的勞動和資本時產量增加的百分比，反應了在生產過程中勞動和資本的重要性。

第三，α、β 可以用來判斷規模報酬。若 $\alpha+\beta=1$，規模報酬不變；若 $\alpha+\beta<1$，規模報酬遞減；若 $\alpha+\beta>1$，規模報酬遞增。

四、短期與長期生產函數

　　微觀經濟學中的生產理論可以分爲短期生產理論和長期生產理論。這里的短期和長期不是指一個具體的時間跨度，而是指企業能否來得及調整全部生產要素（或生產規模）。所謂短期，是指廠商來不及調整全部的生產要素的數量，至少有一種生產要素的數量是固定不變的，生產只能在原有條件下進行的時間週期。所謂長期，是指生產者來得及調整全部生產要素的數量，所有生產要素數量都可以改變的時期。例如，某商品的市場需求由於某種原因突然擴大，在短期內，廠商可以通過讓工人加班加點等提高現有設備使用強度的方式來增加產量以滿足市場需求；在長期內，廠商則要增加設備，擴大生產規模，以滿足增長了的市場需求。

　　短期與長期是一個相對的概念，不同行業差異甚大。例如，鋼鐵、造船工業等，所需資本、設備數量多，技術要求高，變動生產規模不容易，數年時間可能只算一個短期；而食品加工業和普通服務業等，所需資本、設備數量少，技術要求低，變動生產規模比較容易，數月時間可算是長期。

　　在經濟學中，根據企業能否調整全部生產要素的數量，可以將生產函數分爲短期生產函數與長期生產函數。

　　短期生產函數是指在短期內，假設資本數量不變，只有勞動可隨產量變化的生產函數。也就是說，在短期內，企業的生產要素分爲可變投入和固定投入。其中，可變投入是指短期內數量隨產量變化而變化的投入，如原材料、勞動等；固定投入是指短期內不隨產量變化而變化的投入，如廠房、機器設備等。在經濟分析中，通常假定企業只投入勞動和資本這兩種生產要素，並且資本的投入量固定不變，用 $\bar{K}$ 表示；勞動可隨產量變化，用 L 表示，則短期生產函數可以寫成：

$$Q = f(L, \bar{K}) \tag{4.6}$$

短期生產函數還可以簡寫爲：

$$Q = f(L) \tag{4.7}$$

　　長期生產函數是指在長期內，勞動和資本都可變的生產函數。長期是指一個足夠長的時期，企業能夠調整所有的生產要素投入，因而只有可變投入，沒有固定投入。長期生產函數可表示爲：

$$Q = f(L, K) \tag{4.8}$$

第二節　一種可變生產要素的生產函數（短期生產函數）

　　作爲理性經濟人，廠商都是追求利潤最大化的，都希望以最小的成本獲得最大的利潤，那麼如何在技術水平既定的情況下，以最優的生產要素組合獲得最大的產量呢？在分析要素投入和產量之間的關係時，我們從簡單的一種可變投入的短期生產函數開始，研究在資本固定、勞動可變時的短期生產問題。

一、總產量、平均產量和邊際產量

假定廠商在生產某產品時，只使用資本 K 和勞動 L 兩種投入，勞動的投入量可變，但資本的投入量不變，則短期生產函數可以寫成 $Q=f(L)$。

勞動總產量（TP_L）是指一定數量的生產要素可以生產出來的最大產量；或指在資本不變的條件下，一定的勞動投入量可以生產出來的最大產量。其用公式表示爲：

$$TP_L = f(L) \tag{4.9}$$

勞動的平均產量（AP_L），即總產量與勞動投入量之比，是指平均每一單位生產要素投入的產出量。其用公式表示爲：

$$AP_L = TP_L/L \tag{4.10}$$

勞動的邊際產量（MP_L）是指增加一單位可變要素勞動投入量帶來的產量的增加量。其用公式表示爲：

$$MP_L = \Delta TP_L / \Delta L \tag{4.11}$$

當勞動的增加量趨於無窮小，即 $\Delta L \to 0$ 時，有：

$$MP_L = \lim_{\Delta L \to 0} \Delta TP_L / \Delta L = dTP_L/dL \tag{4.12}$$

表 4-2 是一種可變生產要素（勞動）的短期生產函數的產量表。

表 4-2　　一種可變生產要素（勞動）的短期生產函數的產量表

勞動投入量（L）	總產量 TP_L	平均產量 AP_L	邊際產量 MP_L
0	0	—	—
1	2	2	2
2	12	6	10
3	24	8	12
4	48	12	24
5	60	12	12
6	66	11	6
7	70	10	4
8	70	8.75	0
9	63	7	-7

根據表 4-2，可以畫出勞動的總產量、平均產量、邊際產量的曲線圖，如圖 4-1 所示。

在圖 4-1 中，橫軸代表勞動投入量，縱軸代表各種產量。從圖 4-1 中可以看出：

第一，在資本量不變的情況下，隨著勞動投入量的增加，總產量曲線 TP_L、平均產量曲線 AP_L、邊際產量曲線 MP_L 都呈現出先升後降的特徵。

第二，A 點爲總產量曲線的拐點，對應於邊際產量遞增與遞減的轉折點（D 點），此時 $L=4$。

第三，B 點為總產量曲線的切點，對應於邊際產量與平均產量相交的點，即平均產量的最大點（E 點），此時 $L=5$。

第四，C 點為總產量曲線的最大點，對應於邊際產量為零的點，即邊際產量與橫軸的交點（F 點），此時 $L=8$。

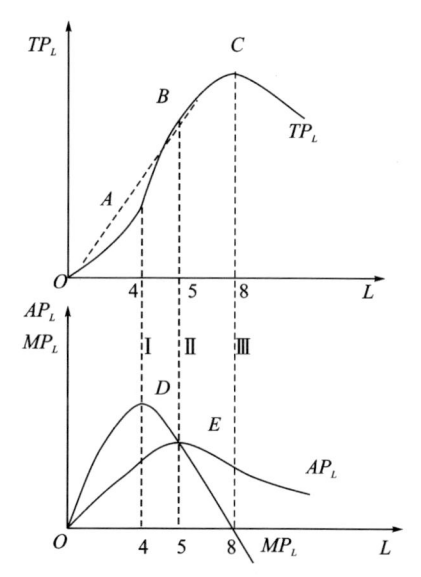

圖 4-1　總產量、平均產量與邊際產量曲線

根據分析可以得出總產量、平均產量、邊際產量之間的關係有如下的特點：

第一，總產量曲線與平均產量曲線之間的關係。由於 $AP_L = TP_L/L$，連接 TP 曲線上任意一點與坐標原點的直線，其斜率表示該點的 AP_L 值。因此，隨著勞動投入量的增加，直線的斜率也隨之增加，當直線與 TP_L 曲線相切時，斜率最大，隨後又逐漸減小。在圖 4-1 中，當 $L=5$ 時，在總產量曲線上 B 點處有一條過坐標原點的直線與之相切，其對應地在 AP_L 曲線上的 E 點代表的平均產量達到最大值。

第二，總產量曲線與邊際產量曲線之間的關係。由於 $MP_L = \mathrm{d}TP_L/\mathrm{d}L$，因此 TP_L 曲線上任意一點的切線的斜率就是與該點相對應的 MP_L 值。當 TP_L 曲線隨勞動量的增加而以遞增的速度增加時，其斜率為正，MP_L 曲線相應上升，直到 MP_L 曲線的斜率在拐點 A 達到最大值。過 A 點以後，當 TP_L 曲線隨勞動量的增加而以遞減的速度增加時，MP_L 曲線隨 TP_L 曲線斜率遞減而下降。TP_L 曲線在 C 點達到最大值，其斜率為零，MP_L 曲線在 F 點與橫軸相交。過 C 點後，由於勞動投入量的增加使得總產量減少，TP_L 曲線的斜率為負，因此 MP_L 值也變為負值，其曲線在橫坐標的下方。

第三，平均產量曲線與邊際產量曲線之間的關係。在圖 4-1 中，MP_L 曲線與 AP_L 曲線相交於平均產量曲線的最高點 E。在 B 點，連接該點與原點的直線正好相切於 TP_L 曲線，從而其斜率等於該點切線的斜率。因此，$AP_L = MP_L$。而在 E 點之前，平均產量上升，邊際產量大於平均產量；在 E 點之後，平均產量開始下降，邊際產量小於平均產量。因此，AP_L曲線與MP_L曲線必然相交於AP_L曲線的最高點E。由於邊際產量的變動比平均產量的變動更敏感，因此在圖 4-1 中，無論是上升還是下降，邊際產量曲線都比平均產量曲線的變動要大。

二、邊際報酬遞減規律

　　總產量、平均產量和邊際產量的變化特徵實際上反應了生產要素的報酬遞減規律，這一規律是由 18 世紀法國重農學派的經濟學家杜爾哥（A.R.J.Turgot）最早提出來的。這一規律是指在技術不變、其他生產要素投入固定不變的條件下，隨著一種生產要素數量的不斷增加，在達到某一點後，總產量的增量即邊際產量是遞減的。這一經濟現象稱爲生產要素報酬遞減規律，又稱爲邊際產量遞減規律或邊際收益遞減規律。例如，一個面包房有 2 個面包烤爐（固定投入），當可變投入——勞動從一個工人增加到兩個工人時，面包烤爐得到充分利用，工人的邊際產量遞增，但如果工人的數量增加到 3 個、4 個甚至更多時，幾個人共用一個面包烤爐，每個工人的邊際產量自然會出現遞減，甚至爲負數。所謂的"一個和尙擔水吃，兩個和尙抬水吃，三個和尙沒水吃"，正是對邊際報酬遞減規律的形象表述。

　　在理解邊際報酬遞減規律時，要註意以下幾點：

　　第一，邊際報酬遞減規律發生的前提條件是技術不變。

　　第二，邊際報酬遞減規律假定除一種投入要素可變外，其餘投入要素均不變。這一規律適用於短期生產分析。這種現象在日常生活中是普遍存在的。在農業中，當土地等生產要素不變時，不斷增加施肥量，最終導致邊際產量減少；在工業中，當廠房、機器設備等生產要素不變時，不斷增加勞動力，最終導致邊際產量減少。

　　第三，邊際報酬遞減規律只存在於技術系數可變的生產函數中。對於技術系數固定的生產函數，由於各種生產要素不可相互替代，其組合的比例是不可改變的，因此當改變其中一種生產要素的投入量時，邊際產量突變爲零，不存在依次遞減的趨勢。

　　第四，邊際報酬遞減發生在可變要素投入增加到一定程度以後。這就是説邊際報酬經歷一個遞增、不變和遞減過程，最終要遞減。

　　邊際報酬遞減規律存在的原因是：隨著可變要素投入量的增加，可變要素投入量與固定要素投入量之間的比例在發生變化。在可變要素投入量增加的最初階段，相對於固定要素來説，可變要素投入過少。因此，隨著可變要素投入量的增加，其邊際產量遞增。當可變要素與固定要素的配合比例恰當時，邊際產量達到最大。如果再繼續增加可變要素投入量，由於其他要素的數量是固定的，可變要素就相對過多，於是邊際產量就必然遞減。或者説，邊際報酬遞減是因爲對於任何一種產品的生產來説，可變要素投入量與不變要素投入量之間都存在一個最佳的組合比例。

　　在 19 世紀，英國經濟學家馬爾薩斯正是由於沒有考慮長期的技術進步，錯誤地估計了人口增加可能帶來的後果。邊際報酬遞減規律也給我們提出了一個問題：既然可變要素投入的增加到最後反而會引起總產量的減少，那麼對廠商來説就非常有必要瞭解可變要素的最優投入量。這就涉及對生產三階段和生產要素合理投入區域的分析。

三、一種可變生產要素的合理投入

根據圖 4-1 中短期生產的總產量曲線、平均產量曲線和邊際產量曲線之間的關係，可以把可變生產要素的投入劃分爲三個區域，分別稱爲生產的第一階段（Ⅰ）、第二階段（Ⅱ）和第三階段（Ⅲ）。在這三個階段中，增加可變投入帶來的產量的變化是不同的，因此理性的企業必須進行合理選擇。在此，我們引入了生產彈性的概念。

生產彈性是指由於變動要素投入每增加一個百分數引起產量增加的百分數。其用公式表示爲：

$$E = \frac{\frac{\Delta TP}{TP}}{\frac{\Delta L}{L}} = \frac{\frac{\Delta TP}{L}}{\frac{TP}{L}} = \frac{MP}{AP} \tag{4.13}$$

根據生產彈性的概念和具體數值，我們可以很容易地把生產的三個階段進一步劃分爲平均收益遞增階段、平均收益遞減階段和負邊際收益階段。圖 4-1 顯示了產量的三個區域。

生產的第一階段（生產彈性 $E>1$，平均收益遞增階段）。在圖 4-1 中，該階段是指勞動投入量從零增加到 5 的區域。在此區域，勞動的平均產量一直在增加，而邊際產量大於平均產量，表明每增加一個單位的可變投入都可以提高平均產量，即增加可變勞動量投入可使固定資本要素得到充分利用。因此，追求利潤最大化的生產者不會將生產停留在這一階段的任何產量上，否則意味着固定要素的浪費。

生產的第二階段（生產彈性 $0 \leq E \leq 1$，平均收益遞減階段）。隨著勞動量從 5 增加到 8，平均產量從最高點開始減少，邊際產量小於平均產量呈下降趨勢但大於零。因此，增加可變投入仍可增加總產量，並在勞動量增加到 8 時達到最大。企業將選擇在這一階段進行生產，但具體應使可變要素的投入停留在該階段的哪一點，需要結合更多的條件（如生產要素的價格、產品的價格等）才能確定。

生產的第三階段（生產彈性 $E<0$，負邊際收益階段）。當勞動量增加到 8 以後，由於勞動的邊際產量爲負值，總產量將隨勞動投入的增加而減少，這時每減少一個單位的可變投入就可以提高總產量。顯然，理性的生產者也不會將生產停留在這一階段的任何產量上，否則的話將意味着變動資源的浪費。

由此可見，任何理性的生產者既不會將生產停留在第一階段，也不會將生產擴張到第三階段，因此生產的第二階段是生產者進行短期生產的合理決策區間。在生產的第二階段，生產者可以得到由第一階段增加可變要素投入帶來的全部好處，又可以避免將可變要素投入增加到第三階段而帶來的不利影響。

第三節 兩種可變生產要素的生產函數

在長期內，所有的生產要素的投入量都是可變的。那麼對於一個生產者來説，在利用多種生產要素生產一種產品時，就應該實現生產要素的最佳配置。長期生產理論主要分析這樣一個問題：生產者按照什麼原則來選擇最佳生產要素的配置，從而實現既定成本下產量最大，或既定產量下成本最小。爲了簡化分析，我們通常以具有代表性的勞動和資本兩種生產要素均可變動情況下的生產函數來探討長期生產中可變生產要素的投入組合和產量之間的關係。

一、等產量線

在研究消費者行爲理論時，我們引入了無差異曲線這一重要概念。與此極爲類似，本章將運用一個同等重要的分析工具——等產量線來研究生產者的生產行爲。所謂等產量線，是表示在技術水平不變的條件下，生產同一產量的兩種生產要素投入量的所有不同組合的軌跡。例如，給定某生產函數，其產品產量取決於勞動 L 和資本 K 兩種生產要素，並且要素之間可以相互替代。按照 A、B、C、D 四種不同的組合方式可以帶來相同的產量 Q_1，如表 4-3 所示。

表 4-3　　　　　　兩種可變要素投入帶來等產量 Q_1 的各種組合

組合方式	勞動（L）	資本（K）	產量
A	1	5	Q_1
B	2	3	Q_1
C	3	2	Q_1
D	4	1.5	Q_1

根據表 4-3 中的數值可以在平面坐標上描繪出一條如圖 4-2 所示的等產量線 Q_1，Q_1 上的每一點都表示了生產同等產量可供選擇的兩種生產要素 L 和 K 的投入組合。

根據給定的生產函數，理論上可以在同一坐標圖上畫出無數條等產量線，每一條等產量線代表不同的產量水平。等產量線距離原點越遠，代表的產量水平越高。圖 4-2 中的三條等產量線中，$Q_3 > Q_2 > Q_1$。

等產量線又稱爲生產無差異曲線，從圖形上看，其與無差異曲線非常相似，主要的區別在於：等產量線代表了兩種可變生產要素的不同組合和一定量的產出之間的技術關係，表明生產要素不同組合生產的產量是相同的、無差異的，每一條等產量線對應着一個特定的產出量是客觀的；而無差異曲線則代表了兩種商品的不同組合給消費者帶來的主觀效用的評價，即這些不同商品組合帶給消費者的滿足程度是相同的、無差異的，但是無法像等產量線一樣用數字度量。

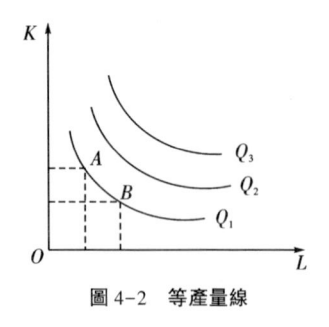

圖 4-2　等產量線

等產量線具有如下特點：

第一，等產量線是一條向右下方傾斜的線，其斜率爲負。這是因爲要使產量維持不變，減少一種要素投入量的同時，必須增加另一種要素的投入量。如果等產量線斜率為正，表明資本和勞動同時增加或減少才可以維持總產量不變。這意味著其中一種生產要素的投入量達到飽和狀態，再增加這一要素的投入量，其邊際產量反而為負值，這時為了保持總產量不變，只有增加另一種要素的投入量。例如，化肥的過多使用會使農產品產量減少，只有增加勞動才能彌補由此造成的損失。

第二，在同一平面圖上有無數條等產量線，同一條等產量線代表同樣的產量，不同的等產量線代表不同的產量，離原點越遠的等產量線代表的產量越高；反之則越低。在 圖 4-2 中，等產量線 Q_3 在 Q_2 的右上方，因而 Q_3 上的產量大於 Q_2 上的產量。

第三，在同一平面圖上，任意兩條等產量線不能相交。由於每一條等產量線都對應着一個特定的產量，假如兩條等產量線相交，那麼意味着用交點表示的生產要素的組合可以生產出兩個不同產量，這與我們對生產函數在技術上富有效率（最大產量）的假定相矛盾。

第四，等產量線是一條凸向原點的線，其原因在於我們即將介紹的生產要素邊際技術替代率遞減。

按照投入要素之間能夠相互替代的程度，可以把等產量線劃分為以下三種類型：

(一) 生產要素之間完全不能替代

假定生產中只使用勞動和資本兩種生產要素，勞動和資本的生產技術系數是固定的，即生產必須按照 L 和 K 之間固定比例進行，當一種生產要素的數量不能變動時，另一種生產要素的數量再多，也不能增加產量。對於一個固定投入比例生產函數（里昂惕夫生產函數）來說，當產量發生變化時，各要素的投入量將以相同的比例發生變化，從而各要素的投入量之間的比例維持不變。例如，生產自行車時，在投入要素車架和車輪之間是完全不能替代的。這種等產量線的形狀是一條直角線，如圖 4-3 (a) 所示。完全不能替代的投入要素之間的比例是固定的。例如，車架與車輪之間的比例為 1：2。又如，一輛電車只需一個司機，一個司機兩輛電車或者兩個司機一輛電車都只能造成資源的閒置而不能增加更多客運量。

(二) 生產要素之間完全可以替代

當兩種生產要素之間存在完全替代關係時，生產函數為線性生產函數：$Q = aL + bK$，其斜率固定為 $-a/b$，即減少 b 個單位的勞動 L，必須增加 a 個單位的資本 K，該類生產函數的等產量線為一條直線，如圖 4-3 (b) 所示。

完全替代的例子在現實生活中也可以找到。例如，銀行兌付存款可以完全由人工操作也可以用自動取款機來完成。又如，在發電廠中，如果發電廠的鍋爐燃料既可全部用煤氣又可全部用石油（當然也可以部分用煤氣、部分用石油），我們就稱這兩種投入要素是完全可以替代的。

(三) 生產要素之間的替代是不完全的

在生產中，設備能夠代替勞力，但設備不可能替代所有的勞力，就屬於生產要素之間的替代是不完全的情況。例如，煤炭公司不能只有工人沒有機器，也不能只有機器沒有工人，但是如果沒有傳送帶，煤也可以靠人力來運，在運煤這個工序中，人力與資本是可以相互替代的。這種等產量線的形狀一般爲向原點凸出的曲線，如圖 4-3 (c) 所示。之所以會出現這種形狀，是因爲對不能完全替代的投入要素來說，它們的等產量線的斜率一般隨著投入要素的量的增加而遞減。

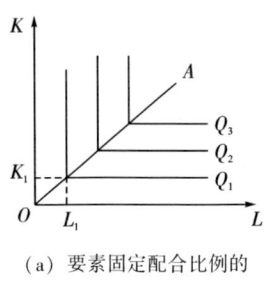

(a) 要素固定配合比例的等產量線

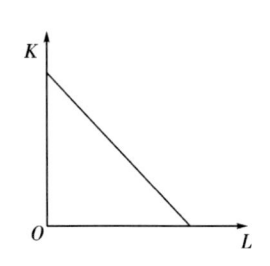

(b) 要素可完全替代的等產量線

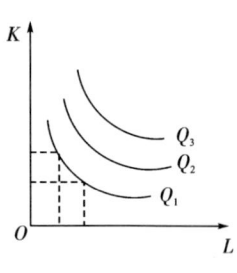

(c) 要素不完全替代的等產量線

圖 4-3　等產量線的三種類型

二、邊際技術替代率

我們在分析消費者行爲時指出，當兩種商品可以相互替代時，消費者常常增加一種商品的消費同時減少另一種商品的消費來保持既有的效用水平。同樣，如果兩種生產要素能夠彼此替換，企業就可以考慮多用自己相對富裕的生產要素，而少用自己比較稀缺的生產要素。

當兩種投入要素都可以變化時，生產中往往會出現用一種投入要素替代另一種投入要素的情況。在技術不變的條件下，爲維持同等的產量水平，放棄一定數量的某種投入要素而必須增加的另一種投入要素的數量，被稱爲邊際技術替代率（Marginal Rate of Technical Substitution，MRTS）。例如，勞動和資本在一定程度上是可以相互替代的，如果用 ΔL 表示勞動投入增加量，ΔK 表示資本投入減少量，用 $MRTS_{LK}$ 表示以勞動代替資本的邊際技術替代率，那麼有：

$$MRTS_{LK} = -\frac{\Delta K}{\Delta L} \tag{4.14}$$

在圖 4-2 中，將要素組合由 A 點移動到 B 點，勞動 L 增加了 1 個單位，資本 K 減少了 2 個單位，即 $\Delta L=1$，$\Delta K=-2$（負號表示減少），產量保持不變，表明勞動 L 增加帶來的產量正好彌補由於資本 K 的減少損失的產量，則此處的邊際技術替代率 $MRTS_{LK}$ =-(-2)/1=2。需要註意的是，邊際技術替代率總是正數，這純粹是爲了分析和表述上的方便，並沒有更深的含義。

在兩種生產要素只能部分替代的情況下，如果不斷地增加一種生產要素以替代另一種生產要素，那麼在產量保持不變的條件下，一單位這種生產要素所能代替的另一種生產要素的數量將不斷減少，這一規律被稱爲邊際技術替代率遞減規律。造成邊際技術替代率遞減的主要原因在於：第一，任何一種產品的生產技術都要求各種要素投入之間的適當比例，這也就意味着要素之間的替代是有限的。在勞動投入量很少和資本投入量很多的情況下，減少一些資本投入量可以很容易通過增加勞動投入量來彌補，以維持原有的產量水平。但是，在勞動投入量增加到相當多的數量和資本投入量減少到相當少的數量的情況下，再用勞動去替代資本就是很困難的了。第二，要素存在邊際報酬遞減規律。

假設產出保持不變，勞動投入的增加意味着資本投入的減少。勞動投入的增加將使總產量增加，增加量等於新增勞動的邊際產出乘以勞動增加量（$MP_L \cdot \Delta L$）；相反，資本投入的減少則會使總產量下降，減少量等於資本的邊際產出乘以該資本的減少量（$MP_K \cdot \Delta K$）。由於處在同一條等產量線上，總產量不變，其改變量爲0，因而有：

$$MP_L \cdot \Delta K + MP_K \cdot \Delta K = 0 \tag{4.15}$$

從而有：

$$MRTS_{LK} - \frac{\Delta K}{\Delta L} = \frac{MP_L}{MP_K} \tag{4.16}$$

邊際技術替代率等於兩要素的邊際產量之比。根據邊際報酬遞減規律，隨著勞動投入的連續增加，其邊際產量 MP_L 不斷下降；而伴隨著資本投入量的減少，其邊際產量 MP_K 卻不斷上升。因此，根據公式（4.16）可知，$MRTS_{LK}$ 不斷遞減。

當勞動投入的變化量 ΔL 趨近於 0 時，有：

$$MRTS_{LK} = \frac{\Delta K}{\Delta L} = \lim_{\Delta L \to 0} \frac{\Delta K}{\Delta L} = -\frac{\mathrm{d}K}{\mathrm{d}L} = -\frac{MP_L}{MP_K} \tag{4.17}$$

這意味著，從幾何意義上看，等產量線上任意一點的邊際技術替代率是過該點對等產量線所做切線的斜率的絕對值。由於邊際技術替代率遞減，因此等產量線斜率的絕對值越來越小，反應在圖 4-2 上，就是等產量線凸向原點。

三、等成本線

等產量線上的任何一點都代表生產一定產量的兩種要素組合，但不同的要素組合卻有着不同的生產成本。例如，雇傭工人，需要支付工人工資；到銀行貸款，需要支付銀行的利息；辦工廠，需要租用土地，而這需支付地租；等等。在要素市場中，廠商對生產要素的購買支付構成了廠商的生產成本。成本問題是追求利潤最大化的廠商必須考慮的一個經濟問題。

等成本線是指在生產者成本與生產要素價格既定的條件下，生產者所能購買到的兩種生產要素的各種數量組合的軌跡。它實際上就是廠商的成本預算或成本約束。等成本線表明了廠商進行生產的限制，即其購買的生產要素所花的錢不能大於或小於總成本。大於總成本是無法實現的，小於總成本則無法實現產量最大化。

爲簡單起見，我們仍假定廠商只使用勞動 L 和資本 K 這兩種生產要素，其中要素市場上給定的勞動的價格（即工資率）爲 w，給定的資本的價格（即利息率）爲 r，廠商的既定成本支出爲 C，則等成本方程爲：

$$C = w \cdot L + r \cdot K \tag{4.18}$$

該方程可改寫爲：

$$K = \frac{C}{r} - \frac{w}{r} \cdot L \tag{4.19}$$

根據以上的公式，可以得到等成本線，如圖4-4所示。在圖4-4中，等成本線在縱軸的截距是 C/r，表示廠商把全部成本支出都用來購買資本時所能購買的數量；在橫軸的截距是 C/w，表示廠商把全部成本支出都用來購買勞動時所能購買的數量。連接這兩點的線段就是等成本線。$-w/r$ 是兩種生產要素的價格之比的負值，等於等成本線的斜率。等成本線以內區域中的任何一點（如 A 點），表示既定的全部成本都用來購買該點的勞動和資本的組合以後還有剩餘。等成本線以外的區域中的任何一點（如 B 點），表示用既定的全部成本不足以購買該點的勞動和資本的組合。唯有等成本線上的任何一點，才表示用既定的全部成本剛好能購買到的勞動和資本的組合。

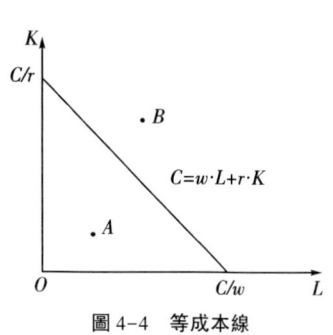

圖4-4 等成本線

在圖4-4中，等成本線上的任何一點，都是在企業成本與生產要素價格既定條件下能購買的勞動與資本的最大數量的組合。因此，只要成本和要素價格發生變動，都會使等成本線發生變化，從而進行移動。等成本線的移動主要有以下幾種情況：

第一，當成本保持不變時，兩種要素價格同比例變動，引起等成本線平行移動，如圖4-5（a）所示。當兩種要素價格同比例增加時，等成本線會向左下方平行移動，意味着勞動和資本投入減少。

第二，當成本保持不變，只有一種要素價格變化時，等成本線會發生旋轉，如圖4-5（b）所示。例如，當總成本和資本的價格既定不變，勞動的價格上升，則廠商把全部成本用來購買勞動時所能購買的數量減少，等成本線向左下方旋轉，由 K_1L_1 變為 K_1L_2。

第三，當兩要素價格保持不變，只有成本發生變化時，等成本線會平移，如圖4-5(c)所示。如果總成本增加，則等成本線向右上方平移，由原來的 C_2 移動到 C_3；相反，當成本減少時，等成本線則由 C_2 移動到 C_1。

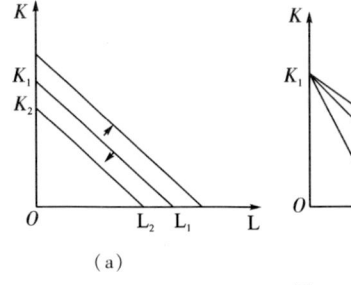

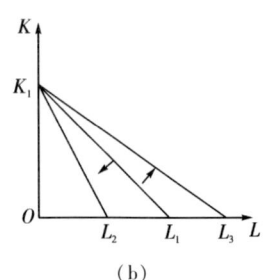

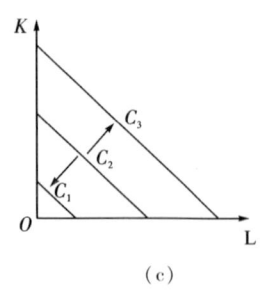

圖4-5 等成本線的移動

四、生產要素的最優投入組合（生產者均衡）

在長期生產中，所有生產要素的投入數量都是可以改變的。任何一個理性的生產者都會選擇一個最優的生產要素組合以實現利潤最大化目標。企業在決定生產要素的投入時，會遇到兩種情況：一種是目標產量已定，企業面臨的問題是如何組織要素投入以使生產該既定產量花費的成本最小，我們稱之爲最小成本原則；另一種情況則是企業的成本既定，任務是組織要素投入，在既定成本下得到最大的產量，我們稱之爲最大產量原則。下面我們將等產量線和等成本線結合起來分析生產要素的最優組合。

（一）最大產量原則下生產要素的最優投入組合

由於前提條件是成本既定，圖4-6中只有一條代表既定成本水平的等成本線，同時可以畫出不同要素組合的等產量線，理論上講，在同一直角坐標系中可以有無數條不同的等產量線。儘管等成本線可以和許多等產量線相交，但只能和一條等產量線相切。在圖4-6中，給出了代表三種不同產量水平的等產量線 Q_1、Q_2、Q_3，等成本線和 Q_2 相切於 E 點，和 Q_1 相交於 A 點、B 點，和 Q_3 既不相交也不相切。

從圖4-6中可以看出，E 點表示生產者實現了生產者均衡，即要素投入分別爲 L_E 和 K_E，產出量爲 Q_2。其原因在於，雖然 Q_3 具有較高的產出水平，但按照目前的成本水平，不可能生產出 Q_3 的產量水平。A 點、B 點的要素組合雖然可以由既定的成本提供出來，但生產的產量 Q_1 顯然低於產量 Q_2，因此不符合經濟原則。沿着等成本線由 A 點、B 點移向 E 點，生產者可以在不改變成本的情況下增加產量，既是可能的，又是最經濟的，顯然在 E 點實現了成本約束情況下的生產者均衡。

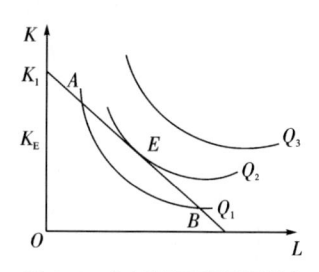

圖4-6　成本既定下的產量最大

（二）最小成本原則下生產要素的最優投入組合

接下來分析產量既定下的成本最小的情形。如圖4-7所示，C_1、C_2、C_3 代表三條不同的等成本線，由於產量既定，因此只有一條等產量線。同樣，在一定產量約束下的等產量線可以和許多等成本線相交，但只能和一條等成本線相切。圖4-7中等產量線和等成本線 C_2 相切於 E 點。顯然，E 點即爲產量約束條件下的生產者均衡點，其理由和成本約束條件下的生產者均衡完全相同，只有選擇 E 點進行生產，生產者才可能實現既定產量水平下的最小成本。其他的任何選擇，不是增加了成本，如圖中的 A 點、B 點，就是無法生產出所要求的產品產量，如圖中 C_1 表示的成本水平。

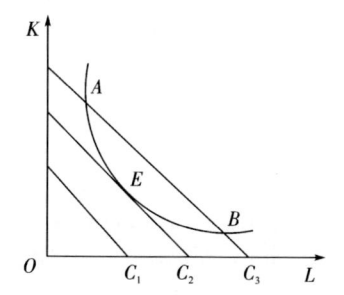

圖4-7　產量既定下的成本最小

根據上述分析，無論是成本約束條件下的生產者均衡，還是產量約束條件下的生產者均衡，在幾何圖形表示上都是等成本線與等產量線相切的切點，此時的要素組合即為最優組合，表明生產者按此要素組合進行生產，實現了產量既定時的最小成本，或成本既定時的產量最大，即實現了生產的最大利潤。與消費者均衡點一樣，在其他條件不發生變化的情況下，生產者將始終保持這種狀態進行生產。

由於要素投入的最優組合在幾何圖形上表現為等產量線與等成本線的切點，這就要求等產量線的切線的斜率等於等成本線的斜率。從前面的分析中可知，等產量線的斜率是兩種生產要素的邊際技術替代率，而等成本線的斜率是兩種生產要素的價格之比的負數值。因此，生產者均衡的條件用公式表示為：

$$MRTS_{LK} = -\frac{MP_L}{MP_K} = -\frac{w}{r} \qquad (4.20)$$

公式（4.20）說明，在最優投入組合點上，各生產要素的邊際產量之比等於它們的價格之比。進一步整理公式（4.20），得到：

$$\frac{MP_L}{w} = \frac{MP_K}{r} \qquad (4.21)$$

公式（4.21）的經濟含義更直觀，它意味著廠商可以通過對兩種生產要素投入量的不斷調整，使得每一元錢雇傭的勞動所帶來的邊際產量等於每一元錢租入的資本所帶來的邊際產量，即最後一單位的成本支出不論用來購買哪種生產要素所獲得的邊際產量都相等，從而達到生產要素的最優組合，實現生產者均衡。任何不滿足公式（4.21）的勞動與資本的組合方式都不是最佳的，可以通過要素的重新組合來增加產量（或減少成本）。假設 $MP_L = 16$，$MP_K = 10$，$w = r = 4$，則：$\frac{MP_L}{w} = \frac{16}{4} > \frac{MP_K}{r} = \frac{10}{4}$。這時每一元錢雇傭的勞動所帶來的邊際產量大於每一元錢租入的資本所帶來的邊際產量，廠商用勞動代替資本是有利可圖的。廠商將繼續這個替代過程，直到在邊際報酬遞減規律作用下（MP_L下降，MP_K上升）使公式（4.21）成立為止。

五、生產擴展線

生產擴展線代表著不同產量水平下的最低長期總成本，是廠商在長期的擴張或者收縮生產時必須遵循的路線。它表示在生產要素價格、生產技術和其他條件不變的情況下，當生產的成本或產量發生變化時，廠商必然會沿著擴展線來選擇最優的生產組合，從而實現既定成本下的產量最大化或既定產量下的成本最小化。

由上述分析可知，所有等產量線和等成本線的切點都代表一定產量或成本條件下的生產要素投入的最優組合，都是生產的均衡點。在生產要素的價格、生產技術和其他條件不變時，如果企業改變成本，等成本線就會發生平移；如果企業改變產量，等產量線也會發生平移。這些不同的等產量線將與不同的等成本線相切，形成一系列不同的生產均衡點，這些生產均衡點的軌跡就是生產擴展線（Expansion Path），如圖4-8所示。

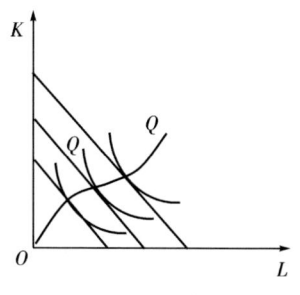

圖 4-8　生產擴展線

第四節　規模報酬

我們在第三節分別討論了一種可變要素的短期生產函數和兩種可變要素按不同比例變動的長期生產函數。此外，企業在生產的長期規劃中需要考慮的另一個與生產要素投入密切相關的問題是：如果所有的生產要素的投入量等比例增加，總產量將如何變化？這就是規模報酬問題。

一、規模報酬的含義

所謂規模報酬，是指在其他條件不變的情況下，企業內部各種生產要素按等比例變化帶來的產量變化，即規模報酬分析的是廠商的生產規模變化與引起的產量變化之間的關係。由於企業只有在長期中才可能變動全部生產要素，進而變動生產規模，因此規模報酬分析屬於長期生產理論問題。理解這一概念時，要註意以下三點：

第一，規模報酬發生作用的條件是以技術不變為前提的。

第二，在生產中使用的兩種可變投入要素是按同比例增加的，並且不考慮技術系數變化的影響以及由於生產組織規模的調整對產量的影響。

第三，兩種生產要素增加引起的產量或收益變動情況，就如同邊際收益遞減規律發生作用一樣，也有規模報酬遞增、規模報酬不變、規模報酬遞減三個階段。

二、規模報酬的類型及原因分析

上述的規模報酬的三種情況也可以用數學方法進行表述。假設生產函數為 $Q=f(L,K)$，勞動與資本投入量同時增加到 h 倍（即 L 和 K 均乘以系數 h），若產量隨之增長 λ 倍，那麼生產函數進一步可寫為：

$$\lambda Q = f(hL, hK) \qquad (4.22)$$

這樣通過系數 λ 和 h 之間的比較，可以得到以下三種關係：

第一，如果 $h>\lambda$，表示產量增加的速度超過要素增加的速度，那麼生產函數為規模報酬遞增。例如，當勞動和資本分別投入為 2 單位時，產出為 100 個單位，但生產

200單位產量所需的勞動和資本投入分別小於4單位。產出是原來的2倍,投入卻不到原來的2倍。

產生規模報酬遞增的主要原因在於生產規模的擴大會使得勞動分工更爲專業化,有利於利用更先進的技術、機器設備等,有利於資源的集約化使用,從而提高生產效率。亞當·斯密在《國富論》中以大頭針爲例來說明專業化分工如何產生規模報酬遞增。一個未受到專業訓練的人,一天只能勉強做一個大頭針,但如果將生產分爲18個工序,每人只承擔一個工序,人均日產量能達到4 800個大頭針,專業化帶來的規模報酬遞增現象是十分顯著的。

規模報酬遞增的一個典型例子是汽車制造業,一般來說,汽車生產企業的生產規模越大,其生產成本往往越低,因而越具有競爭優勢。20世紀初期的美國福特汽車公司由於引入流水線生產,因此可以進行大規模的專業流程分工。在1908年,需要12.5小時才能生產一輛T型汽車,到了1925年每10秒就可以生產一輛T型汽車。1925年,福特汽車公司T型汽車的銷售量超過了1 500萬輛,而每輛汽車的價格卻降到了其最初的1/10。

第二,如果$h=\lambda$,表示產量增加的速度等於要素增加的速度,那麼生產函數爲規模報酬不變。例如,當勞動和資本分別投入爲2單位時,產出爲100個單位;當勞動和資本分別投入爲4單位時,產出爲200個單位。產出與投入增加相同的倍數。

出現這種情況的主要原因在於:企業可以對現有的生產能力進行複製。如果所有的要素投入都翻倍,企業就可以建造兩座同樣的工廠,使產量翻倍。中國傳統社會中的許多家庭手工業作坊一般都具有規模報酬不變的特徵,每增加一名家庭成員,就相應地增加一個簡單手工工具,產出則是按照相應比例增加。

第三,如果$h<\lambda$,表示產量增加的速度小於要素增加的速度,那麼生產函數爲規模報酬遞減。例如,當勞動和資本分別投入爲2單位時,產出爲100個單位;當勞動和資本分別投入爲4單位時,產出卻低於200個單位。投入是原來的兩倍,但是產出卻不及原來的兩倍。規模報酬遞減一般出現在企業的生產規模過於龐大時。這時,專業化分工的好處已充分利用,同時也會產生信息傳遞缺乏效率、部門林立導致摩擦增多、管理者和生產者缺少必要的交流等問題。這些問題都會降低生產要素的生產率,使產出的增長率落後於投入的增長率。

在柯布—道格拉斯生產函數$Q=f(L,K)=AL^{\alpha}K^{\beta}$中,如果$\alpha+\beta>1$,則爲生產的規模報酬遞增;如果$\alpha+\beta=1$時,則爲規模報酬不變;如果$\alpha+\beta<1$時,則爲規模報酬遞減。

一般來講,企業的規模擴張會呈現規模報酬遞減的規律,即企業規模擴張的開始階段會出現規模報酬遞增,然後經歷規模報酬不變,最後達到規模報酬遞減階段。最優規模應該在生產達到一定規模後產生,但並不一定是最大規模。因此,投入—產出的規模報酬的三種情況並不是相互獨立、相互隔離的,而是貫穿企業整個生產過程中有內在聯繫的三個階段。

習題

1. 解釋以下關鍵術語：
生產函數　邊際報酬遞減規律　等產量線　邊際技術替代率　等成本線　規模報酬

2. 一個企業主在考慮再雇傭一個工人時，在勞動的邊際產量和平均產量中他更關註哪一個？

3. 畫圖說明短期生產函數 $Q=f(L)$ 的 TP_L 曲線、AP_L 曲線和 MP_L 曲線的特徵及其相互之間的關係。

4. 短期生產的三個階段是如何劃分的？為什麼廠商的理性決策應在第二階段？

5. 分別畫圖說明：廠商在既定成本條件下是如何實現最大產量的最優要素組合的；廠商在既定產量條件下是如何實現最小成本的最優要素組合的。

6. 某企業生產一種產品，勞動為唯一可變要素，固定成本既定。短期生產函數為 $Q=-0.1L^3+6L^2+12L$。求：

（1）勞動的平均產量函數和邊際產量函數。

（2）企業雇用工人的合理範圍是多少？

（3）若已知勞動的價格為 $W=480$，產品的價格為 40，那麼企業生產多少產品才能使利潤達到最大？

7. 已知生產函數為 $Q=f(L,K)=KL-0.5L^2-0.32K^2$，$Q$ 表示產量，K 表示資本，L 表示勞動。令 $K=10$。求：

（1）勞動的平均產量函數和邊際產量函數。

（2）當總產量、平均產量達到最大值時，廠商需雇用的勞動。

第五章　成本與收益理論

引導案例

上大學值嗎？

2013年學測期間，有網友總結了歷年"大學帳單"的變化，稱備考成本在30年間漲幅超過8萬倍。一時間，"高價備戰學測值不值"，乃至"上大學到底值不值"成爲熱議的焦點。

在居民的收入支出中，教育支出的占比越來越高。假如一個孩子上大學四年的會計成本是上大學的學費、書費和生活費，按照現行價格標準，一個普通家庭培養一個大學生的這三項費用之和是8萬元。孩子如果不上大學，會找份工作，按照現行勞動力價格標準假設是16萬元。孩子上大學經濟學概念的成本是24萬元。這還没算上在未進大學校門前，家長爲了讓孩子接受最好的教育花費的從小學到中學的擇校費用。

上大學的成本如此之高，爲什麽家長還選擇讓孩子上大學？因爲這種選擇符合經濟學理論，即收益的最大化原則。我們抽象計算一下孩子上大學與不上大學一生的成本與收益。假如孩子不上大學，18歲就工作，工作到60歲，共42年，平均每年收入是4萬元，共168萬元。假如孩子上大學，22歲工作，工作到60歲，共38年，平均每年收入是10萬元，共380萬元，減去上大學的經濟學成本24萬元，還剩下356萬元。與不上大學的收入相比，上大學多得到的收入是188萬元。這還没考慮學歷高帶來的名譽、地位等其他效應。爲什麽家長舍得在子女教育上投入，這就在情理之中了。這里説的"選擇"是有兩個前提的，一是在能考上大學的前提下，二是我們説的只是一般情况。

對一些特殊的人而言，情况就不是這樣了。例如，一個有足球天賦的青年，如果在高中畢業後去踢足球，每年可收入200萬元。這樣，他上大學的機會成本就是800萬元。這遠遠高於一個大學生一生的收入。這就是把機會成本作爲上大學的代價。因此，從理性經濟人角度來看，有這種天賦的青年，即使學校提供全額奬學金也不會去上大學。當你瞭解機會成本後就知道爲什麽有些年輕人不上大學的原因了。可見機會成本這個概念在我們日常生活決策中是十分重要的。

教學目的

通過本章的學習，掌握産量變動與成本變動的相互關係，並從中認識各種成本的變動規律及相互關係，熟悉各種成本概念、曲線的形狀；要能夠理解機會成本在廠商和個人經營管理決策過程中的運用；掌握廠商實現利潤最大化的條件的基本原理與運用。

本章重難點

機會成本、短期邊際成本、7種短期成本間的關係、長期平均成本、邊際收益以及利潤最大化的條件。

第一節　成本的測度

成本是經濟學最基本的概念之一，它通常是以貨幣支出來衡量從事某項經濟活動所必須支付的代價。廠商的生產成本又稱生產費用，是指廠商在生產過程中為生產產品而支付的一切費用的總和。實際上，成本就是購買各種生產要素所支付的貨幣。由於生產要素包括勞動、資本、土地和企業家才能，因此成本相應包括工資、利息、地租和正常利潤。其中，正常利潤是企業家才能的報酬，它包括在成本當中。

有關成本的概念，站在不同的立場，從不同的角度出發，都會得出具有獨特意義的成本概念。因此，在展開對成本如何測度的分析之前，有必要首先瞭解各種成本的概念。

一、機會成本

由於出發點不同，經濟學家和會計學家對成本的看法大不相同。會計學家按照稅法和企業會計準則的要求，把已發生的與廠商有關的一切經濟活動的實際支出、費用等計入成本，以客觀公正地反應廠商的財務狀況和經營成果。我們把這種財會意義上的成本稱為會計成本。

經濟學家認為，在經濟學分析中，僅僅從會計成本的角度理解成本概念是不夠的。因為經濟學是要研究一個社會如何對稀缺性資源進行合理配置的問題，使用會計成本的概念並不能判斷資源是否已達到最優配置。由於經濟資源的稀缺性決定了一個社會的經濟物品在一定時期內是一個定量，也就是說，當生產要素被用於一種產品生產時，其就不可能再被用來生產其他產品，即失去了這種資源可能用於其他產品生產所能獲得收益的機會。當資源稀缺且這種資源具有可供選擇的多種用途時，就需要考慮機會成本，即經濟資源因用於特定用途而放棄的、在其他可供替代的使用機會中能夠取得的最高收益。因此，經濟學家非常重視機會成本。例如，某農民有1萬元錢可用於養豬、養雞、養鴨三個用途，如果他選擇養豬，就不能養雞或養鴨。假定養豬、養雞、養鴨的收益分別為9萬元、7萬元、8萬元，那麼養豬的機會成本就是放棄養雞或養鴨中的最高收益8萬元，養雞或養鴨的機會成本則是9萬元。因此，當我們選擇了某種資源的用途時，也就意味著放棄了從這些用途中可得到的其他最大收益的機會，這個機會就構成了我們選擇這種用途的成本。

在理解機會成本時，應該注意以下幾個問題：

第一，機會成本不同於實際成本，它不是做出某項選擇時實際支付的費用或損失，而是一種觀念上的成本或損失。

第二，機會成本是做出一種選擇時放棄的其他若干種可能的選擇中最好的一種。

二、顯性成本與隱性成本

廠商的生產成本可分爲顯性成本和隱性成本兩部分。

顯性成本是指廠商爲生產一定數量的產品而購買生產要素的實際支出，包括原料的支出、工人的工資、租金以及貸款的利息等，是可以從會計帳簿上查到的成本，也稱會計成本。由於顯性成本涉及廠商對與之有經濟往來的企業或個人的直接支付，因而顯性成本包含在會計成本之中。

隱性成本是指廠商在生產過程中或經營活動中使用了自有資源，應該支付給自己的但實際沒有支付的報酬。由於是自有要素，因此廠商不需爲使用它們而發生任何實際支出，但這並不意味着自有要素的使用就沒有成本。事實上，如果企業不使用自己的生產要素，而是把它們出租或出售給其他企業，就能獲得一定收益，這種收益構成了廠商使用自有要素的機會成本，即隱性成本。例如，廠商把自己的建築物作爲廠房設備而無需支付房租，對於會計人員來說，廠商的辦公成本爲零。但經濟學家認爲如果廠商租用其他人的廠房需要支付租金，那麼廠商使用自有的房屋時，也應考慮這筆租金，所不同的是此時廠商是向自己支付租金。

從機會成本的角度看，隱性成本必須按照廠商自有生產要素在其他最佳用途中所能得到的收入來支付，否則廠商就會把自有生產要素轉移到其他用途上，以獲得更多的報酬。

顯性成本和隱性成本之間的區別說明了經濟學家和會計學家分析經營活動的角度不同。經濟學家關心研究廠商如何做出生產和定價決策，因此當他們衡量成本時就包括了隱性成本。會計學家關註流入和流出廠商的貨幣，結果他們只衡量顯性成本，而忽略了隱性成本。在經濟學分析中，生產成本應該是顯性成本和隱性成本的總和，而會計成本只包括前者。經濟學中的成本概念與會計學上的成本概念之間的關係，可以用下列公式表示：

$$會計成本 = 顯性成本$$
$$經濟成本（或機會成本）= 顯性成本 + 隱性成本 = 會計成本 + 隱性成本$$

那麼，是不是廠商所有的耗費都要列入機會成本呢？實際上，並不是廠商所花費的所有成本都要列入機會成本中，只有那些與廠商決策有關的成本才列入機會成本中，一些與廠商決策無關的成本則不列入。沉沒成本不列入廠商的機會成本。沉沒成本也叫旁置成本，是指由於過去的決策已經發生了的，而且不能由現在或將來的任何決策改變的成本。沉沒成本是一種歷史成本，對現有決策而言是不可控成本，會很大程度上影響人們的行爲方式與決策。從這個意義上說，在投資決策時應排除沉沒成本的干擾，即投資決策時應去除已經花費而無法補償的成本。例如，你花了5元錢買了1個蘋果，後來發現蘋果有點壞了，但爲了不浪費，你還是吃掉了蘋果。這樣你不但損失了5元錢，還吃了1個有點壞的蘋果。其實，這5元錢就是沉沒成本，是無論你怎麼做都無法收回的成本。在處理沉沒成本時，我們最容易犯的錯誤就是對於沉沒成本過分眷戀，結果造成更大的虧損。

三、會計利潤、經濟利潤和正常利潤

顯性成本、隱性成本的區別導致了廠商的會計利潤、經濟利潤和正常利潤的區別。

會計利潤是指廠商的總收益減去所有的顯性成本或者會計成本以後的餘額。其公式表示爲：

會計利潤＝總收益－會計成本＝總收益－顯性成本

經濟利潤也稱超額利潤，等於總收入減去總成本的差額。在經濟學分析中提到的利潤，是指廠商獲得的所有收益中扣除土地、勞動、資本等所有生產要素的全部機會成本之後的剩餘。在會計利潤的計算中，沒有考慮隱性成本，也就是廠商使用早已占用的既非購買也非租用的生產要素進行生產而導致的機會成本。隱性成本在會計記錄中體現不出來，但經濟學分析中必須考慮這部分成本。除了經濟利潤，經濟學中還有一種利潤——正常利潤，即廠商對自己所提供的企業家才能的報酬的支付，是成本的一個組成部分。

經濟利潤＝總收益－經濟成本
　　　　＝總收益－(顯性成本＋隱性成本)
　　　　＝總收益－(會計成本＋隱性成本)
　　　　＝總收益－(會計成本＋正常利潤)

由表 5-1 可以看出，會計利潤和經濟利潤並不相同。在正常情況下，隱成本大於 0，因此會計利潤大於經濟利潤。

表 5-1　　　　　　　　　　　會計利潤與經濟利潤的區別

會計師的算法		經濟學家的算法	
項　目	金額（元）	項　目	金額（元）
銷售收益	300,000	銷售收益	300,000
原材料費用	130,000	原材料費用	130,000
水電費	10,000	水電費	10,000
工資	50,000	工資	50,000
銀行利息	10,000	銀行利息	10,000
		隱含租金	50,000
		隱含利息	10,000
		隱含工資	40,000
會計成本	200,000	經濟成本	300,000
會計利潤	100,000	經濟利潤	0

經濟利潤可以爲正，或者爲負，或者爲零。在西方經濟學中，經濟利潤是資源配置和重新配置的信號。當某一行業存在正的經濟利潤，意味着這個行業內企業的總收益超過了機會成本，有超額利潤，生產資源的所有者就會把資源從其他行業轉移到這個行業。因爲他們在該行業可能獲得的收益超過了該資源的其他用途。正的經濟利潤是資源進入某一行業的信號；反之，如果一個行業的經濟利潤爲負，生產資源將會從

該行業退出,即負的經濟利潤是資源從某一行業撤出的信號。只有經濟利潤爲零時,廠商才沒有進入某一行業或退出某一行業的動機。

需要註意的是,如果某廠商的經濟利潤爲零,並不意味着沒有賺錢(從會計角度看),而是該廠商使用的全部生產要素,無論是在公開市場中購買的,還是自有的,都得到了市場的最好報酬,即廠商獲得了正常利潤。

四、成本函數

成本函數是成本理論的重點,反應了產出與生產成本之間的數量變化關係。具體來說,成本函數是指生產各種水平的產出量所需要的最小成本。如果用 C 表示生產成本,用 Q 表示產量,那麼成本函數可以表示爲一個自變量爲產量的函數式,即

$$C=\Phi(Q)$$

與生產函數一樣,成本函數也分爲短期成本函數和長期成本函數,短期與長期同樣是以生產要素能否全部調整爲依據的。在短期內,有些生產要素投入是固定不變的,因此廠商的短期成本可分爲固定成本和可變成本。在長期內,所有的生產要素投入量都是可以調整的,因此不存在固定成本。

短期成本分析和長期成本分析對企業來說,都是非常重要的。當一個企業還未建立之前,投資者要對自己的投資能力以及市場對產品的需求程度進行投入產出分析,確定最佳生產規模,以實現利潤最大化。這時所有的生產要素都是可以調整的,因此投資者此時進行的成本分析屬於長期成本分析。當企業的廠房、設備等固定資產購置以後,即生產規模一旦確定,廠商就只能根據現有生產能力、產品市場以及生產要素市場的價格變化來確定每日每月或每個季度的實際產量,以實現利潤最大化。此時,企業只能調整可變生產要素,其進行的成本分析屬於短期成本分析。如果企業在經過一段時間生產以後,發現自己的企業規模不適度而要調整生產規模時,企業又面臨着長期成本分析。

第二節 短期成本函數

在短期內,企業受固定要素(廠房、設備等)的限制,生產能力基本確定,因此主要任務是利用現有生產能力組織生產,從而創造利潤。這就要求企業瞭解其產品成本與產量之間的關係。

一、短期成本類型

我們知道,在短期內,企業至少有一種投入要素是固定不變的,因此短期中的成本相應地分爲總成本、固定成本、可變成本、平均(總)成本、平均固定成本、平均可變成本和邊際成本。其也可以進一步分爲短期總量成本和短期單位成本兩大類型。

(一)短期總量成本:總成本、固定成本和可變成本

固定成本(Total Fixed Cost,TFC)有時也稱爲固定開銷或沉澱成本,是指廠商在

短期內無法改變的那些固定投入帶來的成本，主要包括廠房和辦公室的租金、固定資產的折舊費、長期工作人員的薪金、債務的利息支付、企業的各種保險費等。固定成本不隨產量的變化而變化，即使企業停產、產出爲零也必須支付這些開支，只有當企業完全倒閉時才不再發生。因此，固定成本是一個常數，即在短期內固定成本與產量的變化沒有關係，其成本曲線爲一水平線。固定成本可表示爲：

$$TFC = r\bar{K} \tag{5.1}$$

式中，r 是給定的資本價格，$\bar{K}$ 表示資本是不變投入要素，兩者的乘積爲常數。

與固定成本相反，可變成本（Total Variable Cost，TVC）是廠商在短期內爲生產一定量的產量對可變要素付出的總成本，如廠商對原料、燃料、輔助材料和普通工人工資的支付。由於廠商在短期內總是要根據產量的變化來調整可變要素投入量，因此可變成本曲線 TVC 是產量的函數，從原點出發，向右上方傾斜，表明可變成本隨產量的變動而同方向變動；當產量爲零時，可變成本也爲零。可變成本函數可表示爲：

$$TVC = w \cdot L(Q) \tag{5.2}$$

式中，w 是勞動的價格，$L(Q)$ 表示每一產量水平 Q 相對應的可變要素勞動的投入量 L，可變成本函數是產量 Q 的函數。

固定成本與可變成本之和就是企業生產的總成本（Total Cost，TC）。總成本是廠商在短期內爲生產一定量的產品對全部生產要素所付出的總成本。

$$TC = TFC + TVC = r\bar{K} + w \cdot L(Q) \tag{5.3}$$

由公式（5.3）可見，和可變成本函數一樣，總成本函數也是產量的函數，兩者變化的方向與幅度完全一致，區別只是總成本函數多了一項常數（固定成本）。

（二）短期單位成本：平均（總）成本、平均固定成本、平均可變成本和邊際成本

和生產理論中除了分析總產量的變化，還需分析平均產量、邊際產量一樣，在成本理論中也一樣需要分析研究平均成本和邊際成本的變化規律。平均成本和邊際成本都是最重要的成本概念之一，如果將總成本分別與產量相除和求一階導數，即可得到平均成本和邊際成本。由於在短期生產中存在三個總成本，因此也就有三個平均成本和一個邊際成本。

平均固定成本（AFC）是指廠商在短期內平均每單位產量所消耗的不變成本，等於固定成本除以總產量。其變動規律是：一直下降，產量越大，平均固定成本越小，下降幅度是先快後慢。其公式表示爲：

$$AFC = TFC/Q \tag{5.4}$$

平均變動成本（AVC）是指廠商在短期內平均每生產一單位產量所消耗的可變成本。其公式表示爲：

$$AVC = TVC/Q \tag{5.5}$$

平均總成本（ATC）是指廠商在短期內平均每生產一單位產量所消耗的全部成本。其公式表示爲：

$$ATC = TC/Q = AFC + AVC \tag{5.6}$$

邊際成本（MC）是指廠商在短期內增加或減少一單位產量所帶來的總成本的變化

量。由於固定成本不隨企業產出水平變化而變化（$\Delta FC=0$），因此短期邊際成本也可以說是每增加或減少一單位產量所引起的可變成本的變化量。其公式表示爲：

$$MC=\Delta TC/\Delta Q=(\Delta VC+\Delta FC)/\Delta Q=\Delta VC/\Delta Q \text{ 或 } MC=dTC/dQ \qquad (5.7)$$

邊際成本告訴企業要增加多少成本才能增加一單位的產出。邊際成本是成本理論中非常重要的一個概念，同邊際收益一起決定了企業最優生產經營規模的大小。一般來說，產品的生產要經歷巨大的固定成本投入，等達到一定的生產規模後，再生產額外一單位產品的成本是極低的，如各類服裝廠、制藥廠，其在達到一定規模後，再生產一件衣服、一片藥的成本是非常低的，即此時的邊際成本很低。但是，並不是所有的產品的邊際成本都很低。例如，一架波音747飛機在其乘客數量還沒有達到其最高限量（假設300人）時，額外增加一名乘客的成本是非常低的，無非就是多一份空中快餐而已。但是，如果說有301人要同時乘坐這架飛機，就得更換成更大的飛機，如空中客車A380飛機，這樣第301名乘客的邊際成本等於空中客車A380飛機與原先的波音474飛機的造價之差。又如，2016年全面"二胎"政策正式落地，然而在規劃"二胎"的時候，除去衣食費用、時間成本、心理負擔和其他經濟支出，僅因家庭人口增加引發的置業成本和孩子未來的教育成本，就成爲"準二胎"家庭面臨的最大難題。

二、短期成本曲線及其之間的相互關係

爲了分析上述各類短期成本的變動規律及其相互關係，我們假定某產品短期的生產成本如表5-2所示。當可變生產要素勞動由0單位增加到1單位時，帶來產量由0單位增加到4單位，即$\Delta Q=4$；固定成本$FC=25$元，不隨產量變動而變動；可變成本VC隨產量變動而變動，由0增加到25單位，$\Delta VC=25$元；總成本爲總固定成本與總可變成本之和，爲50單位，$\Delta TC=25$元；平均固定成本爲總固定成本除以總產量，即$AFC=FC/Q=25\div4=6.25$元；平均可變成本爲總可變成本除以總產量，即$AVC=VC/Q=25\div4=6.25$元；平均總成本爲平均固定成本與平均可變成本之和，或總成本除以總產量，即$AC=TC/Q=50\div4=12.50$元，或者$AC=AFC+AVC=6.25+6.25=12.50$元。短期邊際成本爲總成本的增加量除以總產量的增加量，即$MC=\Delta TC/\Delta Q=25\div4=6.25$元。依此類推，可以計算出其他數據。

表5-2　　　　　　　　　　某產品短期成本表

	勞動（工人數/天）	產量（件/天）	總固定成本（TFC）（元/天）	總可變成本（TVC）（元/天）	總成本（TC）（元/天）	邊際成本（MC）（元/每增加一件）	平均固定成本（AFC）（元/件）	平均可變成本（AVC）（元/件）	平均總成本（ATC）（元/件）
a	0	0	25	0	25	…… 6.25	—	—	—
b	1	4	25	25	50	…… 4.17	6.25	6.25	12.50
c	2	10	25	50	75	…… 8.33	2.50	5.00	7.50
d	3	13	25	75	100	…… 12.50	1.92	5.77	7.69
e	4	15	25	100	125	…… 25.00	1.67	6.77	8.33
f	5	16	25	125	150		1.56	7.81	9.38

根據表 5-2 可繪圖得到短期各種成本曲線圖，如圖 5-1 所示。以下我們結合圖形來說明各種短期成本之間的相互關係。

(一) TC、TFC、TVC 之間的關係

圖 5-1 (a) 顯示的是總成本曲線、可變成本曲線、固定成本曲線。由於固定成本是不隨產量變化而變化的常量，因此其圖形為一條截縱軸（成本軸）於 25 元處的水平直線。可變成本在產量為零時也等於零，之後隨產量的增加而增加。在到達拐點 A 之前，因為企業投入的可變要素相對固定要素來說數量過少，其邊際產量不斷增加，因此可變成本增長的速度逐漸減慢，OA 段 VC 曲線因此而向上凸。過 A 點之後，與固定要素相比，可變要素逐漸富餘，其邊際報酬開始遞減。此時，增加一定比例的產量要求投入更大比例的可變要素，因此可變成本增長的速度越來越快，反應在圖 5-1 (a) 中就是 A 點之後 TVC 曲線的斜率遞增。

總成本從數量上等於固定成本與可變

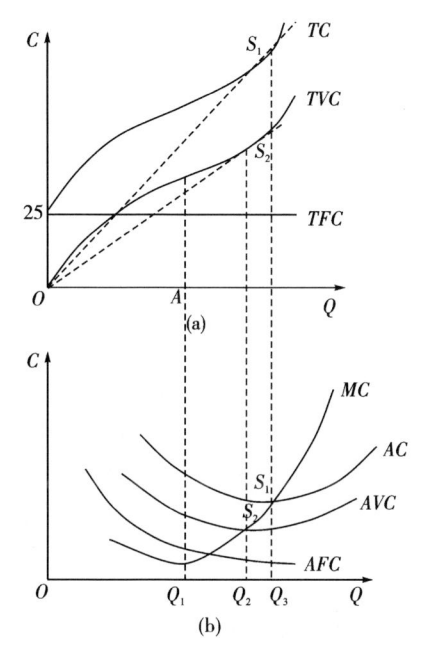

圖 5-1　短期成本曲線圖

成本相加之和，其曲線形狀則與可變成本曲線 TVC 的形狀完全一樣，都是先以遞減的速度上升，再以遞增的速度上升，是由可變成本曲線 TVC 向上平行移動了一段相當於固定成本大小的距離而得到的，總成本曲線 TC 和變動成本曲線 TVC 之間的垂直距離永遠等於固定成本 TFC。不同的是，TVC 曲線的起點是原點，TC 曲線的起點是 TFC 曲線與縱軸的交點。

(二) 短期平均成本 AC、平均固定成本 AFC、平均可變成本 AVC 之間的關係

圖 5-1 (b) 中的 AVC 曲線是由圖 5-1 (a) 中的 TVC 曲線推導出來的，根據平均可變成本的概念，TVC 曲線上的任一點與原點連線的斜率即是該產量水平上的平均可變成本。由於平均可變投入要素的邊際生產率先遞增後遞減，因此 AVC 曲線隨產量增加先下降後上升，呈 U 形。AVC 曲線的最低點與產量為 Q_2 的水平相對應。從圖 5-1 (a) 中可以看出，TVC 曲線上與產量 Q_2 對應的點與原點連線的斜率是 TVC 曲線上斜率最小的一條連線，同時該斜線與變動成本曲線相切。

和平均可變成本曲線一樣，圖 5-1 (b) 中的 AC 曲線是由圖 5-1 (a) 中的 TC 曲線推導來的，TC 曲線上的任一點與原點連線的斜率即是該產量水平的平均成本。由於平均成本等於平均固定成本與平均可變成本之和，因此 AC 曲線位於 AFC 曲線和 AVC 曲線之上，並且 AC 曲線與 AVC 曲線之間的縱向距離就等於該產量水平上的 AFC 值。又由於 AFC 曲線呈遞減的下降趨勢，因此隨著產量增加，AC 曲線與 AVC 曲線之間的垂

直距離不斷減小，直到達到 AC 曲線的最低點。

與 AVC 曲線一樣，AC 曲線也呈 U 形，表明平均成本隨產量的增加先下降後上升，其最低點也同樣是連接原點的一條和總成本曲線相切的斜線所對應的位置，即圖 5-1 中產量爲 Q_3 時的成本水平。

在圖 5-1 中，AC 曲線最低點的橫坐標大於 AVC 曲線最低點的橫坐標，之所以兩個最低點不在同一條垂線上，是因爲有 $AC = AVC + TFC/Q$。因此，可以得到以下等式：

$$\frac{dAC}{dQ} = \frac{dAVC}{dQ} - \frac{TFC}{Q^2}$$

顯然，當上式等號左邊等於零，即平均成本達到最小值時，等式右邊第一項必然大於零，即平均變動成本已經超過最低點並開始上升了。也可以這樣理解：由於 AFC 曲線爲單調遞減，當 AVC 從最低點轉而上升時，只要 AVC 的增量小於 AFC 的減少量，那麼 AC 仍呈下降之勢；只有當 AVC 的增量正好等於 AFC 的減少量並進一步增加時，AC 才達到最低點並繼而上升。

AFC 曲線、AVC 曲線與 AC 曲線的關係如下：

第一，在 AVC 曲線最低點 S_2 點的左邊，SAC 曲線、AVC 曲線和 AFC 曲線都遞減；在 AC 曲線最低點 S_1 的右邊，AC 曲線、AVC 曲線遞增，AFC 曲線緩慢遞減。

第二，在 AC 曲線最低點 S_1 與 AVC 曲線最低點 S_2 之間，AC 曲線緩慢遞減，AVC 曲線遞增，AFC 曲線遞減。如圖 5-1 所示，$SAC = AVC + AFC$。AVC 曲線緩慢遞增，AFC 曲線遞減但遞減的幅度大於 AVC 曲線遞增的幅度，因此 AC 曲線緩慢遞減；AVC 曲線遞增，正好抵消了 AFC 曲線的遞減時，AC 曲線達到最低點；當 AVC 曲線持續遞增且遞增的幅度大於 AFC 曲線遞減的幅度，AC 曲線遞增。

(三) 短期邊際成本 SMC、短期平均成本 SAC、平均可變成本 AVC 的關係

由公式 (5.7) 可知，邊際成本是總成本或變動成本對產量的一階導數，在幾何意義上則是總成本曲線或可變成本曲線上相應各點切線的斜率。據此，可以得到邊際成本曲線，如圖 5-1 (b) 所示。與 AVC 曲線、AFC 曲線一樣，MC 曲線也呈 U 形，即在產量較低時，邊際成本隨產量的增加而減少，當達到一個最低點後，邊際成本則隨著產量的增加而增加。邊際成本的最低點對應總成本曲線或變動成本曲線的拐點，即成本函數二階導數爲零時的點，是曲線斜率遞減和遞增的分界點，如圖 5-1 (b) 中產量爲 Q_1 時的成本水平。

MC 曲線和 AVC 曲線、AC 曲線都表現爲 U 形曲線，造成這種現象的原因則是由於變動要素的邊際報酬遞減規律。換句話來說就是邊際報酬遞增使得相同要素投入帶來產量的更快增長，從而每增加一單位產量時所需增加的成本下降，邊際成本曲線隨之下降；反之，隨著產量的不斷增加，生產要素的邊際報酬遞減，使得生產中增加每一單位產量時所需增加的成本上升，邊際成本曲線隨之上升。此外，由於 MC 曲線是成本曲線的斜率而不是成本曲線上任一點與原點連線的斜率，因此 MC 曲線比 AVC 曲線和 AC 曲線更早到達最低點，並且 MC 曲線從下向上穿過 AC 曲線和 AVC 曲線的最低點。

1. MC 曲線與 AC 曲線的關係

MC 曲線和 AC 曲線之間的關係可用數學方法證明如下：

$$AC' = \frac{\mathrm{d}}{\mathrm{d}Q}\left(\frac{TC}{Q}\right) = \frac{1}{Q} \cdot TC' - \frac{TC}{Q^2} = \frac{1}{Q}\left(TC' - \frac{TC}{Q}\right) = \frac{1}{Q}(MC - AC)$$

顯然，當 $MC-AC=0$ 時，AC 的一階導數等於零，表明平均總成本曲線的斜率等於零，即平均總成本達到極小值；當 $MC-AC<0$ 時，AC 的一階導數小於零，表明平均總成本曲線的斜率小於零，即平均總成本曲線下降；當 $MC-AC>0$ 時，則有 AC 的一階導數大於零，表明平均總成本曲線的斜率大於零，即平均總成本上升。因此，MC 曲線一定會穿過 AC 曲線的最低點。在 AC 曲線最低點 S_1，$AC=MC$，這個最低點 S_1，也稱爲收支相抵點。

2. MC 曲線與 AVC 曲線的關係

同樣地，平均可變成本與邊際成本的關係採用上述方法也可以證明如下：

$$AVC' = \frac{\mathrm{d}}{\mathrm{d}Q}\left(\frac{TVC}{Q}\right) = \frac{1}{Q} \cdot TVC' - \frac{TC}{Q^2} = \frac{1}{Q}\left(TVC' - \frac{TVC}{Q}\right) = \frac{1}{Q}(MC - AC)$$

因此，當 $MC=AVC$ 時，表明平均可變成本曲線的斜率爲零，即平均可變成本達到極小值；當 $MC>AVC$ 時，AVC 遞增；當 $MC<AVC$ 時，AVC 遞減。因此，MC 曲線一定會穿過 AVC 曲線的最低點。在 AVC 線最低點 S_2，$AVC=MC$，這個最低點 S_2，也稱爲停止營業點。

除此之外，根據圖5-1中總成本曲線與平均成本之間的關係，也可以發現這一點。由於邊際成本是成本曲線上對應每一產量水平切線的斜率，當這條切線正好通過原點時，也就恰好同平均成本的最低點合二爲一了，即當邊際成本等於平均成本時，這時的平均成本也就是最小平均成本。正是因爲總成本曲線和可變成本曲線具有相同的斜率，當平均可變成本達到最小值時，此時在總成本曲線上該產量對應的切線不可能通過原點。因此，平均總成本的最小值就不可能和平均可變成本的最小值重合，只有進一步增加可變要素的投入，隨產量增加使得邊際成本也增加，這時總成本曲線上的切線才可能進一步向左旋轉直至通過原點，達到了平均總成本的最低點。從而進一步解釋了爲什麼平均總成本的最小值對應的產量要大於平均可變成本最小值對應的產量。

三、短期產量曲線和短期成本曲線之間的關係

前面我們曾經提到過，成本函數與生產函數有着密切的關係，成本函數是生產函數的函數。在這里，我們進一步深入研究兩者之間的對應關係，以加深對成本和產量關係的進一步理解。

(一) 邊際成本與邊際產量的關係

邊際報酬遞減規律決定了短期成本的變動。在短期生產中，邊際產量的遞增階段對應的是邊際成本的遞減階段，邊際產量的遞減階段對應的是邊際成本的遞增階段，與邊際產量的最大值相對應的是邊際成本的最小值。正因爲如此，在邊際報酬遞減規律作用下的邊際成本曲線表現出先降後升的 U 形特徵。我們可以用數學方法來具體說明。

假定勞動是唯一的可變要素，其價格（工資率）w 固定不變，在此情形下，任一

產量水平對應的可變成本 VC 就等於勞動投入量 L 與其價格 w 的乘積。由公式（5.7）可得：

$$MC = \Delta VC/\Delta Q = w \cdot \Delta L/\Delta Q = w/MP_L \qquad (5.8)$$

公式（5.8）說明，邊際成本 MC 與勞動的邊際產出 MP_L 成反比。MP_L 先遞增後遞減，則 MC 先遞減後遞增，其曲線同樣呈 U 形。邊際成本曲線上升部分反應了邊際報酬遞減規律的作用。

（二）平均產量與平均可變成本的關係

由公式（5.2）可知：

$$AVC = TVC/Q = w \cdot L(Q)/Q = w/AP_L \qquad (5.9)$$

由此，可以得出以下兩個結論：

第一，平均可變成本 AVC 和平均產量 AP_L 兩者的變動方向是相反的。當平均產量 AP_L 處於遞增的階段時，平均可變成本 AVC 會處於遞減的階段；當平均產量 AP_L 處於遞減的階段時，平均可變成本 AVC 遞增且平均產量 AP_L 的最高點對應着平均可變成本 AVC 的最低點（如圖 5-2 所示）。

第二，邊際成本曲線 MC 和平均可變成本曲線 AVC 相交於 AVC 曲線的最低點；邊際產量曲線 MP_L 和平均產量曲線 AP_L 相交於 AP_L 曲線的最高點。因此，MC 曲線和 AVC 曲線的交點與 MP_L 曲線和 AP_L 曲線的交點是對應的。

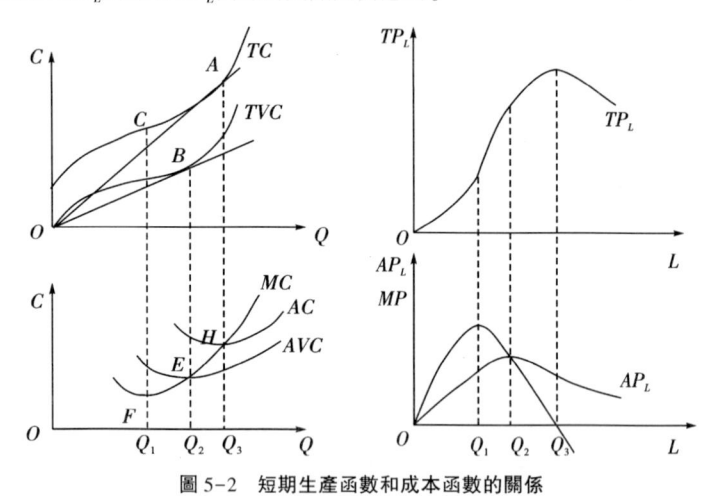

圖 5-2 短期生產函數和成本函數的關係

第三節　長期成本函數

在長期內，我們假定企業有充足的時間調整其全部生產要素，這給企業以極大的靈活性，使得企業可以根據計劃產量、技術狀況利用不同規模的機器、廠房、設備等資本要素。從長期看，廠商總是可以在每一個產量上選擇最優的生產規模進行生產，從而能以比短期中的更低的平均成本進行生產，使其生產更為經濟。在長期內，企業不存在任何固定要素，所有的生產要素都是可變的，沒有固定成本和可變成本的區別。這樣，在長期內，我們只關心企業的長期總成本（LTC）、長期平均成本（LAC）與長期邊際成本（LMC）。

一、長期總成本

長期總成本是指廠商在長期內在每一個產量水平上通過選擇最優的生產規模所能達到的最低總成本。長期總成本曲線是無數條短期成本曲線的包絡線。那麼廠商的長期總成本曲線是如何形成的呢？

生產同一產量，長期成本之所以會低於短期成本，是因為企業在長期內可以沿着生產擴展線用最優的投入要素組合進行生產。在要素數量和要素價格已知的情況下，計算長期生產擴張線上各點的成本水平，就可以得到長期總成本曲線。

如圖 5-3 所示，假定只有勞動和資本兩種投入，a、b、c 分別代表當產量為 Q_1、Q_2、Q_3 時的最優投入組合，它們都在生產擴展線上。圖 5-3 中的 STC_1、STC_2、STC_3 分別代表不同的固定資產規模下的短期總成本，FC_1、FC_2、FC_3 分別代表其固定成本，其高低往往表示生產規模的大小。STC_1 曲線代表的生產規模最小；STC_2 曲線代表的生產規模居中；STC_3 曲線代表的生產規模最大。

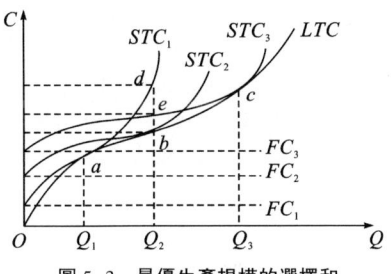

圖 5-3　最優生產規模的選擇和長期總成本曲線 LTC

現在假定廠商可以在三種不同的生產規模中選擇產量為 Q_2 的生產。如果選擇生產規模為 STC_1，則廠商的總成本（註：當廠商確定了生產規模以後，此處的總成本就是短期總成本）為 Q_2d；如果選擇生產規模為 STC_2，則廠商的總成本為 Q_2b；如果選擇生產規模為 STC_3，則廠商的總成本為 Q_2e。可見，廠商可以用三種不同規模來生產同一產量 Q_2，但選擇規模 STC_2 時，總成本最低，b 點就是生產產量 Q_2 時的最低成本點。同樣地，產量 Q_1、Q_3 的最低成本點為 a、c。圖 5-3 中 a、b、c 三點分別代表三個產量 Q_1、Q_2、Q_3 所對應的三種生產規模的短期總成本，同時又是在長期廠商在每一個產量水平上通過選擇最優的生產規模所能達到的最低成本經過的點。a、b、c 各點為 LTC 曲線與三條 STC 曲線的切點。

從理論上講，如果固定資產可以無限細分，生產規模也可以無限細分，廠商就可以在任何一個產量上都找到一個相應的最佳規模，都有一個最低水平的總成本，把這無數個最低的總成本點連接起來，就形成了 LTC 曲線。因此，長期總成本曲線是無數條短期成本曲線的包絡線。需要強調的是，長期總成本曲線代表的是廠商在長期生產一定產量的最佳規模和最小總成本。

從圖形上看，長期總成本 LTC 曲線是從原點出發向右上方傾斜的。其形狀與短期總成本 STC 曲線完全相似，但兩者有區別：第一，LTC 曲線從原點出發，而 STC 曲線的出發點高於原點。第二，兩者雖然形狀相似，但形成的原因卻不相同。STC 曲線的形狀是由可變投入要素的邊際收益率先遞增後遞減決定的，而 LTC 曲線的形狀是由規模報酬先遞增後遞減決定的。

二、長期平均成本

長期平均成本是指廠商在長期內平均生產每一產量水平的最低總成本。長期平均成本等於長期總成本除以產量。如果用 Q 表示產量，長期平均成本可用公式表示為：

$$LAC = LTC/Q$$

在長期成本分析中，最重要的概念就是長期平均成本，其對廠商的決策影響非常大。追求利潤最大化的廠商在規劃生產時，一定會試圖把長期平均成本降到最低。

在圖 5-4 中，$SAC(K_1)$、$SAC(K_2)$ 和 $SAC(K_3)$ 分別代表了三個生產規模越來越大的短期平均成本曲線。在長期內，廠商可以根據產量的要求，選擇最優的生產規模進行生產。假定廠商為生產 Q_1 的產量，平均成本 C_1 是低於其他任何規模下的平均成本，因此廠商會選擇 $SAC(K_1)$ 曲線所代表的生產規模進行生產。同樣，假定廠商為生產 Q_2、Q_3 的產量，則會分別選擇 $SAC(K_2)$、$SAC(K_3)$ 曲線所代表的生產規模進行生產，相應的最小平均成本為 C_2 和 C_3。任意兩條短期平均成本曲線的交點表示在該點對應的產量水平上，由這兩個生產規模進行生產的成本是相同的，那麼廠商究竟應該選哪一種生產規模進行生產呢？那就要看在長期中產品的銷量是擴張的還是收縮的。如果是傾向擴張的，就應該選擇較大的生產規模；如果是傾向收縮的，就應該選擇較小的生產規模。因此，可以容易地看出，只有三種生產規模的選擇時的 LAC 曲線是圖 5-4 中 SAC 曲線的實線部分。

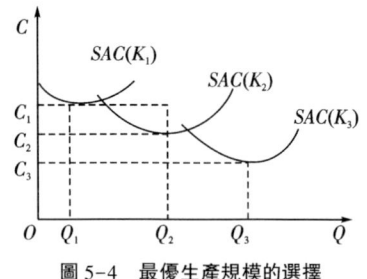

圖 5-4　最優生產規模的選擇

由於在長期內廠商可選擇的生產規模很多，在理論分析中，假定生產規模可以無限細分，從而有無數條 SAC 曲線。於是，便可以得到長期平均成本曲線，如圖 5-5 所示。長期平均成本曲線 LAC 是反應產量與最低平均成本對應關係的曲線，是由無數條短期平均成本曲線的最低點集合而成（即始終處於最低平均成本狀態），是一條由無數條短期平均成本曲線相切的線（包絡線）。

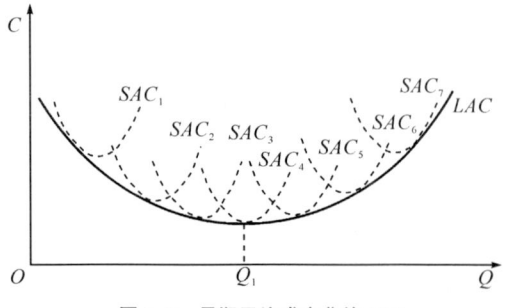

圖 5-5　長期平均成本曲線 LAC

需要註意的是，長期平均成本曲線只有在最低點處才與短期平均成本曲線相切於最低點。在長期平均成本曲線下降階段，與所對應的短期平均成本曲線相切於其左邊；

在長期平均成本曲線上升階段,與所對應的短期平均成本曲線相切於其右邊。

儘管長期平均成本曲線 LAC 與短期平均成本曲線 SAC 都是 U 形曲線,但其決定因素卻是不同的。短期平均成本曲線的 U 形是由短期可變投入要素的邊際生產率先遞增後遞減決定的,即由邊際報酬遞減規律的作用決定的;而長期平均成本曲線的 U 形是由長期生產中的規模經濟和規模不經濟決定的。

所謂規模經濟,是指在企業生產擴張的開始階段時,廠商由於擴大生產規模而使得經濟效益得到提高,即產出的增長率大於成本增長率的情形。產生規模經濟的主要原因是勞動分工和工業專業化、勞動協作關係的改善以及技術因素等。具體來說,造成規模經濟的原因包括規模報酬的遞增、管理成本的降低以及因大量採購原材料獲得折扣等。規模不經濟是指當生產擴張到一定規模以後,廠商繼續擴大規模就會使得經濟效益下降,即產出增長率小於成本增長率的情形。U 形長期平均成本曲線的下降階段表示存在規模經濟,上升階段表示存在規模不經濟。長期平均成本曲線的最底部,即平均成本最小值對應的產出量稱為有效規模產量。

但是,講到規模經濟時一定要注意,廠商的規模並非越大越好,對於特定的生產技術,當廠商的規模擴大到一定程度後,生產就會出現規模不經濟。造成規模不經濟的原因主要是管理的低效率。由於廠商規模過大,信息傳遞費用增加、信號失真以及官僚主義的滋生,使得規模擴大帶來了更大的成本增加,因此出現規模不經濟。

此外,規模經濟(規模不經濟)概念和規模報酬遞增(遞減)之間存在緊密聯繫。規模報酬遞增表現為產出增加的百分比大於投入要素增加的百分比,在要素價格不變的條件下,這會導致平均成本的下降,即出現規模經濟;反之,在要素價格不變的條件下,規模報酬遞減將引起規模不經濟。而當規模報酬不變時,若要素價格不變,則長期平均成本保持不變,即規模經濟與規模不經濟相互平衡。因此,一般情況下,規模經濟與規模報酬遞增(或規模不經濟與規模報酬遞減)這兩個概念可以互換使用。但是,嚴格來說,規模經濟和規模報酬遞增(或規模不經濟與規模報酬遞減)不是同一個概念。規模報酬要求投入要素同時按照相同比例增加,涉及投入和產出的關係;而規模經濟則允許廠商在改變生產水平時,改變投入要素組合的比例,涉及規模和成本的關係。因此,規模經濟概念包含規模報酬遞增的特殊情形,規模報酬遞增是產生規模經濟的原因之一。

三、長期邊際成本

長期邊際成本是廠商在長期內增加一單位產量引起的最低總成本的增量。從理論上講,假設產量是可以無限細分的,那麼長期邊際成本就是當產量變化極小時,長期總成本的變化量。因此,長期邊際成本是長期總成本的一階導數,用公式表示為:

$$LMC = \lim_{\Delta Q \to 0} \frac{\Delta LTC}{\Delta Q} = \frac{dLTC}{dQ} \tag{5.10}$$

某產量水平上的長期邊際成本等於長期總成本 LTC 曲線上該點的斜率,因此,可以從 LTC 曲線推導出 LMC 曲線,也可根據短期和長期的關係由短期邊際成本 SMC 曲線推導出 LMC 曲線。

在推導長期總成本曲線時，我們知道，長期總成本曲線是短期總成本曲線的包絡線。在長期內的每一個產量水平上，LTC 曲線都與一條代表最優生產規模的 STC 曲線相切，這說明這兩條曲線的斜率是相等的。由於 LTC 曲線的斜率是相應的 LMC 值，STC 曲線的斜率是相應的 SMC 值，由此可以推知，在長期內，每一個產量上的 LMC 值都與代表最優生產規模的 SMC 值相等。根據這種關係，便可以由 SMC 曲線推導出 LMC 曲線。但是，與長期總成本曲線和長期平均成本曲線的推導不同，長期邊際成本曲線不是短期邊際成本曲線的包絡線。

如圖 5-6 所示，每一個產量上代表最優生產規模的 SAC 曲線都有一條相應的 SMC 曲線，每一條 SMC 曲線都過相應的 SAC 曲線最低點。在 Q_1 產量上，生產該產量的最優生產規模由 SAC_1 曲線和 SMC_1 曲線代表，相對應的短期邊際成本為 PQ_1，同時也是長期邊際成本，有 $LMC = SMC_1 = PQ_1$。同理，在產量 Q_2 上，有 $LMC = SMC_2 = RQ_2$。在產量 Q_3 上，有 $LMC = SMC_3 = SQ_3$。在生產規模可以無限細分的情況下，可以得到無數個類似於 P、R、S 的點，將這些點連接起來便得到一條光滑的長期邊際成本曲線。在 LAC 曲線最低點（R 點），有 $LAC = LMC = SMC = SAC$。

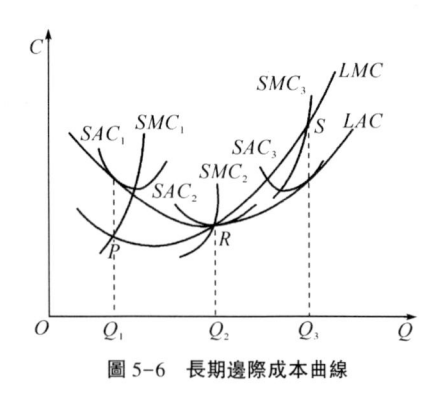

圖 5-6 長期邊際成本曲線

長期邊際成本曲線 LMC 與 SMC 曲線一樣，也是隨著產量的增加先減少而後增加的，因此長期邊際成本曲線也是一條先下降而後上升的 U 形曲線。

長期邊際成本與長期平均成本的關係是在長期平均成本下降時，長期邊際成本小於長期平均成本；在長期平均成本上升時，長期邊際成本大於長期平均成本；在長期平均成本的最低點（長期邊際成本曲線與長期平均成本曲線相交於長期平均成本曲線的最低點），長期邊際成本等於長期平均成本。

第四節　收益與利潤最大化

在討論廠商的收益之前，我們首先假設廠商及其經理人追求的目標是獲取最大經濟利潤。因此，對利潤最大化廠商有如下定義：一個利潤最大化廠商選擇它的投入與產出水平的唯一目標是獲取最大的經濟利潤，即廠商盡可能努力擴大總收益與其總經濟成本之間的差額。

因此，在分析了廠商的成本之後，廠商能否獲得最大利潤還取決於廠商的收益。這是因為任何一個廠商的利潤（π）都可以看成總收益扣除總成本之後的餘額，即：

$$\pi = TR - TC \tag{5.11}$$

下面我們從廠商的收益入手，討論有關廠商利潤最大化問題。

一、收益及收益函數

收益是廠商銷售產品的全部收入，是銷售價格與銷售數量的乘積。同前面我們分析產量和成本時一樣，廠商的收益也可分為總收益、平均收益和邊際收益。

總收益（Total Revenue，TR）是指廠商按一定價格出售一定量產品所獲得的全部貨幣收入。如果用 P 表示產品的單位價格，用 Q 表示產品出售量，總收益可以用公式表示為：

$$TR = PQ \qquad (5.12)$$

平均收益（Average Revenue，AR）是指廠商平均每一單位產品銷售所獲得的貨幣收入。其用公式表示為：

$$AR = TR/Q \qquad (5.13)$$

邊際收益（Marginal Revenue，MR）是指增加一單位產品的銷售所增加的收益，即最後一單位產品的售出所取得的收益。其用公式表示為：

$$MR = \frac{\Delta TR}{\Delta Q} \quad 或 \quad MR = \lim_{\Delta Q \to 0} \frac{\Delta TR}{\Delta Q} = \frac{dTR}{dQ} \qquad (5.14)$$

邊際收益和邊際產量、邊際成本一樣都是經濟分析中十分重要的概念。廠商為了獲得最大利潤，必須對每增加或減少一個單位的產量帶來總收益的變化量有所瞭解和掌握，通過與邊際成本進行比較，從而判斷廠商是否實現最大利潤，以便及時對產量做出調整。

收益函數描述的是廠商總收益與產量之間的數量變動關係，即當產量變化時，廠商的收益將如何隨產量的變化而變化。顯然，收益函數對研究廠商如何獲取最大利潤是非常重要的。為了便於問題的研究，我們假設產品的產出量等於產品的銷售量。

從公式（5.12）中可以看到，總收益函數中包含了產品的銷售價格，表明收益的大小並不完全取決於廠商的個人意志，還與市場對產品的需求有關，市場對這種產品需求的高低決定了產品的價格。換言之，收益曲線的形狀取決於需求曲線的形狀。因此，對廠商收益的研究比單純分析廠商的產量、成本要複雜得多，也困難得多。

（一）價格變化條件下的收益曲線

根據需求理論，產品價格與需求量呈反向變化，即價格提高，需求量減少；價格降低，需求量增加。因此，可以把價格表示成產量的函數，用 $P(Q)$ 表示，於是有：

$$TR = P(Q) \cdot Q$$

如果我們假設某產品的需求函數是已知的，如 $P(Q) = a - bQ$（$a > 0$，$b > 0$，為常數）。在這種情況下，收益函數可表示為：

$$TR = P(Q) \cdot Q = aQ - bQ^2$$

同時有：

$$AR = TR/Q = P(Q) \cdot Q/Q = P(Q) = a - bQ$$
$$MR = dTR/dQ = a - 2bQ$$

由此，可得到總收益曲線、平均收益曲線和邊際收益曲線，如圖 5-7 所示。

從圖 5-7 中可以看出，廠商的總收益 TR 曲線從原點出發，表明沒有產量也不可能有收益。隨著產量的增加，廠商的總收益開始以遞減的速度增長，直到邊際收益 MR 為零。此時，總收益 TR 達到最大。過最高點之後總收益 TR 又以一個遞增的速度快速下降，直至再次為零。這時，廠商的收益為零，這是由產量過大以至於產品的銷售價格降為零造成的。廠商的平均收益 AR 曲線與需求 D 曲線重合；邊際收益 MR 曲線位於平均收益 AR 曲線之下，說明 MR 下降的速度要遠快於 AR。

廠商的總收益之所以呈現如此的變化規律，通過邊際收益可以很好地說明。由於需求規律的作用，使得該產品的需求曲線為一條向下傾斜的直線，即需求量與價格之間互為反比例關係。由邊際收益函數可知，該產品的邊際收益是產量的函數，而且是一條比需求曲線下降得更快的斜線，其斜率為需求曲線的兩倍。因此，在產量最初增加的情況下，由於邊際收益儘管下降但大於零，因此廠商的總收益以一個遞減的速度上升；一旦邊際收益降為零，表明廠商已經得到了其能通過產品銷售得到的最大收益，繼續增加產量不能再增加收益，此時總收益達到最大值。過此點後，由於邊際收益仍然下降並變成負值，表明增加產量不但不能增加廠商的收益，反而造成廠商收益的減少，從而帶來總收益曲線的加速下降並直至為零。

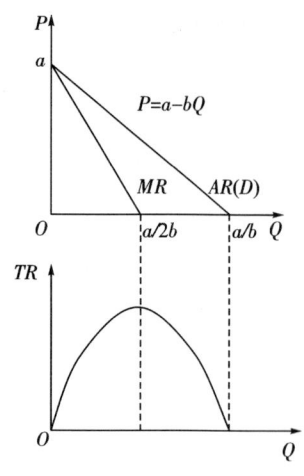

圖 5-7 價格變化的收益曲線

（二）價格不變條件下的收益曲線

如果我們假設某產品的銷售價格保持一個常數不變，如 $P = P_0$，如同後面我們將要介紹的完全競爭市場，這時廠商的總收益為：

$$TR = P_0 \cdot Q$$

由於 P_0 為不變的常數，因此總收益 TR 曲線是從原點出發的一條直線。

平均收益為：

$$AR = TR/Q = P_0 \cdot Q/Q = P_0$$

邊際收益為：

$$MR = dTR/dQ = P_0$$

可見，在價格不變的條件下，AR、MR 和需求曲線 D 完全重合（三線合一），如圖 5-8 所示。

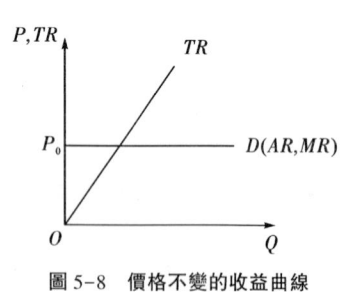

圖 5-8 價格不變的收益曲線

二、利潤最大化原則

在研究廠商的利潤時，必然涉及廠商的成本。在經濟分析中論及的成本都是指經濟成本。同樣，這也就有了經濟利潤的概念。根據前面對成本、利潤的定義，廠商在市場上以一定價格出售某一產品，由此獲得的總收益與經濟成本之間的差額被稱爲經濟利潤（π）。由於收益與成本都取決於產量，經濟利潤同樣也是產量的函數，於是有：

$$\pi(Q) = P(Q)Q - TC(Q) = TR(Q) - TC(Q) \tag{5.15}$$

由公式（5.15）可以看到，在這里假設了產品的銷售價格也是隨產量變化的。按照選取最大化利潤的必要條件，對公式（5.15）求產量 Q 的一階導數，並令其爲零，於是有：

$$\frac{\mathrm{d}\pi}{\mathrm{d}Q} = \frac{\mathrm{d}TR}{\mathrm{d}Q} - \frac{\mathrm{d}TC}{\mathrm{d}Q} = 0$$

因此，極大值的一階條件爲：

$$\frac{\mathrm{d}TR}{\mathrm{d}Q} = \frac{\mathrm{d}TC}{\mathrm{d}Q}$$

或

$$MR = MC \tag{5.16}$$

這就是通常在入門性經濟學課程里研究過的邊際收益等於邊際成本原則的一個簡單的數學表達。

按照上述定義，如果一個廠商決定其生產的產出水平在邊際收益超過邊際成本時就停下來，那麼它將不能使得利潤最大化，因爲再多生產一個單位的產出將得到超過生產成本的額外收益。類似地，如果邊際收益小於邊際成本，則減少一個單位的產出雖然降低了收益，但成本下降得更多，於是減少產出將增加利潤。無論從哪個角度來看，只有在增加的收益正好等於增加的成本時，廠商才不會再調整產量，這時就實現了利潤最大化。如果廠商有可能進行"很小量"的調整，要做到這一點也就不是不可能的事情了。

習題

1. 解釋以下關鍵術語：
會計成本　機會成本　經濟成本　顯性成本　隱性成本　固定成本　沉澱成本
邊際成本　邊際收益　平均成本　規模經濟

2. 請說明短期產量曲線和短期成本曲線之間的關係。

3. 用圖形說明短期總成本、短期總固定成本、短期可變成本、短期平均成本、短期平均可變成本、短期平均固定成本以及短期邊際成本之間的關係。

4. 爲什麼短期平均成本曲線和長期平均成本曲線都是 U 形曲線？

5. 假設某產品生產的邊際成本函數是 $MC = 3Q^2 - 8Q + 100$。若生產 5 單位產品時的總成本是 595，求總成本函數、平均成本函數、可變成本函數以及平均可變成本函數。

6. 已知總成本函數爲 $TC = 5Q^3 - 35Q^2 + 90Q + 120$，自哪一點起 TC 及 TVC 遵循報酬遞減規律？

第六章 市場結構

引導案例

政府舉辦的大型養雞場爲什麼失敗

20 世紀 80 年代，一些城市爲了保證居民的菜籃子供應，由政府出資舉辦了大型養雞場，但成功者較少，許多養雞場最後以破產告終。這其中的原因是多方面的，重要的一點在於鷄蛋市場是一個完全競爭市場。

鷄蛋市場上有許多買者和賣者，其中任何一個生產者，即使是大型養雞場，在市場總供給量中的比例都是微不足道的，難以改變產量來影響價格，只能接受市場價格；鷄蛋市場沒有任何進入限制，誰想進入都可以，而且投資少；鷄蛋是無差別產品，生產者無法以產品差別建立自己的壟斷地位。因此，鷄蛋市場是典型的完全競爭市場。

在這個市場上，在短期內鷄蛋生產者可能有超額利潤（如發生了鷄瘟，鷄蛋供小於求，價格高），也可能虧損（如生產者進入太多，鷄蛋供給大於需求，價格低）。但在長期內一定是價格等於平均成本，生產者經濟利潤爲零。生產者所賺的是由機會成本帶來的會計利潤。例如，生產者不向自己支付工資，會計利潤中沒有這一項，但這是機會成本。

政府建立的大型養鷄場在這種完全競爭的市場上沒有什麼優勢，其規模不足以控制市場，產品也沒有特色。政府建立的大型養鷄場要以平等的身份與那些分散的養鷄場競爭。但這種大型養鷄場的成本一般大於行業平均成本。因爲這些大型養鷄場的固定成本遠遠高於農戶養鷄。政府建立的大型養鷄場建有大型鷄舍，採用機械化方式，而且有一批管理人員，工作人員也是有工資的工人。這些成本的增加遠遠大於機械化養鷄帶來的好處，因爲農戶養鷄幾乎沒有什麼固定成本，也不向自己支付工資，差別僅僅是種鷄支出和飼料支出。當鷄蛋行業的主力是農戶時，行業平均成本也是由他們決定。政府建立的大型養鷄場的成本高於農戶養鷄的差別，也就是高於行業平均成本，當價格等於行業平均成本時，就必然低於大型養鷄場的平均成本。政府建立的養鷄場在與農戶的競爭中並無優勢，其破產是必然的。

此案例說明，在完全競爭市場上，價格由行業平均成本決定，大型企業由於固定成本和可變成本開支都比較大，因此其個別成本高於平均成本，必然發生虧損。

教學目的

本章主要通過把廠商成本與所處的市場環境約束結合起來，以廠商追求利潤最大化爲出發點，探討不同類型市場中廠商短期和長期的均衡狀態，並在此基礎上評析不同市場結構生產和分配效率的差異。通過本章的學習，應能夠給出不同類型市場的概念，描述不同市場的特點；掌握完全競爭廠商的需求曲線和短期均衡條件；瞭解完全壟斷廠商和壟斷競爭廠商的短期均衡和長期均衡的條件；理解廠商在面臨不同市場環境約束條件下的有效競爭策略，認識非競爭性市場和競爭性市場相比較存在的效率損失。

本章重難點

完全競爭及完全競爭市場上的短期均衡、長期均衡，壟斷競爭條件下廠商的收益曲線、短期均衡和長期均衡，完全壟斷的條件，價格歧視，寡頭壟斷的條件。

第一節　市場結構和廠商決策的共性原則

前面我們分析了需求和供給的基本原理，分析了消費者和生產者的決策問題。但是，要做進一步分析的話，這些消費者和生產者的決策還必須通過某種途徑相互聯繫起來，才能夠真正發揮作用。這種途徑便是市場。微觀經濟學中的市場是指從事某一種商品買賣的有形或無形的交易場所。從本質上講，市場是物品（產品或勞務）買賣雙方相互作用並得以決定其交易價格和交易數量的一種組織形式或制度安排。經濟中所有的市場可以分爲商品市場和生產要素市場，本章研究的是商品市場。任何一種商品都有一個市場，有多少種商品，就有多少個市場。

細心觀察我們會發現，現實中存在不同類型的市場。例如，如果學校食堂或者各種餐館把價格提高20%，其銷量就會大量下降，其顧客會很快轉而去其他食堂或餐館購買食物。又如，如果校園里的通信服務商把數據流量包或者話費上調20%，則該通信服務商的產品銷量減少得並不明顯，也許學生們可能會少打些電話、少發些信息、少用上網流量，但並不意味着會直接不用各種通信服務。再如，如果由學校區域開往城市中心商業街唯一一輛公交汽車的費用由原來的1元每人上漲到1.2元每人，則乘坐人數並不會因爲其價格上升而出現明顯的變化，主要原因在於城市公交車僅由一家企業提供，並且由學校到城市中心商業街僅此一條線路的公交車可到達，乘客別無選擇，因此漲價對乘客而言，並不會對其乘車次數有較大影響。

我們在市場上購買產品時，往往會面臨不同的廠商可供選擇，其都能供給同種產品。一般來講，越是消費者必需的商品或越是易於生產的商品，其生產廠商也越多，消費者的選擇範圍也越大。例如，我們買衣服時，會面臨整個地區、全中國甚至全世界的服裝廠商的產品可供選擇，但要是購買微軟公司的核心技術或是可口可樂的配比秘方時，則只能有唯一的廠商可供選擇。

一般而言，決定市場類型劃分的主要因素如下：

第一，廠商的數量。市場中廠商數量的多寡反應了每個市場勢力的大小。一般情況下，廠商的數量越多，每個廠商對市場中產品價格影響越小或者根本沒有影響，市場的競爭程度越高，而壟斷程度越低；反之，廠商數量越少，廠商就越有能力影響其出售的產品的市場價格，市場的競爭程度越低，而壟斷程度越高。

第二，產品的差異性（屬性）。假定廠商數量一定，則廠商生產的產品的同質性越高，市場競爭也就越激烈，而壟斷性越弱；反之，產品的同質性越低，即差異性越大，則市場勢力越強，競爭程度也會越低，而壟斷性程度越高。

第三，單個廠商對市場價格的控制程度。如果產品的交易價格是由市場供求關係決定的，單個廠商對市場價格的控制程度較弱，則其競爭性就較強；如果企業能夠用自己的力量在不同程度上決定產品的市場交易價格，其市場競爭程度就較弱，這樣的市場結構就容易不同程度地產生壟斷現象。

第四，單個廠商進入或退出一個行業的難易程度（要素流動障礙）。如果某行業要素流進或流出很容易，則廠商很容易進入或退出該行業，行業競爭程度就高，壟斷程度就低；反之，要素流通不易（生產某種產品的原材料被控制，又沒有適當的替代品），廠商就不容易進入或退出這個行業，廠商進入或退出該行業的成本都高，則該行業競爭程度就很弱，而壟斷程度很高。

第五，信息充分程度。信息越充分，廠商越容易根據市場調整自己的決策，市場競爭程度越高，而壟斷程度越低；反之，信息越不充分，則掌握較多信息的廠商有競爭優勢，逐漸處於壟斷地位，導致市場壟斷程度很強而競爭程度很弱。

西方經濟學通常按市場競爭程度的不同將市場劃分為四種類型：完全競爭市場、壟斷競爭市場、寡頭壟斷市場和完全壟斷市場，其具體情況如表6-1所示。其中，完全競爭和完全壟斷處於兩個極端狀態，而壟斷競爭和寡頭壟斷是介於這兩個極端之間的普遍存在的市場結構。壟斷競爭偏向於完全競爭但又存在一定程度的壟斷，寡頭壟斷偏向於完全壟斷但又存在一定程度的競爭。

表 6-1　　　　　　　　　　市場類型的劃分和特徵

市場類型	廠商數目	產品差別程度	對價格控制的程度	進出難易程度	近似行業
完全競爭	很多	完全無差別	沒有	很容易	農產品
壟斷競爭	很多	有差別	有一些	比較容易	輕工業、零售業
寡頭壟斷	幾個	有差別或無差別	相當程度	比較困難	鋼鐵、汽車、石油
完全壟斷	唯一	唯一的產品且無相近替代品	很大程度，但經常受到管制	很困難，幾乎不可能	公用事業、水、電等

與市場這一概念緊密聯繫的另一個概念就是行業。行業是指為同一種商品市場生產並提供產品的所有廠商的總體。行業與市場是緊密相連的兩個概念。同一個商品的市場和行業的類型是一致的。例如，完全競爭市場對應的是完全競爭的行業。

第二節　完全競爭市場

一、完全競爭市場的含義及特徵

完全競爭市場（Perfect Competition）又稱純粹競爭市場，是指一種不受任何阻礙、干擾和控制的市場結構，即購買者和銷售者的購買和銷售決策對市場價格沒有任何影響的市場結構。經濟分析中使用的"完全競爭"一詞，意指不存在絲毫壟斷因素，具有十分嚴格的含義。具體來說，一種產品的市場要具有完全競爭的性質，必須同時具備以下四個條件：

（一）市場上有大量的生產者和消費者

在市場的買方和賣方兩邊都必須有大量的參與者，從而任何一名消費者或生產者都不會在市場上佔顯著的份額，都無法通過個人的買賣行為來影響總產量或市場價格。市場價格是由整個市場的供求關係決定的，單個生產者（或消費者）則按照既定的價格賣出（或買進）其願意賣出（或買進）的任何數量的產品，即完全競爭市場上每個消費者或生產者都是市場既定價格的接受者。

（二）產品是同質的，即不存在產品差別

在完全競爭市場上，所有廠商都生產同一種標準化產品；在消費者眼中，不管購買哪家廠商的產品都是沒有差別的。這裡所說的產品無差別不是指不同產品之間無差別，而是指同種產品在質量、包裝、規格或銷售條件等方面完全一樣，各個廠商的產品可以完全替代。產品的同質性是市場統一價格的前提。

（三）廠商可自由進入或退出該行業（資源完全自由流動）

當外部條件發生變化時，產業發生相應的調整往往會導致部分資源自由進入或退出該行業。當行業擴張時，新的勞動力、土地、能源、資金等會流入該行業；而當行業收縮時，原行業內的部分資源又會流出該行業，另覓出路。一個完全競爭的市場就要求資源進入或退出該行業時沒有人為和自然的壁壘。廠商總是能夠及時向獲利行業運動，而及時地退出虧損行業，結果缺乏效率的廠商會被市場淘汰，取而代之的是具有效率的廠商。

（四）生產者和消費者都擁有充分的、對稱的信息

在完全競爭市場上，所有與該產品有關的信息都是完全公開的，市場中每個生產者和消費者都可以根據自己掌握的有關商品和市場的全部信息確定自己的最優決策，從而獲得最大的經濟利益。

這些條件是非常苛刻的，因此現實中的完全競爭市場實際上是不存在的，比較接近的是農產品市場。但是，現實中是否存在真正意義上的完全競爭市場並不重要，重要的是說明在假設的完全競爭條件下之下，市場機制如何調節經濟。有了完全競爭的

市場，我們就有了一把尺子，一面鏡子。

二、完全競爭廠商的需求曲線和收益曲線

在完全競爭市場上，單個廠商面臨的需求曲線和所有廠商作爲一個整體面臨的市場需求曲線是不一樣的，作爲單個廠商無法左右市場價格，但所有廠商作爲一個整體，是可以影響市場價格的，因此我們分兩種情況來討論需求曲線。

(一) 完全競爭市場的需求曲線

按照完全競爭市場的假定，市場買賣雙方有大量的參與者，因此市場（行業）的需求曲線與供給曲線應該反應衆多的消費者和供給者的行爲，如圖6-1（a）所示。圖6-1（a）中的需求曲線 D 向下傾斜，供給曲線 S 向上傾斜。市場均衡價格 P^* 由兩條曲線的交點 E 決定。

(二) 完全競爭廠商的需求曲線

單個廠商生產多少不足以影響市場價格，它所面對的需求曲線 d 是一條由既定市場價格出發的水平線，如圖6-1（b）所示。圖6-1（b）中廠商面對的需求曲線的高度就是市場價格 P^* 的高度，需求曲線與橫軸平行，表明單個廠商產量的變動不會對市場價格造成影響，也就是說，完全競爭廠商是價格的接受者。一旦行業的供求均衡決定了市場價格水平之後，對於單個廠商來說，如果能按照這一價格出售產品，則在這一價格水平下面臨的市場需求將是無限的，其需求函數形式爲 $P = P^*$（P^* 是市場價格）。完全競爭市場上廠商面對的市場需求可以描述爲：在價格不變條件下，無論生產多少商品都是可以賣出的，即需求曲線是一條水平線。

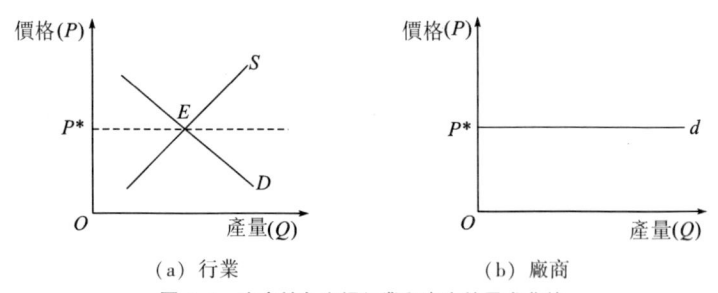

(a) 行業　　　　(b) 廠商

圖 6-1　完全競爭市場行業和廠商的需求曲線

需要註意的是，在完全競爭市場上，每一個消費者或每一個廠商都是被動地接受既定的市場價格，但這並不意味着完全競爭市場的價格是固定不變的。當整個行業的供求發生變化時，如該行業生產技術水平提高、人工成本增加、消費者的收入水平提高等，供求曲線的位置就有可能發生移動，從而形成新的均衡價格。這樣，我們就會得到由新的均衡價格水平出發的一條水平線，如圖6-2所示。D_1 與 S_1 相交時，行業的均衡點爲 E_1，均衡價格爲 P_1，這時廠商的需求曲線對應爲 d_1；當行業需求曲線的位置由 D_1 移至 D_2，同時供給曲線的位置由 S_1 移至 S_2 時，行業供求均衡點由 E_1 移至 E_2，產品的市場價格上升爲 P_2，相應的廠商的需求曲線移至 d_2。

（a）完全競爭市場　　　　　　（b）完全競爭廠商

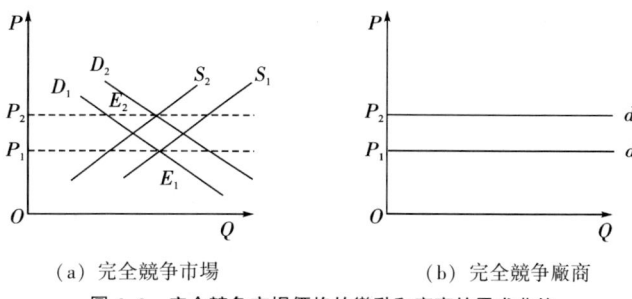

圖 6-2　完全競爭市場價格的變動和廠商的需求曲線

三、完全競爭廠商的收益曲線

完全競爭市場的廠商是價格的接受者，因此其總收益為：

$$TR = PQ$$

由於面臨水平的需求曲線，完全競爭市場廠商的平均收益等於價格，企業按既定的市場價格出售產品，每單位產量的售價也就是每單位產量的平均收益，因此價格等於平均收益（$AR = P$）。

在完全競爭市場上，平均收益等於邊際收益，因為邊際收益是增加一單位產量所增加的總收益。在完全競爭市場上，無論一個企業產量增加多少，價格總是不變的，因此邊際收益等於價格（$MR = P$）。

從圖 6-3 可以看出，由於邊際收益大於零且保持為一個常數，廠商的總收益將隨著產量的不斷增加而直線上升，直至廠商無法繼續增加產量為止。廠商的平均收益曲線、邊際收益曲線和需求曲線重合，$AR = MR = P$。三條曲線合而為一，即產品的銷售價格既是廠商可以獲得的平均收益，又是廠商的邊際收益，這是完全競爭市場區別於其他市場的一個十分重要的特點。

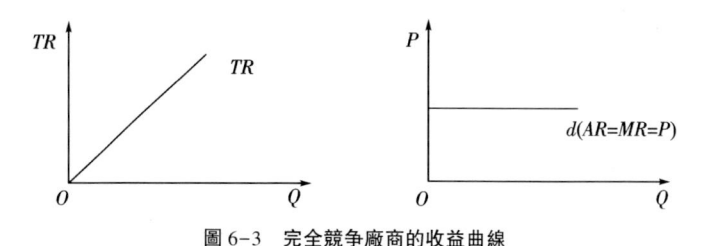

圖 6-3　完全競爭廠商的收益曲線

四、完全競爭廠商的短期均衡

所謂廠商短期均衡，是指在該行業沒有其他廠商進入和退出的條件下，單個廠商在只調整可變要素投入量的時期內所實現的均衡。在完全競爭條件下，由於單個廠商只能是市場既定價格的接受者，並且短期內其生產規模是固定的，因此在短期內，單個廠商是在給定的生產規模下，根據既定的市場價格，按照 $MR = MC$ 原則，通過對產

■ 西方經濟學

量的調整來實現利潤最大化。

綜上所述，當完全競爭廠商處於短期均衡時，$P=AR=MR=MC$，此時實現了利潤最大化。但是，在利潤最大化的產量水平上，廠商是否一定盈利呢？在短期內，市場價格同單個廠商的產品成本相比，可能有五種情況，因此廠商均衡也可能存在五種狀態（見圖6-4）。

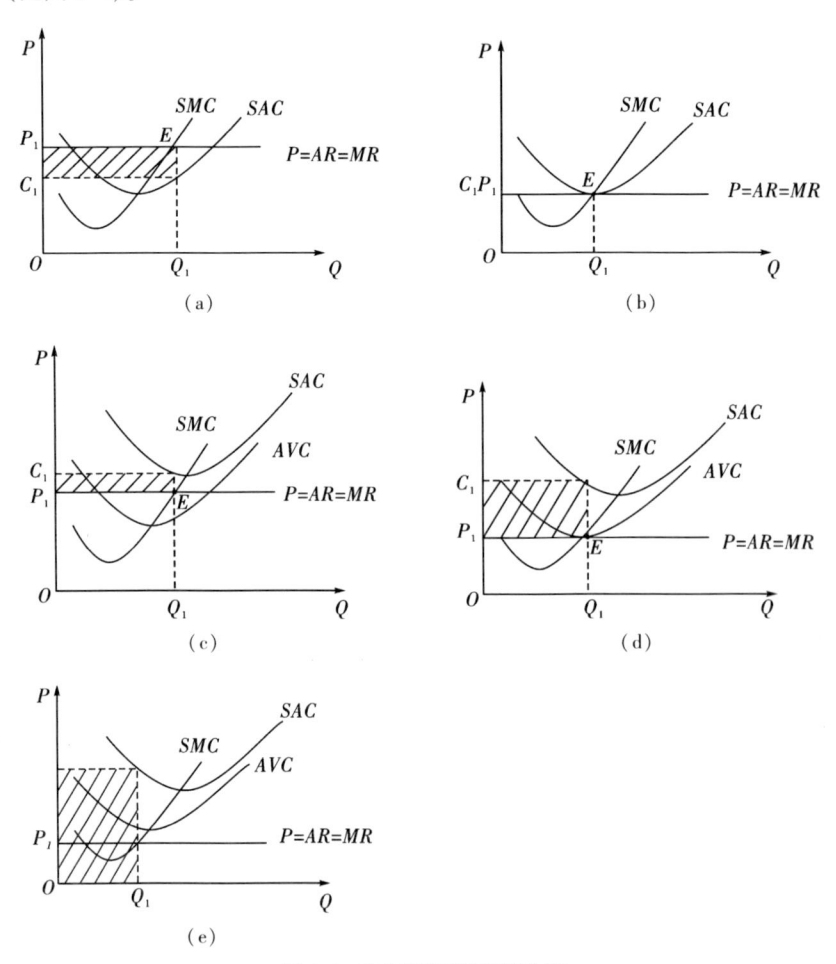

圖 6-4 完全競爭廠商短期均衡

第一種情況：廠商面臨的市場價格 P 高於廠商短期平均成本的最低點，即 $P=AR>SAC$，廠商獲得超額利潤。如圖 6-4（a）中的 P_1 為整個市場供求決定的均衡價格，單個廠商只能是這個價格的接受者，其面臨的需求曲線、平均收益曲線和邊際收益曲線三線合一（$P=AR=MR$）。根據 $MR=MC$ 的利潤最大化的均衡條件，廠商利潤最大化的均衡點為 MR 曲線與 SMC 曲線的交點 E，相應的均衡產量為 Q_1。在 Q_1 的產量水平上，廠商的平均收益為 OP_1，平均成本為 OC_1，即 $AR=P_1>SAC$，廠商獲得超額利潤，利潤總額爲圖 6-4（a）中陰影部分的面積。

第二種情況：廠商面臨的市場價格 P 等於廠商短期平均成本 SAC 最小值，即 $P = SAC$ 最小值，廠商經濟利潤爲零。在圖 6-4（b）中，廠商面臨的市場價格爲 P_1，也是單個廠商面臨的需求曲線，其恰好與短期平均成本 SAC 曲線相切於後者最低點 E。在第五章的學習中，我們知道短期邊際成本 SMC 曲線與短期平均成本 SAC 曲線相交於後者的最低點，因此 SMC 也經過 E 點。同時，根據 $MR = MC$ 原則，E 點也是 SMC 曲線與 MR 曲線的交點，因此 E 點就是廠商的短期均衡點，相應的均衡產量爲 Q_1。此時，廠商的平均收益 $AR = P = SAC$，廠商的經濟利潤爲零，但廠商的正常利潤全部都實現了。由於在這一點上，廠商既無利潤，又無虧損，因此 SMC 曲線與 SAC 曲線的交點也被稱爲廠商的收支相抵點。

第三種情況：廠商面臨的市場價格 P 高於平均可變成本 AVC 最小值，但低於短期平均成本 SAC 最小值，即 AVC 最小值 $< P = AR < SAC$ 最小值，廠商均衡將是最小虧損的均衡。在圖 6-4（c）中，SMC 曲線與 MR 曲線相交決定的短期均衡點爲 E，均衡產量爲 Q_1。在 Q_1 的產量水平上，廠商的平均收益爲 OP_1，平均成本爲 OC_1，平均可變成本爲 OC_2。由圖 6-4（c）可知，平均收益小於平均成本，但大於平均可變成本。此時，廠商是虧損的〔虧損總額爲圖 6-4（c）中陰影部分的面積〕，但是仍然會繼續生產。這是因爲只有生產，廠商才能在用全部收益彌補全部的可變成本之後還有剩餘，以彌補在短期內總是存在的固定成本的一部分；如果不生產，廠商將虧損全部的固定成本。因此，在這種情況下，生產要比不生產強。

第四種情況：廠商面臨的市場價格 P 等於廠商短期平均可變成本 AVC 的最小值，即 $P = AR = AVC$ 最小值，此時廠商虧損，處於生產與不生產的臨界點。在圖 6-4（d）中，單個廠商面臨的需求曲線與 AVC 曲線恰好相切於 AVC 曲線的最低點 E。在第五章的學習中，我們知道短期邊際成本 SMC 曲線與短期平均成本 SAC 曲線相交於後者的最低點，因此 SMC 也經過 E 點，$SMC = MR$，E 點是廠商的短期均衡點。在均衡點 E 對應的 Q_1 產量水平上，平均收益（OP_1）小於平均成本（OC_1），廠商是虧損的。同時，平均收益和平均可變成本相等，廠商可以繼續生產，也可以不生產。也就是說，生產與不生產對廠商來說結果都是一樣的，其虧損總額均爲圖 6-4（c）中陰影部分的面積——固定成本。這是因爲，如果廠商繼續生產，廠商的全部收益只夠彌補全部的可變成本，固定成本得不到任何彌補；如果廠商不繼續生產，廠商雖不必支付可變成本，但固定成本仍然存在。由於在這一均衡點上，廠商處於生產與不生產的臨界點，因此通常稱該點爲停止營業點或關閉點。

第五種情況：廠商面臨的市場價格 P 低於廠商短期平均可變成本 AVC 的最小值，即 $P = AR < AVC$ 最小值，此時廠商虧損，如果進行生產，所得到的收益不足以彌補可變成本，因此廠商停止生產。在圖 6-4（e）中，在均衡點 E 對應的 Q_1 產量水平上，平均收益（OP_1）小於平均可變成本（OC_1），廠商是虧損的，如果廠商繼續生產的話，其全部收益連因生產而產生的可變成本都無法全部彌補，更談不上對固定成本地彌補了。

而事實上，只要廠商停止生產，可變成本就降爲零，虧損的只是固定成本這一部分。顯然，這種情況下廠商將停止生產。

綜上所述，完全競爭廠商短期均衡條件是：$MR=SMC$。其中，$MR=AR=P$。在短期均衡時，廠商的利潤可以大於零，也可以等於零，或者小於零。可見，利潤最大化並不意味着廠商一定能夠賺錢，但在廠商處於短期均衡時，不是利潤最大化就是損失最小化。

五、完全競爭廠商的短期供給曲線

在完全競爭市場上，面對任何市場價格，廠商在最大化利潤條件下的產出量均爲市場價格等於邊際成本對應的產量，因此廠商的短期供給曲線爲廠商的邊際成本曲線。但是，考慮到廠商在短期內不會選擇在價格低於平均變動成本最低點以下的部分從事生產，因此廠商的短期供給曲線嚴格表述應該爲 SMC 曲線上大於和等於 AVC 曲線最低點的部分。廠商的短期供給曲線的形成如圖 6-5 所示。

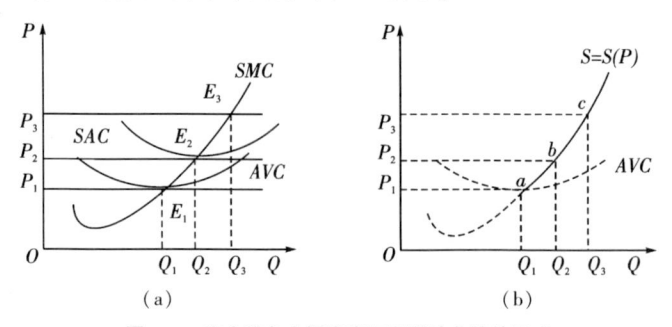

圖 6-5 完全競爭市場廠商短期供給曲線的形成

從圖 6-5 中可以看出，如果需求變動，在短期內，供給曲線不變，需求會上升，價格會提高，企業的產量會有一定的增加，因此企業的利潤也會增加；相反，需求收縮，價格會下降，企業的產量和利潤也會隨之下降。當需求下降的幅度達到使市場價格低於某些企業的最低平均可變成本時，這些企業將會關閉。廠商的短期供給曲線，即圖 6-5（b）中 a、b、c 三點的連線，就是圖 6-5（a）中廠商平均成本最低點及其以上部分廠商均衡點 E_1、E_2、E_3 三點所表示的均衡價格和產量的組合。

可見，完全競爭廠商的短期供給曲線是向右上方傾斜的，它表示了商品價格和供給量之間同方向變動的關係。更重要的是，完全競爭廠商的短期供給曲線表示在每一個給定的市場價格水平下的供給量是能夠給其帶來最大利潤或最小虧損的最優產量。如果假定行業的可變要素投入量的變化不影響其價格，完全競爭市場的行業短期供給曲線就是市場上全體廠商在給定某一價格水平上的供給量之和。行業的供給曲線就由全體廠商的供給曲線水平相加得來。

六、完全競爭市場的長期均衡

長期是指各廠商能夠根據市場需求狀況來調整全部生產要素及生產規模，也可以自由地進入或退出該行業的時期。在長期的生產中，所有的生產要素投入量都是可變的，完全競爭廠商是通過對全部生產要素投入量的調整來實現利潤最大化的。

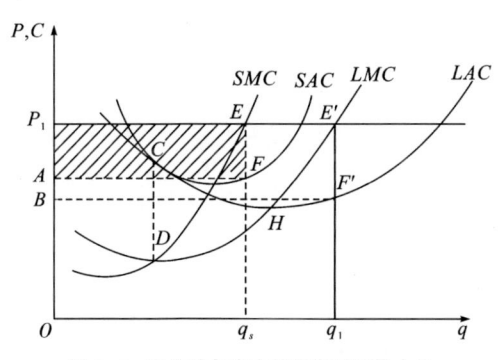

(一) 完全競爭廠商的長期利潤最大化

廠商長期利潤最大化的原則是：

$$P = LMC$$

如圖 6-6 所示，當市場價格爲 P_1 時，按照 $P = MR = SMC$ 的原則，短期利潤最大化產量爲 q_s，利潤爲陰影部分的矩形面積 AP_1EF。在長期內，廠商能夠調整生產規模，將擴大規模，將產量調整到 q_1 以滿足 $P = LMC$ 的條件，此時利潤爲矩形 $BP_1E'F'$ 的面積。通過對圖 6-6 的分析可以看出，在長期內，廠商通過對最優生產規模的選擇，使自己的狀況得到改善，從而獲得了比在短期內所能獲得的更大的利潤。

圖 6-6　完全競爭廠商的長期利潤最大化

(二) 完全競爭行業的長期均衡

既然該行業中的廠商有面積爲 $BP_1E'F'$ 的利潤，這就會吸引大量的新廠商涌入該行業。這樣，整個行業的供給會增加（供給曲線右移），在需求不變的情況下，市場價格會被壓低，如圖 6-7 所示。在圖 6-7 中，初始的供給曲線爲 S_1，市場的均衡價格和總產量分爲 P_1 和 Q_1，廠商的利潤最大化產量爲 q_1，它由 P_1 與 LMC 曲線的交點決定。在這一點上，廠商可獲得超額利潤。由於新廠商的進入，供給曲線在圖 6-7（a）中向右移，帶動了價格的下降。這種情況會一直持續下去，直到市場價格降到廠商長期成本曲線的最低點，如圖 6-7（b）中的 H 點時，廠商的超額利潤消失，整個行業才真正達到長期均衡。以上的分析也完全適用於一個行業廠商虧損的情況。如果價格過低，行業中的廠商將會出現虧損，這時部分廠商會退出該行業，整個行業的供給會減少（供給曲線左移），在需求不變的情況下，市場價格會被抬高，直到市場價格提高至廠商長期成本曲線的最低點，廠商的虧損才會消失。

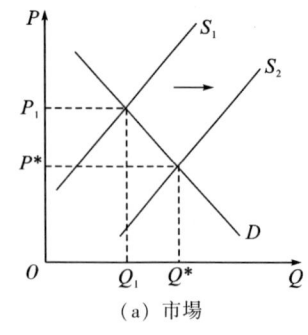

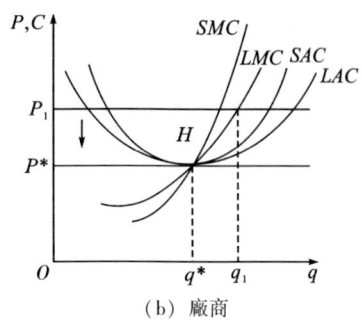

圖 6-7　完全競爭行業的長期均衡

(三) 完全競爭行業長期均衡的實現

綜合以上分析，我們可以看出，完全競爭行業的長期均衡是通過廠商產量和廠商數目兩個方面的調整達到的：

(1) 廠商產量的調整。在長期均衡價格下，行業內每個廠商都將產量調整到利潤最大化產量。在圖 6-7 中，廠商總是在 $P=LMC$ 處進行生產，否則廠商總有重新調整產量以增加利潤的動機，別的產量不可能成為均衡產量。

(2) 廠商數目的調整。在長期均衡下，新廠商、老廠商均沒有進入或退出該行業的動機，因為廠商數目達到了均衡。通過廠商數目的變動，廠商最終將把產量調整到長期平均成本最低點，使超額利潤為零。長期平均成本最低點 H 應該是長期平均成本曲線 LAC 與長期邊際成本曲線 LMC 的相交點（也是短期平均成本曲線 SAC 與短期邊際成本曲線 SMC 的相交點），因此完全競爭長期均衡的條件是：

$$P=SMC=SAC=LMC=LAC$$

在長期內，廠商的均衡情況是行業中的每一個廠商都要處於既無利潤也無虧損的狀態，即"零利潤均衡"。這裡需要強調的是，所謂不虧不贏或"零利潤均衡"，並不是說廠商不能獲得任何利潤。實際上，我們說的是廠商的經濟利潤為零，廠商也能獲得全部"正常利潤"。

(3) 在長期均衡價格下，行業的總產量恰好等於該價格下符合消費者意願的購買量，這是由市場均衡的定義決定的。如果在現行價格下存在超額供給或超額需求，價格會被重新調整，現行價格就不可能是均衡價格。

七、完全競爭行業的長期供給曲線

短期供給曲線假定生產要素不變，但是在長期情況下，當廠商進入或退出一個行業時，整個行業的產量的變化可能對生產要素市場的需求產生影響，從而影響生產要素的價格。根據行業產量的變化對生產要素價格可能產生的影響，將完全競爭行業分為成本不變行業、成本遞增行業和成本遞減行業。

(一) 成本不變行業

成本不變行業指的是整個行業的產量擴張不會帶來投入要素價格的上升或下降。

成本不變行業的長期供給曲線爲一條水平的直線，不管產量有多大，價格將維持不變。

（二）成本遞增行業

成本遞增行業是指行業的產量擴張會抬高投入要素的價格，從而使廠商的成本曲線上移。成本遞增行業的長期供給曲線的推導過程與成本不變行業相同。在成本遞增行業中，需求擴大的長期效應是價格上升、總產量增加、廠商的數目增加，但單個廠商的產量既可能增加，也可能下降，這取決於新的平均成本曲線的位置。成本遞增行業的長期供給曲線是一條向右上方傾斜的直線。

（三）成本遞減行業

成本遞減行業與成本遞增行業正好相反，生產規模的擴大導致要素成本的下降，使廠商的長期平均成本曲線向下方移動。因爲長期均衡中廠商的利潤爲零，所以當行業達到新的均衡時，產量上升，價格反而下降了。成本遞減行業的長期供給曲線向下傾斜。

八、完全競爭市場的效率分析

不管完全競爭的行業是成本不變行業還是成本遞增行業，所有企業的最終長期均衡點都有一個與經濟效率相關的基本特徵，這就是價格將最終定位在最低平均總成本上，即 $P(MR) = \min ATC$。此外，由於邊際成本曲線和平均總成本曲線相交於平均總成本曲線的最低點，邊際成本和平均總成本相等，即 $MC = \min ATC$。因此，在長期均衡下存在着一個連等式：

$$P(MR) = MC = \min ATC$$

這一連等式告訴我們，儘管某一完全競爭性企業可以在短期內實現經濟利潤，但在長期內，通過按照 $MR(=P) = MC$ 規則生產，只能獲得正常利潤。不僅如此，這一連等式暗示了一些有關完全競爭效率的、具有重大社會意義的結論。

（一）生產有效

生產有效要求產品以最低成本生產，即 $P = \min ATC$。在長期內，完全競爭使得企業在最低平均總成本下進行生產，並收取與該成本一致的價格。生產效率意味著企業必須利用最好（成本最低）的生產方式和投入組合來生產，否則它無法生存。換句話說，這意味著以最少量的資源來生產任一特定產量。從消費者角度來看這是頗有裨益的，MC 度量了社會多生產一單位產量耗費資源的成本，而市場價格 P 則衡量了消費者願意支付的價格，反應了增加一單位產品給消費者增加的福利，$MC = P$ 說明最後一單位產量耗費的價值等於該單位產量的社會價值，消費者支付的市場價格最低，因此消費者受益於生產有效。

（二）分配有效

分配有效要求資源按照一種能生產社會（消費者）最需要的產品和服務組合的方式在行業和企業中進行分配。如果不可能通過改變總產出的組成來獲取更多的社會效益，那麼我們便實現了分配效率。生產有效本身並不能保證資源分配的有效。在我們證明完全競爭市場可以達到這一效果之前，我們必須討論一下產品價格的社會含義。

這裡有兩個關鍵因素：

（1）任何產品（如 X 產品）的貨幣價格是社會對每增加一單位該產品相對價值的度量。換句話說，產品價格反應了它的邊際收益。

（2）類似地，我們可以將 X 產品的邊際成本看成如果將生產額外一單位 X 產品所需的資源用於生產其他產品所能創造的價值。簡單地說，生產一單位 X 產品的邊際成本衡量的是由於該單位產品的生產社會必須放棄的其他物品。

在完全競爭市場中，企業只能通過生產使邊際成本等於價格的產量來實現利潤最大化。如果生產較少的 X 產品，則 $MR(=P)$ 將大於 MC，利潤將低於最大利潤。從社會角度看，它表明分配在該產品生產上的資源不足。價格超過邊際成本的這一事實說明，額外單位的 X 產品的社會價值要比其占用的資源所能生產的其他產品的社會價值高。同樣，如果企業的產量大於 $P(MR)=MC$ 的產量，其利潤將小於最大利潤。從社會角度看，這說明分配到 X 產品的資源過多。在 X 產品的邊際成本高於價格或邊際收入的情況下生產 X 產品，意味著社會放棄了比生產一單位 X 產品價值更高的其他產品。只要社會能夠通過放棄價值較低的物品獲得價值更高的物品，那麼最初的資源分配就不可能是有效的。

因此，在完全競爭條件下，當以利潤為目的的企業生產的產品或服務使得價格（邊際收益）與邊際成本相等時，資源的分配就是有效的。此時，每一產品（服務）最後一單位的價值恰好等於放棄該產品（服務）生產所能得到的其他產品的價值。改變產品（服務）的產量就會降低消費者的滿意程度。

完全競爭市場的一個更為深遠的屬性就是其能夠在遭受變化干擾後恢復效率，消費者品味、資源供給或技術的變化觸發的資源配置的暫時不合理最終都會依靠市場自身的力量得以校正。在資源的配置上，看不見的手使得生產者的個人利益與社會利益完全一致。

當然，市場競爭總是不充分的，市場有時在某些領域會出現失靈，生產和分配的效率也會因此遭受損失，這正是我們後續要討論的部分內容。

第三節　完全壟斷市場

一、完全壟斷市場的含義及其成因

完全壟斷又稱壟斷或獨占，是指某一行業只有一家廠商提供市場全部供給的市場結構。具體來說，這一市場結構有如下特徵：第一，市場上只有唯一的一個廠商生產和銷售商品，這一廠商即被稱為壟斷者，因此可以說壟斷廠商的產量就是行業的產量，而壟斷廠商面臨的需求曲線就是行業的需求曲線。第二，這一廠商提供的產品沒有合適的替代品，不存在競爭者威脅，也無潛在競爭對象。第三，存在很高的進入壁壘，任何其他廠商進入該行業都極為困難或者根本不可能。在這樣的市場結構中，排除了任何競爭的因素，獨家廠商控制了整個產業的生產和銷售，因此壟斷廠商可以控制和操縱市場價格。

如同完全競爭市場一樣，壟斷市場的假設條件也極爲苛刻。在現實經濟社會中，完全壟斷市場也幾乎是不存在的。在西方經濟學中，由於完全競爭市場的經濟效率被認爲是最高的，因而完全競爭市場模型通常被用來作爲判斷其他類型市場的經濟效率高低的標準，壟斷市場模型則是提供經濟效率最低的標準。

壟斷廠商的市場支配力並不表示壟斷廠商可以索要其想要的任意價格。壟斷仍然受到市場需求的約束。

造成完全壟斷的原因主要有以下幾個：

第一，規模經濟。某些產品的生產具有十分顯著的規模經濟性，規模報酬遞增階段可以一直持續到很高的產量，以至於由一家廠商來供應整個市場的生產成本要比幾家廠商瓜分市場的生產成本低得多。因此，廠商通過擴大生產規模能降低平均成本，這種情況稱爲自然壟斷，因爲進入壁壘並非人爲的因素。

第二，專利。專利是政府和法律允許的一種壟斷形式，因爲專利禁止了其他人生產某種產品或使用某項技術，除非經專利持有人的同意。一家廠商可能因爲擁有某種商品或生產技術的專利權而成爲該產品市場的壟斷者，從而使其他廠商不能進入該市場。例如，美國的可口可樂公司就是長期控制了製造可口可樂飲料的配方而壟斷了這種產品的生產。

第三，對資源的控制。如果一家廠商控制了生產某種產品必需的資源，就排除了經濟中其他廠商生產同種商品的可能性，那麼它往往就成爲該產品市場的壟斷者。

第四，特許權。在很多情況下，一家廠商可能獲得政府賦予的特許權，成爲某一市場中某種產品的唯一供給者，如郵政、廣播電視、公用事業等。執照和特許經營權在一定程度上使行業內現有的廠商免受競爭從而具有壟斷的特點。

二、完全壟斷市場的需求曲線和收益曲線

（一）壟斷廠商面臨的市場需求曲線

在完全壟斷市場上，一個行業只有一家廠商，壟斷廠商是獨家賣主，其面對的需求也就是整個市場的需求，這是壟斷廠商的重要特徵。完全壟斷廠商是價格的制定者，其可以制定高價，也可以制定低價，但也要受市場需求規律的限制。因爲如果其制定高價，銷售量就必然下降，要擴大銷售量，就必須降低價格，這意味着完全壟斷市場上需求量與價格呈反方向變動，壟斷廠商面臨的需求曲線是一條向右下方傾斜的曲線。

（二）壟斷廠商面臨的收益曲線

在完全壟斷市場上，每一單位產品的賣價也就是它的平均收益，因此 $P=MR$，平均收益曲線與需求曲線重疊，都是一條向右下方傾斜的曲線。廠商的平均收益隨著產品的銷售量的增加而減少。邊際收益也是隨著產品銷售量的增加而遞減的。但由於在平均收益遞減條件下，邊際收益總小於平均收益，因而邊際收益曲線總是位於平均收益曲線的下方。廠商的總收益則是先增加後減少。我們可以用表 6-2 和圖 6-8 來說明這一情況。

表 6-2　　　　　　　　　　　某壟斷廠商的收益表

銷售量	價格	總收益	平均收益	邊際收益
1	8	8	8	8
2	7	14	7	6
3	6	18	6	4
4	5	20	5	2
5	4	20	4	0
6	3	18	3	-2
7	2	14	2	-4

從表 6-2 和圖 6-8 中可以看出，隨著銷量 Q 的增加，商品的價格 P 不斷下降。平均收益 AR 等於價格 P，因而也是不斷下降的；邊際收益 MR 也呈不斷下降的趨勢。在每一個銷售量上，邊際收益小於平均收益，即 $MR<AR$。由於在每一個銷售量上的 MR 都是相應的 TR 曲線的斜率，因此當 $MR>0$ 時，TR 曲線是上升的；當 $MR=0$ 時，TR 曲線達到極大值；當 $MR<0$ 時，TR 曲線是下降的。

如果完全壟斷市場的需求函數是線性的，壟斷廠商面臨的需求曲線 D 是直線型的，那麼 D 曲線和 MR 曲線在縱軸上的截距是相等的，MR 曲線在橫軸上的截距是 D 曲線在橫軸上的截距的一半，即 MR 曲線平分由縱軸到需求曲線 D 之間的任何一條水平線。這是完全壟斷廠商邊際收益曲線的一個顯著特徵。我們可以用數學方法進行說明。

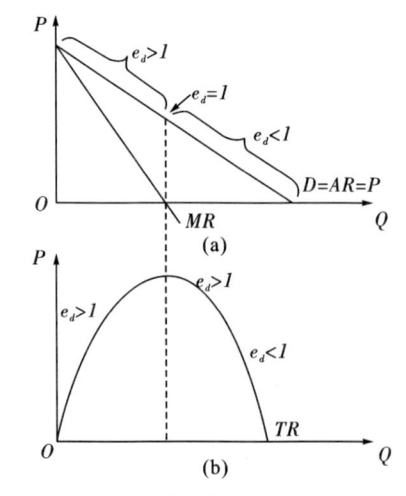

圖 6-8　完全壟斷廠商的收益曲線

假定線性的反需求函數為：

$$P = a - bQ$$

其中，a、b 為常數，並且 a、$b>0$。

由上式可得總收益函數和邊際收益函數分別為：

$$TR(Q) = PQ = aQ - bQ^2$$

$$MR(Q) = dTR / dQ = a - 2bQ$$

這說明壟斷廠商的邊際收益曲線的下降速度（即斜率值$-2b$）正好是其需求曲線的下降速度（即斜率值$-b$）的 2 倍。由此不難理解上述結論。

此外，當廠商面臨的需求曲線向右下方傾斜時，廠商的邊際收益、價格和需求的價格彈性三者之間的關係可以通過簡單的微分推導出來。

假定反需求函數為 $P=P(Q)$，則 $TR(Q)=P(Q) \times Q$。

$$MR = \frac{\mathrm{d}TR(Q)}{\mathrm{d}Q} = \frac{\mathrm{d}[P(Q) \times Q]}{\mathrm{d}Q} = P + Q \times \frac{\mathrm{d}P}{\mathrm{d}Q} = P\left(1 + \frac{\mathrm{d}P}{\mathrm{d}Q} \times \frac{Q}{P}\right)$$

$$e_d = -\frac{\mathrm{d}Q}{\mathrm{d}P} \times \frac{P}{Q}$$

則
$$MR = P\left(1 - \frac{1}{e_d}\right) \tag{6.1}$$

根據上式可以得出以下三種情況（如圖6-8所示）：

（1）當 $e_d > 1$ 時，$MR > 0$，此時，TR 曲線的斜率爲正，表示廠商總收益 TR 隨銷售量的增加而增加，或者說，廠商若降低價格將導致總收益增加。

（2）當 $e_d = 1$ 時，$MR = 0$，此時，TR 曲線的斜率爲零，表示廠商總收益 TR 達到極大值，也可以說，這時廠商價格降低不會引起總收益發生變化。

（3）當 $e_d < 1$ 時，$MR < 0$，此時，TR 曲線的斜率爲負，表示廠商總收益 TR 隨銷售量的增加而減少，或者說，廠商降低價格將導致總收益減少。

由此可以得出結論：作爲理性的壟斷者決不會在需求曲線上彈性不足（即 $e_d < 1$）的範圍內進行經營。

三、完全壟斷市場的均衡

（一）完全壟斷廠商的短期均衡

同完全競爭廠商一樣，壟斷廠商生產的目的也是利潤最大化。在完全壟斷市場，作爲價格的制定者，壟斷廠商可以通過調整產量和調整價格兩種手段獲得最大利潤，這是其和完全競爭廠商的不同之處。但居於壟斷地位的廠商仍然要受市場需求狀況的限制。如果價格太高，消費者會減少需求量。在短期內，廠商無法改變不變要素（廠房、設備等）投入量，廠商是在既定的生產規模下通過對產量和價格的同時調整，來實現 $MR = SMC$ 的利潤最大化原則。

壟斷者短期是否可以獲得利潤，要看產品市場價格的高低與壟斷者平均成本的高低。若產品的市場價格高於平均成本，則壟斷者短期可以獲得利潤；若產品的市場價格低於平均成本，則壟斷者短期發生虧損。可見，壟斷廠商在短期內未必能夠得到利潤。

1. 存在超額利潤的短期均衡，即 $P = AR > SAC$

完全壟斷廠商短期均衡時，獲得利潤的情況如圖6-9所示，SMC 曲線和 SAC 曲線代表壟斷廠商既定的生產規模，d 曲線和 MR 曲線代表壟斷廠商的需求和收益狀況。廠商根據 $MR = SMC$ 決定生產 Q_1 的商品，並以價格 P_1 在市場上銷售。由於此時價格水平 P_1 高於廠商的平均成本，廠商的經營存在經濟利潤。其利潤總額可用矩形 P_1HGF 的面積來表示。

2. 收支相抵下的短期均衡，即 $P = AR = SAC$

在短期也可能出現這樣的情況，壟斷廠商按照 $MR = SMC$ 的原則確定的最優產量水平上，廠商的 AR 曲線與 SAC 曲線相切，即在壟斷廠商能實現的銷售量水平上價格等於平均成本。此時，該壟斷廠商既不會出現虧損，也無法獲取經濟利潤。如圖6-10所示，在Q_2的產出水平上，產商實現了收支平衡。該產量水平也是廠商所能實現的最優產量水平。

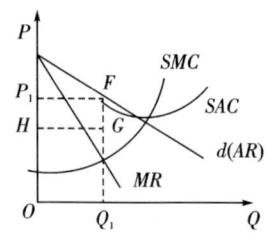

圖 6-9 有經濟利潤的短期均衡

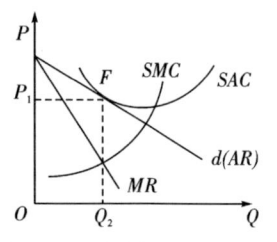

圖 6-10 收支相抵的短期均衡

3. 存在虧損的短期均衡，即 $AVC<P(AR)<SAC$

壟斷廠商短期均衡時，虧損情況如圖 6-11 所示，廠商根據 $MR=SMC$ 的利潤最大化的原則，將產量和價格分別調整到 Q_3 和 P_1 的水平。此時，壟斷廠商的平均成本大於其平均收益，廠商處於虧損經營狀態，單位產品平均虧損額爲 FG，其虧損總額可用矩形 P_1GFH 的面積來表示。與完全競爭情況相同，在虧損情況下，若 $AR>AVC$，壟斷廠商就繼續生產；若 $AR<AVC$，壟斷廠商就停止生產；若 $AR=AVC$，生產與不生產都一樣。

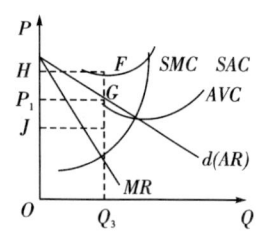

圖 6-11 有虧損的短期均衡

總之，壟斷廠商短期均衡的條件爲 $MR=SMC$，按照這一條件廠商確定最優產量水平並確定相應價格水平，此時廠商可能有經濟利潤，也可能出現虧損，它們分別是現有條件下廠商所能實現的最大利潤或者最小虧損，任何對現有條件下的產出以及與之相關的價格水平的調整都只能減少經濟利潤或增加虧損額。

(二) 完全壟斷廠商的長期均衡

在短期內，由於完全壟斷廠商不能調整其生產規模，導致其出現可能盈利也可能虧損的局面。然而，在長期內，壟斷廠商可以根據所要實現的產量調整所有的生產要素的投入量，即生產規模是可變的。不論壟斷廠商短期均衡時存在利潤與否，追利潤最大化目標的廠商只要處於規模收益遞增階段，都將通過調整規模，力求在已有利潤的基礎上獲取更多的利潤或者扭轉虧損的局面。這種調整生產規模的過程會一直持續到廠商的邊際收益與短期邊際成本和長期邊際成本都相等的狀態，即壟斷廠商長期均衡的條件爲：

$$MR=SMC=LMC \tag{6.2}$$

只有滿足上述條件，廠商才既不會調整可變生產要素，也不會調整生產規模，並根據這一條件確定相應的產量和價格水平。由於完全壟斷市場上只有一家廠商，沒有競爭對手，市場對新加入的廠商是完全關閉的，因此壟斷企業完全可以把價格定到最有利於自己的位置上，因而壟斷企業在長期一般存在超額利潤。

壟斷廠商在長期內對生產的調整一般有這樣兩種情況：第一種情況，壟斷廠商在短期均衡時存在虧損，在長期內通過對最優生產規模的選擇，扭虧為盈。第二種情況，壟斷廠商在短期均衡時有經濟利潤，在長期通過生產規模的調整獲取更多的經濟利潤。我們用圖6-12來描述第二種情況的調整過程及其結果（第一種情況的分析與之相似）。

在圖6-12中，我們假定完全壟斷廠商的初始生產規模用 SAC_0 和 SMC_0 來加以描述，此時廠商按 $MR = SMC$ 相等的條件確定最優產量 Q_0，並根據所面臨的需求曲線確定 P_0 的價格水平，此時壟斷廠商產品價格高於相應的平均成本，該廠商能夠獲取一定的經濟利潤。但是，此時廠商處於規模經濟區域，擴大生產規模能夠獲取規模經濟所帶來的更多的經濟利潤，於是該廠商會選擇擴大生產規模來增加產出從而增加利潤。只要調整生產規模過程中增加的邊際收益超過長期邊際成本，廠商的經濟利潤就會增加。最終，該壟斷廠商的產出水平會確定在 Q_1 上，相對應的價格水平為 P_1。此時，$MR = LMC = SMC_1$，實現廠商的長期均衡，進一步調整產出和價格以增加利潤的企圖都將是徒勞的。

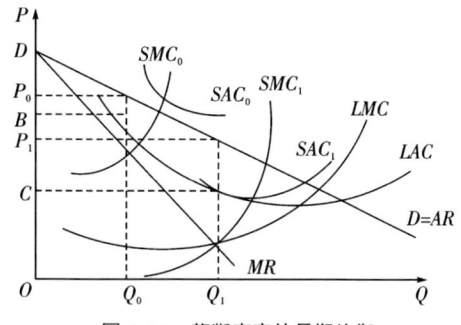

圖6-12 壟斷廠商的長期均衡

（三）完全壟斷廠商與完全競爭廠商的區別

（1）完全競爭廠商只能被動地接受現行價格，而壟斷廠商卻是價格的制定者，因為其在決定產量的同時也決定了價格。

（2）如果市場價格高於廠商的平均成本，壟斷廠商能夠獲取超額利潤。在完全競爭市場，超額利潤是不能持久的，但在壟斷市場，超額利潤卻能成為長久現象，因為別的廠商無法進入該行業來分享利潤。

（3）與完全競爭不同的是，壟斷廠商並不存在明確的供給曲線。供給曲線只屬於那些接受既定價格的廠商，表示在一定價格水平廠商願意提供的產量，而壟斷廠商直接決定了利潤最大化產量，並同時間接地決定了市場價格。當然，壟斷市場不存在供給曲線並不意味著廠商不提供供給量，而是表明廠商利潤最大化的產量和價格不受供給量與價格之間一一對應的函數關係的制約。

（4）對利潤最大化廠商來說，均衡條件始終是邊際成本等於邊際收益，但在完全競爭市場，邊際收益等於價格，而在壟斷市場，邊際收益小於價格。完全競爭廠商總是在平均成本最低點進行生產，而壟斷廠商卻經常在平均成本尚處於遞減的階段進行生產。

四、價格歧視

在有些情況下，壟斷廠商會對同一種商品收取不同的價格，這種做法往往會增加壟斷廠商的利潤。例如，在日常生產中經常碰到這樣的現象：打長途電話，白天和夜間的價格不同；航空公司經常對機票實行打折；工業用電和生活用電的價格不同；等等。這些現象都反應了廠商的差別定價行為。

價格歧視又稱差別定價，是指廠商以不同的價格向不同的消費者銷售生產成本相同的同一種產品。在完全壟斷市場上，由於壟斷廠商控制了整個市場，因此可以通過實行價格歧視來獲取壟斷利潤。

壟斷廠商實行價格歧視的實質是榨取消費者剩餘，目的是獲取超額利潤。其要實行價格歧視，通常必須具備以下三個基本條件：

第一，市場存在不完全性。當市場不存在競爭，市場信息不暢通，或由於其他原因使市場分割，即消費者不瞭解其他市場的價格，壟斷者就可以實行價格歧視。

第二，消費者的消費偏好必須有所不同，而且廠商必須能夠在一定程度上區分出不同偏好的消費者。這樣廠商就有可能對不同的消費者或消費群體收取不同的價格。

第三，廠商必須有一定的控制市場供給的條件和隔離市場（市場分割）的力量。產品的轉賣必須十分困難，否則就會出現中間商的牟利行為。

一般來講，根據價格差別程度的大小，把價格歧視分為以下三種類型：

(一) 一級價格歧視

一級價格歧視又稱為完全價格歧視，在這種情況下，每一單位產品都以消費者願意支付的價格出售，最後一單位產品的價格等於邊際成本。一般情況下，當壟斷廠商知道每一個消費者為購買每一單位產品所願意支付的最高價格，並據此制定每一單位產品的銷售價格時，就表明壟斷廠商實行着一級價格歧視。此時，由需求曲線表示的代表商品邊際效用的消費者買進一定量商品所願意支付的價格，就成為壟斷者的邊際收益曲線（如圖6-13所示）。

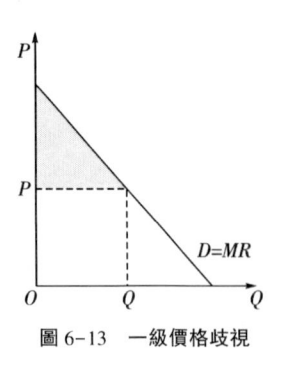

圖6-13 一級價格歧視

(二) 二級價格歧視

在某些消費中，消費者在任何給定的價格水平都要購買很多單位商品，如水、電力等，而且隨著購買數量的增加，其需求是下降的，即隨著消費數量的增加，消費者的支付意願是下降的。在這種情況下，廠商根據消費數量的不同對產品實行分段計價，就屬於二級價格歧視，即對消費者需求意願強的數量部分索取較高的價格，而對消費者需求意願弱的數量部分索取較低的價格。特別是在規模經濟明顯的情況下，控制公司價格的政府機構可能會鼓勵分段定價，即通過擴大產量和實現較大程度的規模經濟，即使允許公司取得更大的利潤，消費者的福利也能夠增加。圖6-14描述了具有下降的平均成本和邊際成本的廠商的二級價

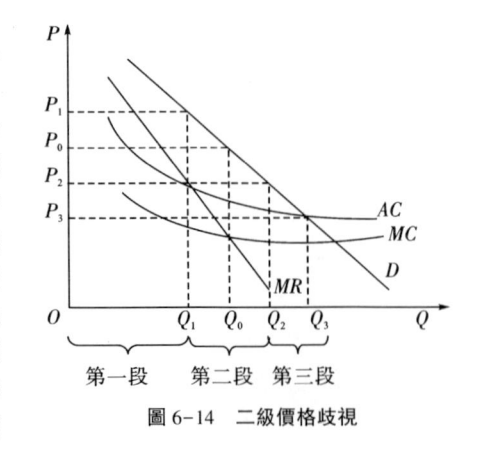

圖6-14 二級價格歧視

格歧視。

從圖 6-14 可以看出，廠商如果實行單一價格，按 $MC=MR$ 相等的原則應將產量定在 Q_0 處，相應地價格定在 P_0 水平上。但現在廠商根據購買量的差別定了三個價格，銷售量的第一階段定價爲 P_1，第二階段定價爲 P_2，第一階段定價爲 P_3。正是這種分段計價使得單一價水平上廠商不願意提供的產量通過分段定價而得以實現，從而滿足了支付意願在 P_0 以下部分的消費需求，增加了該部分消費者福利。

(三) 三級價格歧視

三級價格歧視是指壟斷廠商把消費者分爲兩個或兩個以上的類別或階層，分別索取不同的價格。這是最常見的價格歧視方法。在這種價格制度下，不同的消費者可能對於某種商品的相同數量要支付不同的價格，但是同一消費者對所購買的不同數量的商品卻可以支付相同的價格。也可以說，同一產品在不同的市場上價格不同，但在同一市場上只有一個價格。

壟斷廠商如果能夠區分兩類消費者，比如對產品的需求價格彈性不同，一類缺乏需求彈性，另一類需求價格彈性較大。那麼，壟斷廠商就可以對需求彈性不大（或者說缺乏彈性）的消費者提高產品價格，而對需求彈性較大的消費者保持低價。因爲前者不會由於價格較高而降低較多的需求，而後者卻會因爲價格較高而大大減少需求。

第四節　壟斷競爭市場

一、壟斷競爭市場的特徵

壟斷競爭和寡頭壟斷是市場組織中介於完全競爭和完全壟斷兩個極端之間的一種中間情形。其中，壟斷競爭市場較爲接近完全競爭市場，寡頭壟斷市場較爲接近完全壟斷市場。壟斷競爭或寡頭壟斷又稱不完全競爭。壟斷競爭市場中有許多廠商，其生產和銷售的是同種產品，但這些產品又存在一定的差別。這種市場既存在競爭又存在壟斷，是現實經濟生活中最爲常見的一種市場結構，在零售業和服務業中是比較普遍的。

概括起來，壟斷競爭市場結構主要有以下特點：

第一，市場中有大量的廠商，每個廠商所占的市場份額都是微不足道的。以至於每個廠商都認爲自己行爲的影響很小，不會引起競爭對手的注意和反應，因而自己也不會受到競爭對手的任何報復措施的影響。

第二，在市場中有大量的廠商生產有差別的產品，但這些產品之間存在着很大的替代性。產品差別是指同一種產品在質量、包裝、牌號或銷售條件等方面的差別。一種產品既包括有形的差別，也包括無形的差別，如商標、廣告和以消費者想象爲基礎的虛構差別。例如，汽車除了滿足人們交通便利的需要之外，還可以滿足多種心理需求，如名牌汽車可以滿足顯示社會身份的需要，式樣別致、顏色鮮艷的汽車可以滿足人們對美的追求，等等。產品差別有時表現爲消費者的偏好不同。例如，對於購買汽車，有人偏好實用，有人偏好式樣，還有人崇尚名牌。這樣每一種有差別的產品都可以其產品特色在一部分消費者中形成壟斷地位。這樣產品差別就會引起壟斷。這就是經濟學家所說的有差別存在就會有壟斷的意思。因此，每一個廠商對其產品都具有一定的壟斷力量。一般來說，產品的差別越大，廠商的壟斷程度也就越高。有差別的產品相互之間又存在替代性，即其可以相互替代，滿足某些基本需求。例如，不同牌號、顏色、類型的汽車都可以滿足便利出行的需求，因此可以相互替代。有差別的產品之間的這種替代性就引起了產品之間的競爭。如此便構成了壟斷因素和競爭因素並存的壟斷競爭市場的基本特徵。

第三，廠商的生產規模比較小，因此進入和退出生產行業比較容易。在壟斷競爭市場中，每個廠商的規模都不是太大，所需資本也不是很多，因而要進出市場沒有太大的障礙。

二、壟斷競爭市場的需求曲線

根據壟斷競爭市場的特徵，一方面，由於每個廠商提供的產品有一定的差異，廠商可以對其產品實施壟斷，廠商具有影響產品價格的能力，因而壟斷競爭廠商的需求曲線（收益曲線）向右下方傾斜。另一方面，壟斷競爭市場又不同於壟斷市場，市場上同類產品相互之間都是很接近的替代品，市場中的競爭因素又使得壟斷競爭廠商面臨的需求曲線具有較大的彈性。當壟斷競爭廠商試圖提高產品價格時，其損失掉的需求量（收益）比壟斷時要大；相反，當壟斷競爭廠商降低價格時，其爭取到的需求量（收益）可能更大。因此，壟斷競爭廠商的需求曲線是比較平坦的。

壟斷競爭廠商面臨的需求曲線有兩種：一條稱為主觀或預期需求曲線 d，另一條稱為客觀或實際需求曲線 D。

（一）需求曲線 d

當一個廠商降低自己產品價格，該行業中其他與之競爭的廠商並不隨之改變價格時，在這種情況下，該廠商的銷售量就會大幅度的變動，那麼該廠商的需求曲線比較平坦。如圖 6-15 所示，假定廠商目前的均衡點為 A 點，均衡價格為 P_1，均衡產量為 Q_1。在其他廠商維持其價格不變的情況下，如果該廠商降低其價格，它可以預料其銷售量會有明顯的增加，因為它將能夠把買者從其他廠商那里吸引過來（同時增加對原有顧客的銷售量）。比如說，當價格由 P_1 下降到 P_2 時，其銷

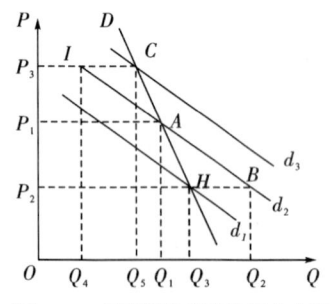

圖 6-15 壟斷競爭廠商的需求曲線

售量將由 Q_1 增加到 Q_2，每個廠商都確信其需求曲線是相當富有彈性的。

（二）需求曲線 D

當一個廠商降低自己產品價格，該行業中其他廠商隨該廠商降價，在這種情況下，該廠商很難吸引其他消費者的需求，這時該廠商的銷售量就不會有很大的變動，其需

求曲線比較陡直。在圖6-15中，按照這一假定，如果該廠商把價格由P_1下降到P_2時，而其他廠商也採取同樣的行動，則該廠商的銷售量將爲Q_3，而不是Q_2。同樣，如果該廠商把價格提高到P_3，而其他廠商也都這樣做時，該廠商的銷售量將爲Q_5，而不是Q_4。顯然，需求曲線D的彈性要小於需求曲線d的彈性，這是因爲如果其他廠商不降價，該廠商的降價行爲將導致其銷售量以更大的幅度增加，而當其他廠商都不提價時，該廠商的提價將導致其銷售量以更大的幅度減少。

需要特別指出的是，當該廠商發現價格下降無法實現Q_2的銷量時，其會在主觀上把d_2需求曲線向左移至d_1的位置。或者當該廠商發現價格提高無法實現Q_4的銷量時，其會在主觀上把d_2需求曲線向右移至d_3的位置，預期需求曲線d和實際需求曲線D重新交於一點。

三、壟斷競爭市場的均衡

正如壟斷廠商一樣，壟斷競爭廠商也面臨向下傾斜的需求曲線，因而也有壟斷勢力，但這並不意味壟斷競爭廠商就能賺取高額利潤。壟斷競爭與完全競爭也是相似的，因爲可以自由進出，賺取利潤的潛力會吸引新廠商的競爭，從而長期利潤將減至零。

（一）壟斷競爭廠商的短期均衡

從短期看，壟斷競爭廠商的行爲與壟斷相似，其短期均衡的條件也是$MR = SMC$。但由於壟斷競爭市場的特殊性，其達到均衡的過程又會和其他市場有所區別。圖6-15已經說明了當價格與需求量的對應關係在d需求曲線與D需求曲線不一致時，d需求曲線會沿着價格變動的方向調整到與D需求曲線相交，使價格和需求量在兩條需求曲線上重新一致。

在圖6-16中，壟斷競爭廠商也是根據$MR = SMC$的利潤最大化原則，將產量和價格分別調整到P_1和Q_1的水平，對應的F點必然是d需求曲線與D需求曲線的交點。在此產量和價格組合點上，廠商獲取了經濟利潤，其總額可用矩形P_1HGF面積來表示。當然，壟斷競爭產商在短期能否獲取經濟利潤取決於平均成本與價格大小的對比，只有在均衡產量水平上價格高於平均成本，廠商才能獲取經濟利潤。如果價格低於平均成本，廠商則會存在虧損，但只要價格仍高於平均變動成本，即使虧損廠商在短期仍應繼續經營。虧損同樣不是廠商停止營業的唯一原因。有關壟斷競爭產商短期均衡可能出現的其他情況，參見有關壟斷廠商短期均衡的分析。

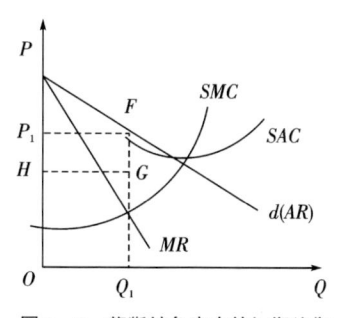

圖6-16　壟斷競爭廠商的短期均衡

（二）壟斷競爭廠商的長期均衡

從長期看，一方面，企業內部可以調整任何生產要素，變動短期內不能變動的固定成本，因而企業是根據長期成本進行決策；另一方面，新的資本可以進入，而行業中原有資本也可以退出，這是壟斷與壟斷競爭的重要區別，也是壟斷競爭企業長期決策和短期決策的重要區別。因此，壟斷競爭在長期也只有一種情況，即超額利潤＝0 的情況。

在圖 6-17 中，MR 曲線與 LMC 曲線的交點 E_2 點爲長期均衡點，決定了均衡價格爲 $\bar{P}$，均衡產量爲 $\bar{Q}$。此時，LAC 曲線與 d 需求曲線相切於 d 需求曲線與 D 需求曲線的交點 J 點，表明 $P = AR = LAC$，並且市場上實現供求相等。因爲在由相似產品組成的產業市場內，當廠商滿足 $MR = LMC$ 條件，如果市場價格 P，即平均收益 AR 大於長期平均成本 LAC，即市場出現超額利潤時，必然會有新廠商加入。在市場規模不變的情況下，每個廠商所面臨的市場銷售份額就會減少，這時 d 需求曲線和 MR 曲線就會不斷往左下方移動，一直持續到不再有新廠商進入爲止。也就是說，一直持續到市場內每個廠商的利潤爲零時爲止。因此，壟斷競爭市場上廠商長期均衡的條件就是：

$$MR = LMC = SMC, \quad AR = LAC = SAC \tag{6.3}$$

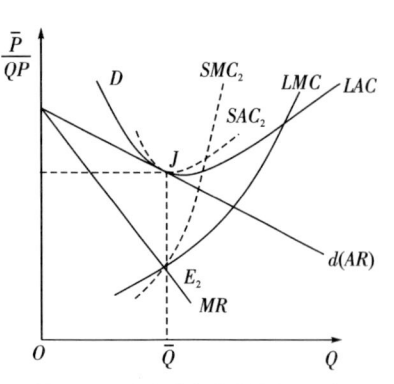

圖 6-17 壟斷競爭廠商的長期均衡

長期均衡產量上，壟斷競爭廠商利潤爲零，並且存在一個 d 需求曲線與 D 需求曲線的交點。

從長期均衡來看，壟斷競爭相對於完全競爭具有如下特點：

1. 生產能力過剩

在完全競爭市場的長期均衡中，廠商總是將產量調整到長期平均成本曲線的最低點，使生產設備的利用達到最高效率。壟斷競爭廠商的長期均衡總是處在長期平均成本尚處於下降階段中，因此廠商並沒有使平均成本達到最低點。由於行業內廠商個數過多，每個廠商的市場份額不足以充分利用生產設備，存在着生產能力過剩。

2. 效率並非最優

由於壟斷競爭廠商面臨的需求曲線向右下方傾斜，因此在長期均衡時，需求曲線只能與 LAC 曲線相切於最低點的左邊。這意味着壟斷競爭市場所提供的產量也小於完全競爭市場。在長期均衡中，壟斷競爭的廠商的邊際成本等於邊際收益，從而小於產品價格。因此，擴大產量的邊際成本要小於帶給消費者的邊際效用。從整個社會來講，繼續提高產量能有助於社會總福利的提高。

3. 非價格競爭

在壟斷競爭市場上，廠商可以努力壓低價格來吸引顧客，但事實上廠商更傾向於一些非價格手段，如改進產品性能、精心設計包裝、提供售後服務、採取廣告攻勢等擴大市場銷售，這些手段統稱爲非價格競爭。

四、壟斷競爭市場的效率評價

壟斷競爭市場的經濟效率介於完全競爭市場和壟斷競爭市場之間，在壟斷競爭廠商處於長期均衡時，市場價格高於廠商的邊際成本，市場價格等於廠商的平均成本但高於平均成本最低點。這就決定了壟斷競爭市場的經濟效率低於完全競爭市場。但從程度上來看，壟斷競爭又比壟斷市場有效率。

壟斷競爭市場對消費者而言，利弊同時並存。首先，由於壟斷競爭市場的產品有差別，因此可以滿足多樣化的市場需求，充分體現消費者的消費個性。其次，由於產品的差別是包含了銷售條件，如品牌、售後服務等，因此企業會不斷地提高某品牌的質量，改善售後服務，從而又利於消費者。但是，壟斷競爭市場的產品價格高於邊際成本，與完全競爭市場相比，消費者被迫多支付市場價格。

對生產者而言，由於在長期不可能在平均成本的最低點實現最大利潤，因而其資源利用效率比完全競爭市場要低，存在着一定的資源浪費。但是，壟斷競爭市場被認爲最有利於技術進步。在完全競爭市場上，由於缺乏對技術創新的保護，因而不存在企業技術創新的動力。在完全壟斷市場上，由於沒有競爭，因此缺乏技術創新的壓力。在壟斷競爭市場上，既存在對技術創新的保護，如專利等，又存在同類產品的競爭，具有較大的外在壓力，因此壟斷競爭市場被認爲最有利於技術進步。

第五節　寡頭壟斷市場

一、寡頭壟斷市場的特點

寡頭壟斷市場又稱寡頭、寡占，是介於壟斷競爭與完全壟斷之間的一種比較現實的混合市場，是指少數幾個廠商壟斷了某一行業的市場，控制這一行業的供給。寡頭壟斷的成因與完全壟斷的成因相似，只是在程度上有所差異。寡頭壟斷市場主要有以下特點：

第一，廠商極少。市場上的廠商只有一個以上的少數幾個（當廠商爲兩個時，叫雙頭壟斷），每個廠商在市場中都具有舉足輕重的地位，對其產品價格具有相當的影響力。

第二，廠商之間相互依存、影響與制約。任一廠商進行決策時，必須把競爭者的反應考慮在內，因而其既不是價格的制定者，也不是價格的接受者，而是價格的尋求者。

第三，產品同質或異質。產品沒有差別，彼此依存的程度很高，叫純粹寡頭，存在於鋼鐵、水泥等產業；產品有差別，彼此依存的程度較低，叫差別寡頭，存在於汽車、重型機械、石油產品、電氣用具、香烟等產業。

第四，市場進出不易。其他廠商進入相當困難，甚至極其困難，這是因爲不僅在規模、資金、信譽、市場、原料、專利等方面，其他廠商難以與原有廠商匹敵，而且由於原有廠商相互依存、休戚相關，不僅其他廠商難以進入，已有廠商也難以退出。

二、寡頭壟斷市場模型

在競爭市場和壟斷市場結構中，企業總是假定其他企業的行爲不會影響自身的決策，因爲市場中要麼只有一個企業（完全壟斷者），沒有競爭對手，根本無需考慮其他企業的影響，要麼就是有大量企業（完全競爭和壟斷競爭），任何一個企業在市場中的地位都是微不足道的，難以對其他企業產生顯著的影響。但是，在由少數幾個大企業形成的寡頭壟斷市場（又稱寡占市場）中，企業之間是相互依存的，一個企業在採取行動時必須考慮其競爭者的反應，而其他企業的反應方式又是無法完全預料的。我們可以打個比方，非寡占市場中的企業決策好像是運動員在跑步，只要努力使自己達到最快就可以了；而寡占市場中的企業決策卻像是運動員在下棋，必須面對對手的諸多變化，不斷調整策略。因此，無法確定一個統一的、經典的理論來描述這種市場結構，只能基於不同的假設建立不同的模型。

下面我們介紹幾種最重要的寡頭壟斷市場模型，包括古諾模型、拐折的需求曲線模型（斯威齊模型）、價格領導模型和卡特爾模型。這些模型的區別在於對企業的行爲假設是不同的。

(一) 古諾模型

古諾模型是法國經濟學家奧古斯汀·古諾（Augustin Cournot）於1838年構造的一個簡單的雙寡頭模型。古諾模型通常被作爲寡頭理論分析的出發點，是一個只有兩家寡頭廠商的簡單模型，因此也稱雙頭模型。古諾模型的結論可以很容易地推廣到三個或三個以上的寡頭廠商情況中去。

該模型假設兩個寡頭廠商生產同樣的產品並都知道市場需求。這兩個廠商必須決定生產多少，並且這兩個廠商是同時做出決策。在做出產量決策時，這兩個廠商必須考慮其競爭者。這兩個廠商知道其競爭者也正在決定生產多少，其能得到的價格將取決於這兩個廠商的總產量。該模型的本質是這兩個廠商將其競爭者的產量水平當成固定，然後決定自己實現利潤最大化的產量，即每一個廠商都是消極地以自己的產量去適應對方已確定的產量。

爲了最大限度地簡化模型，假設企業的需求函數是線性的，並且其邊際成本爲零。如圖6-18所示，D曲線爲廠商1、廠商2共同面臨的線性的市場需求曲線。由於市場成本爲零，故圖6-18中無成本曲線。

在第一輪，市場中只有廠商1。由於生產成本爲零，因此廠商1的收益便是利潤。顯然完全競爭的產量應該在$MC=AR=0$的$\bar{Q}$點，因爲需求曲線是線性的，所以邊際收益曲線的斜率是平均收益曲線斜率的2倍。爲實現利潤最大化，廠商1

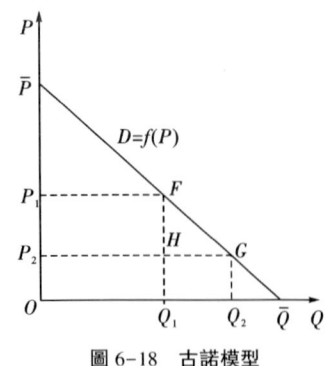

圖6-18 古諾模型

由 $MR=MC=0$ 的邊際原則，首先選擇 $O\bar{Q}$ 的中點 Q_1，即廠商 1 將產量定爲市場總容量的 $1/2$（$OQ_1=O\bar{Q}/2$），將價格定爲 P_1，其利潤總額爲圖中矩形 OQ_1FP_1 的面積。

然後，廠商 2 進入該行業。廠商 2 準確地知道廠商 1 留給自己的市場容量爲 $Q_1\bar{Q}=O\bar{Q}/2$，廠商 2 也按相同的方式行動，生產其面臨的市場容量的一半，即 $Q_1Q_2=O\bar{Q}/4$。此時，市場的價格下降爲 P_2，廠商 2 可獲得最大利潤（圖 6-18 中矩形 Q_1Q_2GH 的面積）。而廠商 1 的利潤因爲價格下降而減少爲矩形 OQ_1HP_2 的面積。

在第二輪，廠商 1 知道廠商 2 在本輪中留給其市場容量爲 $3/4 O\bar{Q}$。爲實現利潤最大化，廠商 1 將產量定爲此時其面臨的市場容量的一半，即 $3/8 O\bar{Q}$。廠商 1 調整產量後，廠商 2 再次進入市場時，其市場容量擴大爲 $5/8 O\bar{Q}$。於是，廠商 2 生產其面臨的市場容量的一半，即 $5/16 O\bar{Q}$。

總之，由於線性需求曲線和邊際成本爲零，在雙方對對方行動做出反應的過程中，兩個廠商的最優策略總是選擇 $\frac{1}{2}\times(Q_{完全競爭}-Q_{對方})$ 進行生產，廠商 1 的產量逐漸減少，而廠商 2 的產量逐漸增多，直至兩個寡頭的產量都相等的均衡狀況爲止。由 $Q=\frac{1}{2}\times(Q_{完全競爭}-Q)$，可求得 $Q=\frac{1}{3}Q_{完全競爭}$。均衡時，廠商 1、廠商 2 的產量都爲市場總容量的 $\frac{1}{3}$，即 $\frac{1}{3}\times O\bar{Q}$，行業總產量爲 $\frac{2}{3}O\bar{Q}$。

以上雙頭古諾模型的結論可以推廣。令寡頭壟斷廠商的數量爲 m，則可以得到一般的結論如下：每個寡頭壟斷廠商的均衡產量均爲 $\frac{1}{m+1}O\bar{Q}$，行業的均衡總產量爲 $\frac{m}{m+1}O\bar{Q}$。

我們也可以用數學方法來表達上述思想。設市場需求函數爲 $Q=a-(a/b)P$，兩個廠商分別生產 Q_1 和 Q_2 的產量，市場總供給量 Q 爲兩家廠商產量之和，即 $Q=Q_1+Q_2$，因此需求函數可寫成 $P=b-\frac{b}{a}(Q_1+Q_2)$。

廠商 1 的利潤 π_1 爲：

$$\pi_1=\left[b-\frac{b}{a}(Q_1+Q_2)\right]Q_1$$

廠商 1 假定 Q_2 不變，利潤最大化的一階條件爲：

$$\frac{d\pi_1}{dQ_1}=b-2\frac{b}{a}Q_1-\frac{b}{a}Q_2=0$$

從而廠商 1 的反應函數爲：

$$Q_1=\frac{1}{2}(a-Q_2)$$

從中可以看出，廠商 1 的利潤最大化的決策與廠商 2 的行爲直接相關，因爲只有當廠商 2 的產量確定後，廠商 1 才能確定自己利潤最大化的產量。同樣，廠商 2 的反應函數為：

$$Q_2 = \frac{1}{2}(a-Q_1)$$

當市場達到均衡時，廠商 1、廠商 2 都不再會變動產量，這意味著兩家廠商的產量引起對方的反應是相容的，由廠商 1 和廠商 2 的反應函數聯立可得：

$$Q_1 = \frac{1}{3}a$$

$$Q_2 = \frac{1}{3}a$$

這就是當兩家廠商都生產 $\frac{1}{3}a$ 的產量時，廠商達到利潤極大化，市場達到均衡，均衡總產量為 $\frac{2}{3}a$，均衡價格為 $\frac{1}{3}b$。

下面我們舉一個具體的數字例子對此加以說明。

假定某產業反需求函數為已知的，即 $P = 1\,500-Q = 1\,500-(Q_1+Q_2)$，$TC = 0$。

對於廠商 1 來說，其利潤等式為：$\pi_1 = TR_1-TC_1 = [1\,500-(Q_1+Q_2)]Q_1$。

根據利潤最大化的條件可以求出廠商 1 利潤最大化時的產量為：$Q_1 = 750-Q_2/2$。

同理，可以求出廠商 2 利潤最大化時的產量為：$Q_2 = 750-Q_1/2$。

由於每一廠商的最優產量都是另一廠商產最優產量的函數，聯立兩寡頭的反應函數可以求出 $Q_1 = Q_2 = 500$，進一步可以求出，$P = 500$。

以上結論可以用圖 6-19 來直觀地顯示。

古諾均衡是在寡頭間無勾結行為的假定下求出的，每個廠商提供的產量均為 500 單位，總產量為 1 000 單位。如果寡頭相互勾結，得到的利潤最大化均衡稱為共謀均衡，此時寡頭的行為類似於完全壟斷。圖 6-19 中的契約曲線上任意一點可以看成完全壟斷廠商的兩個工廠的產量組合，總產量為 750 單位。如果寡頭市場按完全競爭的條件定價，則達到的均衡為競爭均衡，此時每個廠商的產量都是 750 單位，總產量為 1 500 單位，價格水平為零，廠商既無利潤也不存在虧損。

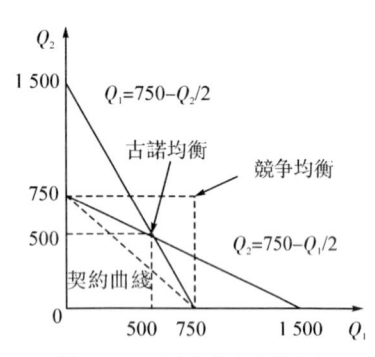

圖 6-19 反應曲線與古諾均衡

無勾結的寡頭市場達到的產出水平高於完全壟斷市場的產出水平而低於完全競爭市場的產出水平，其價格低於完全壟斷市場的價格但高於完全競爭市場的價格。因此，如果無勾結，寡頭市場的效率高於完全壟斷，低於完全競爭。

(二) 斯威齊模型 (拐折的需求曲線模型)

由於寡頭廠商之間價格戰的結果往往是兩敗俱傷，競爭的雙方利潤都趨向於零，因此在寡頭壟斷市場上，產品的價格往往比較穩定，寡頭廠商不願輕易地變動產品價格，價格能夠維持一種比較穩定的狀態，這種情況被稱為價格剛性。美國經濟學家保羅·斯威齊在 20 世紀 20 年代提出了拐折的需求曲線模型，用來解釋寡占市場價格平穩現象。

這一模型假定市場價格已經定在某一水平上，而企業以不同方向變動價格會引起競爭對手不同的反應。其具體表現為：某寡頭企業提高價格，其競爭者置之不理，此時提價企業的需求量因為提價而大幅度下降，運用彈性原理，市場需求富有彈性，其需求曲線比較平坦；反之，某寡頭企業降低價格，其競爭者為了自己的利潤而被迫跟隨降價，降價企業的需求量擴大非常有限，需求缺乏彈性，其需求曲線比較陡峭。

在圖 6-20 中，寡占廠商如果從價格 P_0 往上提價，而這種提價又不是由於成本上升引起的，那麼其競爭對手並不會跟著提價，而是趁機搶占市場。因此，對該提價的廠商而言，P_0 以上部分的需求曲線很平坦，需求彈性很大。相反，該寡占廠商如果為了擴大銷售而降價，其他廠商怕失去其原有的市場份額，也會相應地降價，因而第一個降價的廠商不會帶來銷量的顯著增加，P_0 以下部分的需求曲線較陡峭，需求彈性比較小。由此，寡頭壟斷廠商的需求曲線 D 在原價格水平 P_0 的 B 點處發生了拐折。

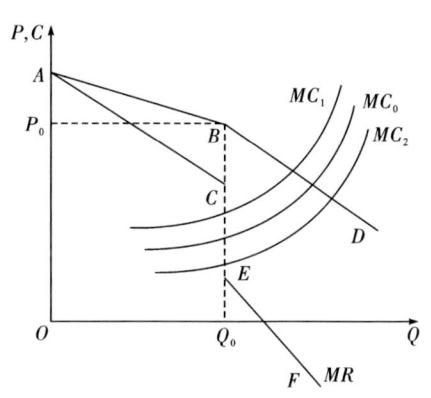

圖 6-20　拐折的需求曲線模型

當需求曲線在 B 點出現拐折的情況下，其對應的邊際收益曲線也同樣由兩部分組成，並且在兩部分之間出現間斷。只要邊際成本 MC 的變化不超過 C 點或 E 點的限度，利潤最大化的產量就依然是 Q_0，價格也依然為 P_0。因此，在寡占行業，除非由於原材料價格等因素引起成本大幅度變化，廠商預計競爭對手也將調整價格，否則寡頭壟斷廠商不會輕易變動產量和價格。這就解釋了寡頭壟斷市場上的價格粘性（Price Rigidity）的現象。

拐折的需求曲線模型是以廠商的價格決策跟跌不跟漲的假設作為基礎而推導出來的，較好地解釋了寡頭壟斷市場上價格較平穩的現象。20 世紀 30 年代末，該模型一經提出，即被認為是寡占市場的一般理論。但是，拐折的需求曲線模型也有缺點，即無法說明最初的均衡價格是如何確定的。

(三) 價格領導模型

寡頭廠商之間有可能會發生串謀，來獲取更高的利潤。這種串謀可以是公開的、正式的，也可以是秘密的、非正式的。在大多數國家中，寡頭廠商之間的公開、正式的串謀是不被法律允許的。因此，寡頭廠商往往採取非正式的串謀行為。在非正式的串謀行為中，價格領導模式是常見的一種模式。

價格領導是指在一個行業中由某一家廠商率先制定價格，其他廠商隨後以該"領導者"的價格爲基準決定各自的價格。在這種行業中，率先制定價格的領導者是該行業中占有支配地位的廠商，其他的跟隨者則都是一些規模較小的廠商。這一模式的突出特點是領導廠商可以根據其自身利潤最大化的準則來制定價格和產量，而其餘的廠商則與完全競爭市場中的廠商一樣，被動地接受領導廠商制定的價格，並據此決定能使各自利潤最大化的產量。圖6-21說明了這種模式的價格決定機制。

在圖6-21中，D是市場總需求曲線，S_0是其他廠商的供給曲線，這樣主導廠商面臨的需求曲線可以由D與S_0曲線的橫向相減得到，爲P_1A曲線。可以看到P_1爲S_0曲線與D曲線的交點處的價格水平，因爲這時的市場總需求僅能滿足其他廠商的供給，主導廠商的需求爲0。其他廠商供給爲0時的價格爲P_2（市場價格低於P_2時，其他廠商的供給都爲0），

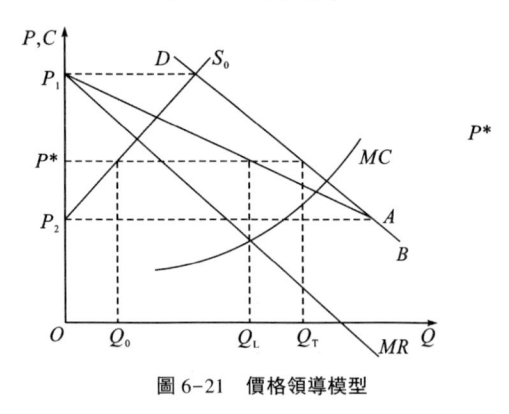

圖6-21 價格領導模型

因此主導廠商面臨的需求曲線是P_1AB折線所示部分。主導廠商的邊際收益曲線爲MR，邊際成本曲線爲MC。由廠商利潤最大化條件$MR=MC$，可知主導廠商一定會把產量定在Q_L，而把價格定在P^*。在價格領先的情況下，其他廠商都接受主導廠商的價格，把自己的價格定在P^*。由此可知，其他廠商的產量爲Q_0，總產量爲Q_T，並且滿足$Q_0+Q_L=Q_T$（注意：主導廠商的需求曲線是由總需求曲線和其他廠商的供給曲線橫向相減得到的）。可以看出，在價格領先的情況下，主導廠商由於占有定價的優先權而處於較有利的地位，可以分得一個較大的市場份額，而其他廠商作爲追隨者，被動接受主導廠商的價格，因而利潤最大化的決策要簡單得多。

（四）卡特爾模型

由於寡頭壟斷企業之間是相互依存的，如果它們聯合起來共同規定一個價格，就有可能像完全壟斷企業那樣制定高價，從而使整個行業的總利潤增加。卡特爾是指寡占行業中的主要廠商通過明確的、通常是正式的協議來協調其各自的產量、價格或其他如銷售地區分配等事項。卡特爾是一種正式的串謀行爲，能使一個競爭性市場變成一個壟斷市場，屬於寡占市場的一個特例。國際上的石油輸出國組織（OPEC）就是一個典型的卡特爾組織。

卡特爾以全體企業的總利潤最大爲目標來確定各企業的共同價格和產量，然後按各企業的邊際成本都相等的原則，分配產量限額。在圖6-22中，假定一個卡特爾中有兩家寡頭壟斷廠商。兩家廠商的成本曲線分別如圖6-22（a）與圖6-22（b）所示，廠商1的成本結構與廠商2的成本結構不同。那麼卡特爾作爲整體的邊際成本曲線可通過將這兩家廠商的邊際成本曲線（MC_1和MC_2）按水平方向加總得到，如圖6-22（c）中的MC曲線。再假定整個行業的需求曲線爲圖6-22（c）中的D，則相應的全行業的邊

際收益曲線爲 MR。這樣卡特爾就可以作爲一個壟斷者按照 $MR = MC$ 的利潤最大化準則，確定卡特爾的最優產量爲 Q^*，相應的壟斷價格爲 P^*。在此基礎上，卡特爾將按照等邊際成本原理來分配其總產量，因爲在總產量 Q^* 和價格 P^* 已定的情況下，卡特爾的總收益已經確定，按照等邊際成本分配總產量可使成員廠商各自利潤極大化。如圖 6-22 所示，兩家廠商產量分別爲 Q_1 與 Q_2，此時兩家廠商分別能獲得圖 6-22（a）和圖 6-22（b）中相當於陰影部分面積大小的利潤。

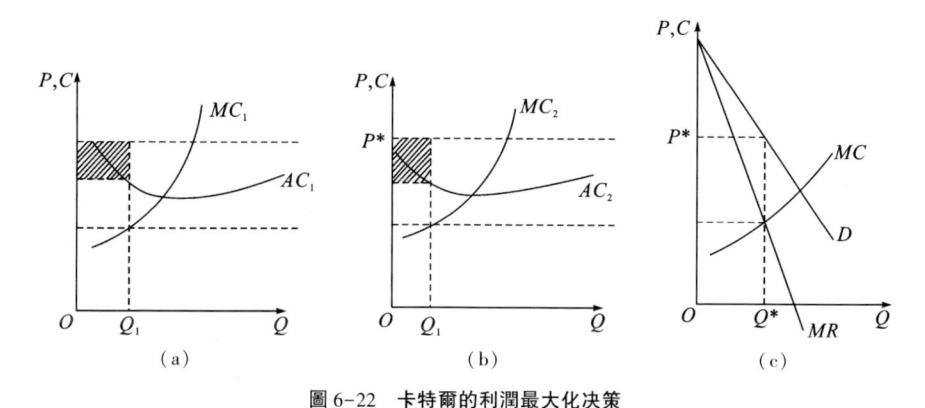

圖 6-22　卡特爾的利潤最大化決策

　　同一行業內的企業由相互競爭轉而聯合成卡特爾，能提高各企業的利潤，但卡特爾往往是不穩定的。卡特爾不能持久的原因除了由於許多國家通過反壟斷法禁止企業串謀或組建卡特爾外，關鍵在於其內在的不穩定性。由圖 6-22 可以看到，各廠商的利潤是不同的。各廠商從自身利益出發，或對這種分配結果不滿，或期望更多的利潤等原因的驅使下，卡特爾的協議及相應的分配結果是不穩定的。各廠商在最大利潤的驅使下很容易走上"背叛"之路。而一旦有某個成員違反協議，因爲市場中廠商個數較少，其行動很容易被其他廠商察覺，從而引起連鎖反應，最終導致卡特爾的崩潰，回到各企業追求利潤最大化的競爭狀態。由於不能依靠法律和契約對違反卡特爾協議的成員實施有效的懲罰，成員的欺騙或背叛行爲幾乎是不可避免的。這也就是博弈論中典型的"囚徒困境"問題。

　　卡特爾的高利潤也會吸引新企業進入市場。如果卡特爾無法阻止新企業進入，卡特爾限制產量的結果是使新企業占據了其餘的市場份額，最後卡特爾也會失去其壟斷利潤。另外，從長期來看，新的替代產品的出現也會降低卡特爾的壟斷利潤。

三、博弈論初步

　　博弈論又稱對策論，是研究行爲者之間策略相互依存和相互作用的一種決策理論，被廣泛應用於經濟學、政治學、軍事學和社會學等學科領域。經濟學中的博弈論研究的是經濟主體的行爲發生相互作用時的決策以及這種決策的均衡問題。博弈論與傳統經濟學的區別在於，個人效用或利潤不僅依賴於自己的選擇，而且還依賴於他人的選擇。由此可見，博弈論更接近現實，是我們研究經濟主體行爲的有力工具。

任何一個博弈都包括參與者、策略和支付三個基本要素。參與者是一個博弈中的決策主體，其目的是通過選擇行動（或策略）以最大化其得益水平；在每一個博弈中，都至少有兩個參與者，每個參與者都有一組可選擇的策略；作爲博弈的結局，每個參與者都得到各自的報酬，即各自得到一筆支付，其支付可以爲正，也可以爲負。每一個參與者得到的支付都是所有參與者各自選擇的策略的共同作用的結果。

在寡頭市場上，廠商們既相互勾結又相互欺騙，並且其行爲是相互影響的，每個寡頭廠商在採取行動之前，必須首先要推測或掌握自己的這一行動對其他廠商的影響及其他廠商可能做出的反應，然後才能在考慮到這些反應方式的前提下採取最有利的策略。經濟學用博弈論的方法來分析在價格、產量、廣告、研發等方面寡頭廠商的這種決策行爲。

(一) 囚徒困境

下面我們來介紹一個特別經典的博弈問題——囚徒困境，並對它進行初步分析。

假設有兩個小偷 A 和 B 私入民宅被警察抓住，但缺乏足夠的證據指證他們所犯的罪行。倘若犯罪嫌疑人中至少有一人認罪，就能確認罪名成立。爲了得到所需口供，警方將兩人分別置於兩個房間內進行審訊。對每一個犯罪嫌疑人，警方給出的政策是：如果兩個犯罪嫌疑人都坦白了罪行，交出了贓物，於是證據確鑿，兩人都被判有罪，各被判刑 8 年；如果只有一個犯罪嫌疑人坦白，另一個犯罪嫌疑人沒有坦白而是抵賴，則以妨礙公務罪（因已有證據表明其有罪）再加刑 2 年，而坦白者有功被減刑 8 年，立即釋放；如果兩個犯罪嫌疑人都抵賴，則警方因證據不足不能判兩人的偷竊罪，但可以私入民宅的罪名將兩人各判入獄 1 年。

圖 6-23 表示了兩個小偷的博弈。我們分別用 1、8、10 表示犯罪嫌疑人被判刑 1 年、8 年、10 年，0 表示犯罪嫌疑人被立即釋放。在圖 6-23 中，小偷 A、B 是本博弈中的博弈方，都有兩種可選擇的策略，即坦白和抵賴。矩陣中的每組數

A \ B	坦白	抵賴
坦白	8, 8	0, 10
抵賴	10, 0	1, 1

圖 6-23　囚徒困境

字代表對應行列的雙方所選策略組合下雙方各自的支付，其中第一個數字爲小偷 A 的支付，第二個數字爲小偷 B 的支付。

每個博弈方的唯一目標就是要實現自身的最大利益，其在選擇自己的策略時，應該考慮到對方可能做出的選擇，並分別考慮自己相應的最佳策略。對小偷 A 來說，小偷 B 有坦白和抵賴兩種可能，如果小偷 B 選擇坦白，那麼他自己坦白的支付是-8（判刑 8 年），抵賴的支付是-10（判刑 10 年），他會選擇坦白；如果小偷 B 選擇抵賴，那麼他自己坦白的支付是 0（被立即釋放），抵賴的支付是-10（判刑 10 年），他也會選擇坦白。因此，無論小偷 B 選擇坦白或是抵賴，小偷 A 爲使得自身收益最大化，其選擇都是坦白。同樣的道理，小偷 B 的最佳策略也是坦白。在這個博弈中，我們稱坦白是占優策略，即無論對方如何選擇都能使自己利益最大化的策略。因此，該博弈的最終結果是雙方都坦白，兩個小偷因證據確鑿，同時被判刑 8 年。

兩個小偷都選擇坦白的策略組合具有穩定性，因爲這是唯一的由對方最佳策略組

成的策略組合，這時各博弈方都不願單方面改變策略，從而達到某種均衡狀態。這一均衡狀態在博弈論中稱爲納什均衡。更爲一般地說，納什均衡實質上是這樣一種策略組合，即任一博弈方的每個策略都是針對其餘博弈方的策略組合的最佳對策。

兩個小偷都坦白的策略所獲的支付顯然不是最優的，如果兩個小偷都拒不認罪，選擇抵賴，分別只被判刑 1 年。兩個小偷都要使自身利益最大化，最終卻沒能實現最大利益，這種情況在生活中屢見不鮮。囚徒困境反應了一個深刻問題，即個人理性與集體理性的衝突。囚徒困境的博弈模型體現的合作不穩定特徵及其後果，可以擴展運用到寡頭市場上，以解釋寡頭市場上的共謀不穩定性及其相關問題。

考慮有兩個寡頭廠商，每個廠商都在"高"產量和"低"產量之間進行選擇。根據每個廠商的不同選擇，其矩陣模型如圖 6-24 所示。不論廠商 A 做出什麼樣的選擇，廠商 B 都會認爲選擇高產量是合理的。同樣，不論廠商 B 做出什麼樣的選擇，廠商 A 都會認爲選擇高產

		廠商 A	
		高產量	低產量
廠商 B	高產量	200　200	500　100
	低產量	100　500	400　400

圖 6-24　寡頭廠商產量博弈

量是合理的。每個廠商都認爲高產量策略是最優的，這就是產量博弈的占優策略均衡。

從產量博弈矩陣中，我們可以得到以下啓發。首先，（低產量，低產量）的策略組合要優於（高產量，高產量）的策略組合，即寡頭廠商 A、B 勾結起來，達成合作協議，共同謀求總報酬最大化，就可以避免由於雙方都採取不合作策略和相互競爭造成的兩敗俱傷的局面。正因爲如此，實際上，在寡頭市場上，廠商之間經常會達成協議，成立合作性質的卡特爾組織，共謀整體利益最大化，並且每個成員也均得到一定的好處。我們進一步會發現，在（低產量，低產量）的策略組合前提下，如果有一方堅持合作策略，而另一方偷偷地採取不合作策略，則對於偷偷採取不合作策略的一方來說，（高產量，低產量）或（低產量，高產量）的策略組合要優於（低產量，低產量）的策略組合。這意味着在寡頭市場上，廠商們在達成合作協議以後，每個寡頭廠商都有強烈的利己動機去偷偷地背離協議，以獲得自身更大的利益。由於每個達成協議的參與者都會有這樣的想法和這樣的行動，最後的結局將是（高產量，高產量）的策略組合是均衡的，而且是占優策略均衡。也正因爲如此，寡頭們之間達成的卡特爾協定往往是不穩定的。

（二）智豬博弈（重複剔除的占優策略均衡）

在大多數情況下，最優策略均衡是不存在的。儘管如此，在有些博弈中，我們仍可以應用最優策略的邏輯找到均衡。

智豬博弈由納什於 1950 年提出。假設豬圈里有一頭大豬、一頭小豬。豬圈的一頭有豬食槽（兩豬均在食槽端），另一頭安裝着控制豬食供應的按鈕，按一下按鈕會有 10 個單位的豬食進槽，但是在去往食槽的路上會有兩個單位豬食的消耗，若小豬先到槽邊，大豬和小豬吃到食物的收益比

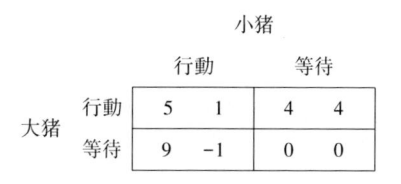

		小豬	
		行動	等待
大豬	行動	5　1	4　4
	等待	9　-1	0　0

圖 6-25　智豬博弈

119

是 9∶1；大豬和小豬同時行動（去按按鈕），收益比是 7∶3；大豬先到槽邊，大豬和小豬的收益比是 6∶4。那麼，在兩頭豬都有智慧的前提下，最終結果是小豬選擇等待。

實際上小豬選擇等待，讓大豬去按控制按鈕，而自己選擇"坐船"（或稱"搭便車"）的原因很簡單：在大豬選擇行動的前提下，小豬選擇等待的話，小豬可得到 4 個單位的純收益，而小豬行動的話，則僅僅可以獲得大豬吃剩的 1 個單位的純收益，因此等待優於行動；在大豬選擇等待的前提下，小豬如果行動的話，小豬的收益將不抵成本，純收益為-1 單位，如果小豬也選擇等待的話，那麼小豬的收益為零，成本也為零，等待還是要優於行動。

現實經濟生活中，有很多應用智豬博弈的例子：股份公司中，大股東必須承擔起絞盡腦汁、多方收集信息以監督經理的責任，而小股東則免費"搭便車"；股票市場上也是如此，對散戶而言，"緊跟大戶"往往是最優選擇，而大戶必須自己收集信息，多方諮詢；大企業搞研發、培育市場、做廣告，而小企業則模仿。在小企業經營中，學會如何"搭便車"是一個精明的職業經理人最為基本的素質之一。在某些時候，如果能夠注意等待，讓其他大的企業首先開發市場，是一種明智的選擇。這時候，有所不為才能有所為。

習題

1. 解釋以下關鍵術語：
完全競爭市場　完全壟斷市場　壟斷競爭市場　寡頭壟斷市場　收支相抵點
停止營業點　囚徒困境　卡特爾　占優策略均衡　產品差別　價格歧視

2. 為什麼在完全競爭廠商的短期均衡中，當 $AVC<MR<AC$ 時，廠商已經出現虧損，但仍然堅持生產？

3. 壟斷廠商一定能保證能獲得超額利潤嗎？如果在最優產量處虧損，其在短期內會繼續生產嗎？在長期內會怎樣？

4. 論述壟斷市場與完全競爭市場經濟效率比較分析。

5. 完全競爭行業中某廠商的成本函數為 $STC=Q^3-6Q^2+30Q+40$，成本用美元計算，假設產品價格為 66 美元。

（1）求利潤極大時的產量及利潤總額。

（2）由於競爭市場供求發生變化，由此決定的新的價格為 30 美元，在新的價格下，廠商是否會發生虧損？如果會，最小的虧損額為多少？

（3）該廠商在什麼情況下才會退出該行業（停止生產）？

第七章 分配理論

引導案例

美國經濟學家的調查報告

美國勞動經濟學家丹尼爾·哈莫米斯與杰文·比德爾在1994年第4期《美國經濟評論》上發表了一份調查報告。這份調查報告顯示，漂亮的人的收入比長相一般的人的收入高5%左右，長相一般的人的收入比醜陋一點的人的收入高5%~10%。這個結論對男性、女性同樣適用。

教學目的

生產要素市場探討的是生產要素的價格是如何決定的。由於對生產要素定價的過程也就是生產要素所有者取得收入的過程，因此生產要素定價理論也稱爲收入理論。通過本章的學習，瞭解生產要素的需求與供給的基本概念，瞭解生產要素價格決定的生產力理論，理解洛倫茲曲線和基尼系數的含義，能夠運用生產要素供求分析其價格的決定，能夠用工資、利息、地租和利潤等有關理論分析和解釋常見的經濟問題。

本章重難點

完全競爭廠商使用要素的原則，工資、利潤、利息、勞動供給曲線，洛倫茲曲線，基尼系數。

從資源配置意義上講，產品與勞務的生產和價格決定只是回答了"生產什麼""生產多少""怎樣生產"的問題，現在必須解決"爲誰生產"的問題。分配理論主要就是解決"爲誰生產"的問題，即生產出來的產品按照什麼分配原則在社會各個階層之間進行分配。從價格決定理論本身看，僅限於產品市場價格決定的論述是不完全的。一是它在推導需求曲線時，假定消費者是收入水平既定，但並未說明收入水平是如何決定的。二是在推導產品供給曲線時，假定要素的價格是既定的，但並未說明要素的價格如何決定。由於消費者的收入水平在很大程度上取決於其擁有的要素價格和使用量，因此價格理論的上述兩點不完全性概括爲缺乏對要素價格和使用量的決定的解釋。

西方經濟學者認爲，分配理論的核心問題是生產要素價格的決定，只要生產要素的價格確定，就可以根據具體價格水平，再結合生產要素供給者提供的生產要素的數量，從而確定應分配給生產要素提供者的收入。因此，分配理論也被稱爲生產要素價格決定理論。

生產要素定價理論中所指的生產要素價格是指生產要素服務的價格，而非生產要素本身的價格。生產要素服務不同於生產要素本身，是指生產要素在生產過程中發揮的功能，也就是對生產的貢獻。工資（率）是勞動服務的價格，地租是土地服務的價格，利息（率）是資本服務的價格，正常利潤是企業家才能服務的價格。因此，地租、工資、利息和利潤從生產者角度看，是生產要素的價格或生產成本。從要素所有者角度看，則分別是各要素所有者的收入。要素價格的決定問題也就是收入分配問題。收入分配理論就是分析地租、工資、利息和利潤是如何被決定的理論。

第一節 生產要素的需求與供給

要素價格決定的主要理論基礎是由美國經濟學家克拉克最先提出的邊際生產率分配論。克拉克認爲，在其他條件不變和邊際生產力遞減的前提下，一種生產要素的價格取決於其邊際生產力。後來的西方經濟學家對克拉克的理論做了改進。他們認爲，邊際生產力只是決定要素需求的一個方面，除此之外，廠商在決定要素需求時還要考慮要素的邊際成本。只有當使用要素的邊際成本和邊際收益（邊際生產力）相等時，廠商才在要素使用上達到了利潤最大化。要素的供給也是決定其價格的一個重要方面。總之，要素的市場價格與其他商品一樣，也是由其需求和供給兩個方面共同決定的。但是同產品市場的需求和供給相比，生產要素需求和供給又各具特點。

一、生產要素的需求

生產要素的需求來自廠商，廠商對生產要素的需求不同於一般消費者對產品的需求，主要表現在以下幾個方面：

第一，生產要素的需求是一種派生需求，或是說是引致需求。產品市場的需求是直接滿足消費者慾望的，是直接需求；生產要素的需求是滿足生產需要的，即最終生產出滿足消費需要的商品和服務，是由對產品的需求而導致的，是一種間接需求，廠商並不是需要生產要素本身，而是需要利用生產要素來進行產品生產。這就是所謂的派生的需求，即由於人們需要某種產品而間接地產生出對某些生產要素的需求。如果消費者對某種產品需求增加，則廠商對生產該產品的生產要素的需求也會增加。

第二，生產要素的需求是一種聯合需求或相互依存的需求。所謂聯合需求，是指同時對多種生產要素的需求。由於人們需要的消費品不可能僅由一種生產要素生產而成，而必須通過不同數量的若干生產要素組合生產而成，由此就產生了對生產要素的聯合需求。

第三，與產品市場相比較，需求者與供給者角色互換。

第四，所有權與使用權相分離。在產品市場上，商品被消費者購買後，即爲消費者所有，並支配使用。而在要素市場上，購買者僅在規定的時間內有使用權，並沒有該要素的所有權，所有權歸要素的提供者擁有。

第五，產品價格與要素價格相互影響，要素價格直接影響產品的成本，對產品價格直接造成影響；如果產品市場需求減少，價格下降，廠商必然會壓縮生產，減少對生產要素的需求，影響要素的價格。

影響生產要素需求變動的因素主要如下：

第一，市場對產品的需求以及產品的價格。市場對某種產品的需求越大，該產品的價格就越高，則對這種生產要素的需求就越大，反之則反是。

第二，生產技術狀況。如果生產技術是資本密集型的，則對資本要素的需求越大；如果生產技術是勞動密集型的，則對勞動要素的需求越大。

第三，生產要素的價格。廠商一般是用價格低的生產要素代替價格高的生產要素。

第四，產品市場結構和生產要素市場結構的影響，即是完全競爭性質的市場結構還是不完全競爭性質的市場結構。

第五，生產要素的邊際生產力。

邊際生產力的概念是由德國經濟學家屠能在1826年首先提出，並應用於生產和分配理論。19世紀末20世紀初，美國經濟學家克拉克把邊際生產力的含義進一步系統化，並首先創立了邊際生產力這個術語。邊際生產力是指在其他條件不變的情況下，追加的最後一個單位的生產要素所增加的產量，即邊際物質產品（Marginal Physical Product，有時被簡稱爲邊際產品 MP）；而增加一個單位要素投入帶來的產量所增加的收益，稱爲邊際收益產品（Marginal Revenue Product，MRP）。邊際收益產品等於要素的邊際物質產品和邊際收益的乘積，即：

$$MRP = MP \times MR \qquad (7.1)$$

因此，可變要素的邊際收益產品取決於兩個因素：第一，增加一單位要素投入帶來的邊際物質產品的變化；第二，增加一單位產品增加的收益的變化。

特別地，最後雇傭的那個工人所帶來的產量稱爲勞動的邊際生產力或勞動邊際收益產量；最後追加的那個單位資本所帶來的產量稱爲資本邊際生產力或資本邊際收益產量。

如果使用兩種生產要素生產出一定的產品，那麼一種生產要素的數量固定不變，而繼續追加另一生產要素，超過一定量以後，每追加一單位可變生產要素的生產力將會遞減，這就是邊際生產力遞減規律。要素的邊際生產力遞減的原因，實質上就是前面講過的邊際報酬遞減規律作用的結果。只不過後者僅僅指邊際產量遞減，而前者既可以指邊際產量遞減，也可以指邊際收益產品遞減。因此，邊際生產力遞減規律只不過是邊際報酬遞減規律的表現形式。

二、完全競爭廠商使用生產要素的原則

廠商購買生產要素是爲了實現利潤最大化，這樣廠商就必須使購買最後一單位的生產要素所支出的邊際成本與其帶來的邊際收益相等，即滿足利潤最大化原則 $MR = MC$。只不過要素市場"邊際收益"和"邊際成本"的含義與產品市場中的含義有所不同。鑒於此，要素的"邊際收益"和"邊際成本"又有不同的名稱。

（一）廠商使用生產要素的"邊際收益"——邊際收益產品（MRP）

在完全競爭的產品市場上，廠商是產品價格被動的接受者，廠商面臨的產品需求

曲線是一條水平線，廠商增加一單位產品的銷售所帶來的邊際收益等於產品的價格，即 $MR=P$。因此，有：

$$MRP = MR \times MP = P \times MP \tag{7.2}$$

定義 $P \times MP$ 為邊際產品價值（Value of Marginal Product, VMP），即增加一單位要素的投入所增加的產品的價值，它是產品價格與要素的邊際產量的乘積，用公式表示為：

$$VMP = P \times MP \tag{7.3}$$

由此可見，完全競爭市場上要素的邊際收益產品等於要素的邊際產品價值，即：

$$MRP = VMP \tag{7.4}$$

(二) 廠商使用生產要素的"邊際成本"——邊際要素成本（MFC）

邊際要素成本是指每增加一單位要素成本所引起的總成本的增加量。

(三) 完全競爭廠商使用生產要素的原則

在完全競爭市場上，由於 $MR=MC=P$，因此廠商對生產要素的需求就取決於該市場要素的邊際收益；廠商是既定市場價格的接受者，MFC 也就是一個單位要素的本身價格。

如果 $MFC<MRP$，就意味着廠商投入的最後一單位生產要素生產出來的產品所帶來的收益大於為購買這一單位要素所付出的成本，利潤將增加。為追求利潤最大化，廠商肯定會不斷增加該要素投入。隨著要素投入量的增加，要素的價格不變，但要素的邊際產品價值下降，直至 $MFC=MRP$。

如果 $MFC>MRP$，那麼減少使用一單位要素所損失的收益會小於購買這一單位要素所節約的成本，廠商將減少要素的使用量來提高利潤。隨著要素使用量的減少，要素的邊際產品價值將上升，最終達到 $MFC=MRP$。

因此，當一單位要素帶來的收益恰好等於該要素的成本時，即 $MFC=MRP$，廠商對該要素的需求處於均衡狀態。完全競爭市場條件下，廠商使用生產要素（如勞動）的最優條件是要素的價格等於要素的邊際產品價值。

三、完全競爭廠商對生產要素的需求曲線

完全競爭廠商對生產要素的需求曲線反應的是在其他條件不變時，完全競爭廠商對要素的需求量與要素價格之間的關係。現在假定某完全競爭廠商每周投入不同數量的勞動要素，其邊際數量、產品價格和邊際產品價值如表 7-1 所示。

表 7-1　　　　　　　　　　邊際產量和邊際收益

要素數量	邊際產量	產品價格	邊際產品價值
1	18	10	180
2	16	10	160
3	14	10	140

表7-1(續)

要素數量	邊際產量	產品價格	邊際產品價值
4	12	10	120
5	10	10	100

在完全競爭市場上，$MR=P$，從表 7-1 我們可以看到，勞動的邊際產量是遞減的，因此勞動的邊際產品價值也遞減。我們可以把表 7-1 反應的情況用圖 7-1 表示出來，即廠商的邊際產品價值曲線。

實際上，我們可以把圖 7-1 中勞動的邊際產品價值曲線看成廠商對勞動的需求曲線，因爲有了勞動的邊際產品價值曲線，我們就可以根據廠商利潤最大化原則確定對勞動的需求量。

由前面的分析可知，完全競爭廠商要想達到利潤最大化和就必須保持要素的邊際收益和要素的邊際成本相等。在完全競爭條件下，要素價格既定不變，使用要素的邊際成本就恰好等於要素的價格。給定一個要素價格如 W_1，根據完全競爭廠商要素使用原則——要素的價格等於要素的邊際產品價值，在幾何圖形上就會存在一個 $WMP(L)$ 曲線與 W_1 曲線的交點 A（如圖 7-1 所示）。A 點表明，當要素價格爲 W_1 時，要素需求量爲 L_1。這就意味着，邊際產品價值曲線 VMP 上的 A 點，也是要素需求曲線上的一點。

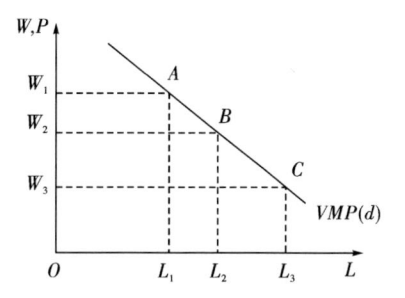

圖 7-1 完全競爭廠商的要素需求曲線

同樣地，如果給定另外一個要素價格，就會有另外一條水平的要素價格線與 VMP 相交，這一交點也確定了一個最優的要素使用量，因而也是要素需求曲線上的一點。於是，可以得到一個結論：在使用一種生產要素的情況下，完全競爭廠商對要素的需求曲線與要素的邊際產品價值曲線 VMP 恰好重合。

四、不完全競爭市場上的生產要素需求

在不完全競爭市場上，對一個廠商來說，價格也是可變的，邊際收益並非等於價格，邊際收益取決於生產要素的邊際生產力與價格水平。因此，生產要素的需求曲線是一條向右下方傾斜的曲線。與完全競爭市場上的需求曲線相比，在生產要素爲同一價格時，不完全競爭市場上的生產要素的需求量小於完全競爭市場上的需求量。

五、生產要素的供給

生產要素的供給實際上是其所有者在市場上對生產要素的出賣，並因此形成要素所有者的收入。

就要素的供給來看，它不是來自廠商，而是來自個人或家庭。個人或家庭在消費者理論中是消費者，在要素價格理論中是生產要素的提供者。個人或家庭擁有並向廠

商提供各種生產要素，他們爲廠商提供這些生產要素而取得工資、利息、地租和利潤。

由於消費者擁有的要素數量在一定時期內是既定的，消費者只能將其擁有的全部資源的一部分提供給廠商，以獲得收入，剩下的部分可稱爲"保留自用"的資源。因此，要素供給問題可以看成消費者在一定的要素價格下，將其全部既定資源在"要素供給"和"保留自用"兩種用途上進行分配以獲得最大效用的問題。

第二節 工資、地租、利息、利潤

一、均衡工資的決定

勞動的需求來自廠商。勞動的需求量會隨工資率的下降而增加。因此，勞動的需求曲線是一條向右下方傾斜的曲線，表明勞動的需求量與工資呈反方向變動。

勞動的供給涉及消費者對其擁有的既定時間資源的分配。消費者每天的時間資源中除去睡眠時間就是消費者可以自由支配的時間資源，爲方便起見，假定每天自由支配的時間資源爲 $H_0 (0 < H_0 < 24)$ 小時。自由支配的時間 H_0 中一部分是勞動時間，可以用來表示消費者的勞動供給量；另一部分是閒暇時間（簡稱爲閒暇），即除去必需的睡眠時間和勞動時間之外的全部活動時間。若用 $H (H \leq H_0)$ 表示閒暇，則 $H_0 - H$ 代表消費者的勞動供給量。因此，勞動供給問題就可以看成消費者如何決定其固定的時間資源 H_0 中閒暇 H 所占的部分，或者說是如何決定其全部資源在閒暇和勞動供給兩種用途上的分配問題。

在自由支配的時間資源中，消費者選擇一部分作爲閒暇來享受，選擇其餘部分作爲勞動供給。閒暇直接增加了效用，勞動則可以帶來收入，通過收入用於消費再增加消費者的效用。因此，實質上，消費者並非是在閒暇和勞動二者之間進行選擇，而是在閒暇和勞動收入之間進行選擇（如圖7-2和圖7-3所示）。

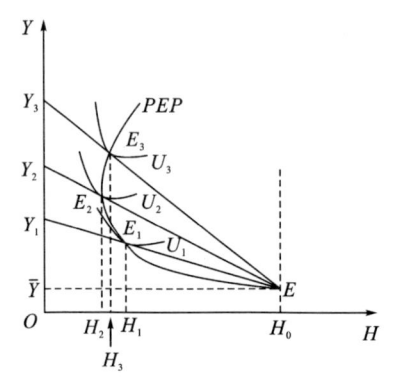

圖7-2 時間資源在閒暇和勞動供給之間的分配

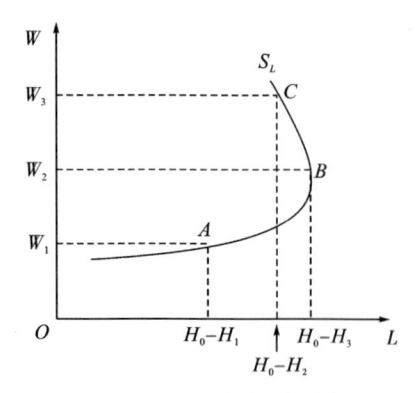

圖7-3 單個消費者的勞動供給曲線

圖 7-2 中橫軸表示閒暇，用 H 表示，縱軸表示收入，用 Y 表示。圖 7-3 中橫軸表示勞動供給量 H_0-H，用 L 表示，縱軸表示工資，用 W 表示。在圖 7-2 中，消費者的初始狀態點 E 表示的是非勞動收入 $\bar{Y}$ 與自由支配時間資源總量 H_0 的組合。假定工資爲 W_1，則最大可能的收入（勞動收入加非勞動收入）爲 $Y_1=H_0W_1+\bar{Y}$。於是消費者在工資 W_1 條件下的預算線爲連接初始狀態點 E 與縱軸上 Y_1 點的直線 EY_1。EY_1 與無差異曲線 U_1 相切，切點爲 E_1。與點 E_1 對應的最優閒暇爲 H_1，從而勞動供給量爲 H_0-H_1。於是得到勞動供給曲線（見圖 7-3）上一點 A（H_0-H_1，W_1）。

同理，當工資上升到 W_2，再上升到 W_3，則預算線將以初始狀態點 E 爲軸心順時針旋轉到 EY_2 和 EY_3，其中 $Y_2=H_0W_2+\bar{Y}$，$Y_3=H_0W_3+\bar{Y}$。預算線 EY_2 和 EY_3 分別與無差異曲線 U_2 和 U_3 相切，切點分別爲 E_2 點和 E_3 點。均衡點 E_2 和 E_3 對應的最優閒暇量分別爲 H_2 和 H_3，從而相應的勞動供給量分別爲 H_0-H_2 和 H_0-H_3。這樣又得到勞動供給曲線（見圖 7-3）上兩點：B（H_0-H_2，W_2）和 C（H_0-H_3，W_3）。

同理，可得到圖 7-2 中類似於 E_1、E_2 和 E_3 的其他點，這些點的軌跡就是價格擴展線 PEP；相應地，在圖 7-3 中可得到類似於 A、B 和 C 的其他點，這些點軌跡就是消費者的勞動供給曲線 S_L。

與一般的供給曲線不同，勞動的供給曲線具有一個鮮明的特點，即它具有一段"向後彎曲"的部分（如圖 7-3 所示）。當工資較低時，隨著工資的上升，勞動供給量在增加。在這個階段，勞動的供給曲線向右上方傾斜。但是，工資上升對勞動供給的吸引力是有限的。當工資漲到 W_2 時，勞動供給量達到最大。此時，如果繼續增加工資，勞動供給量非但不會增加，反而會減少，因而勞動供給曲線從工資 W_2 處起開始"向後彎曲"。

勞動供給曲線爲什麽"向後彎曲"呢？我們可以用替代效應和收入效應來解釋。

我們知道，正常商品的需求曲線總是向右下方傾斜的，即需求量隨價格的上升而下降。其原因有二：替代效應和收入效應。正常商品價格上升後，由於替代效應，消費者會用相對便宜的其他商品來替代該種商品；由於收入效應，消費者相對"更窮"一些，以至減少對該種商品的購買。替代效應和收入效應共同作用使其需求曲線向右下方傾斜。

西方經濟學用勞動者在"勞動"與"閒暇"之間進行選擇來解釋其中的原因。勞動可以帶來收入，但閒暇也是個人需要的一種消費品，兩者具有替代關係，也都給個人帶來效用滿足。工資率的提高對勞動供給具有替代效應和收入效應。所謂替代效應，是指工資越高，也就意味着閒暇的機會成本越高，或者說閒暇作爲一種消費品的價格上漲，個人將選擇提供更多的勞動量；所謂收入效應，是指工資提高，個人的實際收入和購買力上升，因而能夠購買更多的閒暇，從而減少勞動供給量。替代效應與收入效應對勞動供給具有相反的影響，其綜合淨效應取決於兩種效應的相對強度。一般來說，在勞動提供量不大時，替代效應大於收入效應，勞動供給將會隨著工資的上升而上升，勞動供給曲線向右上方傾斜；而當個人提供的勞動量已經較高時，收入效應往往占了上風。這時，隨著工資的繼續上升，個人反而減少勞動提供量，於是勞動供給曲線彎向左邊。符合勞動供給曲線向後彎曲假說的一個基本事實是，從歷史統計看，20世紀初到現在，個人真實收入逐漸增加，而周勞動小時卻在逐漸減少，由50~60小時下降到35~40小時。

勞動供給曲線向後彎曲的原因也可以這樣解釋：當工資的提高使消費者富足到一定的程度後，人們會更加珍視閒暇。因此，當工資達到一定水平而又繼續提高時，勞動供給量不但不會增加，反而會減少。

將所有單個消費者的勞動供給曲線水平相加，即得到整個市場的勞動供給曲線。儘管許多單個消費者的勞動供給曲線可能會向後彎曲，但勞動的市場供給曲線卻不一定也是如此。在較高的工資水平上，現有的工人也許提供較少的勞動，但高工資也會吸引新的工人來提供勞動，因而總的勞動供給一般還是隨著工資的上升而增加，從而勞動的市場供給曲線仍然是向右上方傾斜的。如圖7-4所示，縱軸表示工資，即勞動服務的價格，用W表示，橫軸表示勞動的市場供給量，用L表示。S_L即勞動的市場供給曲線，向右上傾斜，表明勞動的市場供給量隨工資的上升而增加，隨工資的下降而減少。當工資為W_1時，勞動的市場供給量為L_1；當工資上升到W_2時，勞動的市場供給量增加到L_2。

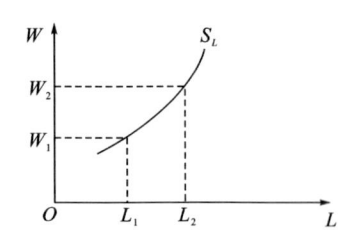

圖7-4 勞動的市場供給曲線

勞動的需求和供給兩方面的力量共同決定勞動的市場價格。當某種勞動供不應求時，市場出現工資上升的壓力，促使工資水平的提高，勞動量的需求量因此調整，勞動供求趨於均衡；當某種勞動供過於求時，則出現相反的變動態勢。如圖7-5所示，勞動需求曲線D和勞動供給曲線S的交點E是勞動市場的均衡點。該均衡點對應的均衡工資為W_e，均衡勞動數量為L_e。因此，均衡工資水平由勞動市場的供求曲線決定，並且隨著這兩條曲線的變動而變動。

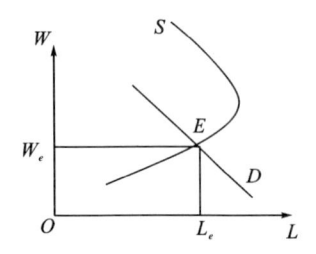

圖7-5 均衡工資的決定

從一個經濟的長期趨勢來看，工資水平和就業基本上是由勞動的供求狀況決定的。但是上述模型是一個高度簡化的模型，我們假定勞動都是同質的，勞動力的流動和轉移是沒有任何成本的。實際上，勞動力是一個非常特殊的商品，除了市場供求因素外，還有許多政治的、社會的以及習俗的因素影響著工資和就業，如工會的力量、政府的干預等。同時，勞動力是非同質的，不同勞動力之間的差異很大，教育（即人力資本投資）對勞動生產率的影響非常大，因此不同人力資本含量的勞動力的報酬是不一樣的。在全球化的過程中，發達國家的跨國公司為了追求利潤最大化，總是把某些生產活動轉移到勞動力資源豐富、工資水平較低的發展中國家，引起發達國家簡單勞動需求曲線向左下方移動，而發展中國家的簡單勞動需求曲線向右上方移動。與此同時，發達國家的產業結構發生著劇烈的變動，即第一產業和第二產業（制造業）的比重不斷下降，而第三產業占國內生產總值的比重不斷上升，說明這些國家隨著製造業的轉移，服務業的產值不斷上升。因此，全球化的進程對發達國家和發展中國家不同的勞動力市場帶來不同的影響。

二、均衡地租的決定

作爲生產要素的土地，泛指一切自然資源，其特點被描述爲原始的和不可毀滅的。說它是原始的，因爲它不能被生產出來；說它是不可毀滅的，因爲它在數量上不會減少，即土地的自然供給是固定不變的。當然，如果土地價格合適的話，人們可以沿海岸造陸地、變沙漠爲良田，從而"創造"出土地；如果人們採用一種會破壞土壤肥力的方式耕種，則土地也有毀滅的可能。不過，爲簡單起見，這里不考察土地的這些變化，假定其既定不變，並在該既定下考察土地的市場供給情況。

由於土地的邊際生產力是遞減的，因此土地的市場需求曲線通常都是向右下方傾斜的。作爲一種自然資源，土地既不能流動，又不能再生，因此就一個整體經濟而言，供給量是固定的，其市場供給曲線爲一條垂直橫軸的直線。

當土地的需求與供給相等時，由此決定的價格就是地租。如圖 7-6 所示，土地市場需求曲線 D_N 與土地市場供給曲線 S_N 的交點是土地市場的均衡點，該均衡點決定了均衡地租 R_E。

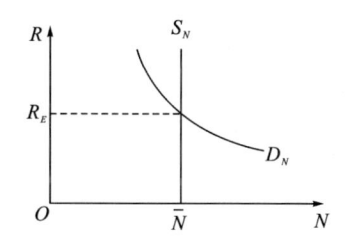

圖 7-6 均衡地租的決定

根據上述地租決定理論，可以對地租的產生進行解釋。如圖 7-7 所示，假設一開始時，土地供給量固定不變，爲 $\bar{N}$，土地的市場需求曲線爲 D_N，從而地租爲 0。後來，由於技術進步使土地的邊際生產力提高，或由於人口增加使土地產品（如糧食）的需求增加，從而使土地產品價格（如糧價）上漲，對土地的需求曲線便開始向右上方移動，從而地租開始出現。當移到 D_N^1 時，地租爲 R'。因此，可以這樣來說明地租產生的原因：地租產生的根本

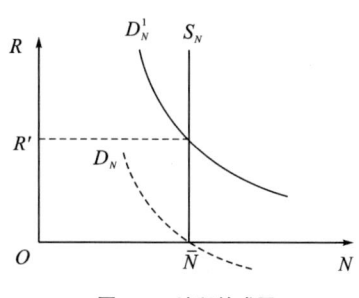

圖 7-7 地租的成因

原因在於土地的稀少，供給不能增加；如果給定了不變的土地供給，則地租產生的直接原因就是土地需求曲線的右移。土地需求曲線右移是因爲土地的邊際生產力提高或土地產品的需求增加從而使土地產品價格提高。如果假定技術不變，則地租就隨土地產品價格的上升而產生。

隨著社會經濟的發展，對土地的需求不斷增加，而土地的供給卻固定不變，這樣就存在着一個地租不斷上升的趨勢。

以上分析表明，地租只與固定不變的土地有關。但在很多情況下，不僅土地可以被看成固定不變的，而且有許多其他資源在某些情況下，也可以被看成固定不變的。就像土地一樣，其供給是固定的，這些固定不變的資源也有相應的服務價格。這種服

務價格顯然與土地服務價格——地租非常類似。爲與特殊的地租相區別，可以把這種供給數量固定不變的一般資源的服務價格稱爲"租金"。顯然，地租是租金的一種特殊形式。

租金與資源的供給固定不變相聯繫，這種"固定不變"對（經濟學意義上的）短期和長期都適用。在現實生活中，有些生產要素儘管在長期中可變，但在短期中卻是固定的。例如，由於廠商的生產規模在短期不能變動，其固定生產要素對廠商來說就是固定不變的，即其不能從現有的用途中退出而轉到收益較高的其他用途中去，也不能從其他相似的生產要素中得到補充。這些要素的服務價格在某種程度上也類似於租金，通常被稱爲"準租金"，即固定生產要素的收益。

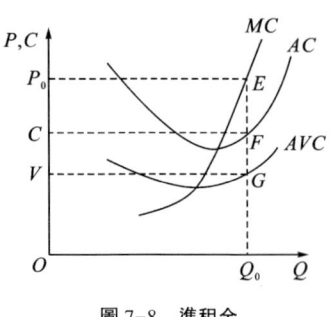

圖 7-8　準租金

準租金可以用廠商的短期成本曲線來加以分析。如圖 7-8 所示，MC、AC、AVC 分別表示廠商的邊際成本、平均成本和平均可變成本。假定產品價格爲 P_0，則完全競爭廠商將生產 Q_0。這時的總收益爲面積 OQ_0EP_0，總可變成本爲面積 OQ_0GV，總固定成本爲面積 $VGFC$。固定要素得到的收益是總收益減去總可變成本後剩餘的部分，即面積 $VGEP_0$，這就是準租金。

經濟利潤是總收益與總成本的差額，圖 7-8 中 $CFEP_0$ 的面積就是經濟利潤。顯然，準租金是經濟利潤與總固定成本之和。

租金是固定供給要素的服務價格，固定供給意味着要素價格的下降不會減少該要素的供給量。或者更進一步說，要素收入的減少不會減少該要素的供給量。據此，也可以將租金看成這樣一種要素收入：其數量的減少不會引起要素供給量的減少。有許多要素的收入儘管從整體上看不同於租金，但其收入的一部分卻可能類似於租金，即如果從該要素的全部收入中減去這一部分並不會影響要素的供給。我們將這一部分要素收入稱爲"經濟租金"。

經濟租金的幾何解釋類似於所謂的生產者剩餘。如圖 7-9 所示，要素供給曲線 S_x 以上、要素價格 p_{x_0} 以下的陰影區域 $p_{x_0}ME$ 爲經濟租金。要素的全部收入爲 $Ox_0Ep_{x_0}$。但按照要素供給曲線，要素所有者爲提供 x_0 數量要素所願意接受的最低要素收入卻是 Ox_0EM。因此，陰影部分 $p_{x_0}ME$ 是要素的"超額"收益，即使去掉，也不會影響要素的供給量。

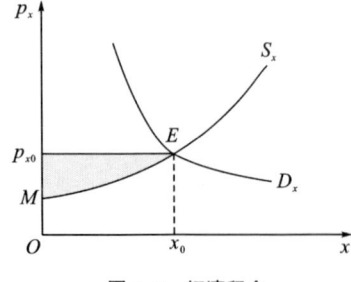

圖 7-9　經濟租金

經濟租金的大小顯然取決於要素供給曲線的形狀。供給曲線越陡峭，經濟租金就越大。特別地，當供給曲線垂直時，全部要素收入均變爲經濟租金，它恰好等於租金或地租。

由此可見，租金實際上是經濟租金的一種特例，即當要素供給曲線垂直時的經濟租金，而經濟租金則是更為一般的概念，它不僅適用於供給曲線垂直的情況，也適用於供給曲線不垂直的一般情況。在另一個極端上，如果供給曲線成為水平的，則經濟租金便完全消失。

總之，經濟租金是要素收入（或價格）的一個部分，是要素收入與該要素在其他場所可能得到的最高收入之差，即要素收入與其機會成本之差。

三、均衡利率的決定

資本是經濟社會生產出來的再用於生產過程以便獲得更多的商品和勞務的生產要素。作為與勞動和土地並列的一種生產要素，資本的特點可以概括如下：第一，資本的數量是可以改變的，即它可以通過人們的經濟活動生產出來；第二，資本之所以被生產出來，其目的是為了以此而獲得更多的商品和勞務；第三，資本是作為投入要素，即通過用於生產過程來得到更多的商品和勞務的。

作為生產服務的源泉，資本本身具有一個市場價格，即所謂的資本價值。例如，一臺機器、一幢建築物在市場上可按一定價格出售。資本也與土地和勞動等其他要素一樣，可以在市場上被租借出去。因此，作為要素服務，資本也有一個價格，即使用資本（或資本服務）的價格。或者說，資本所有權得到的價格，這個價格通常稱為利息率或者利率，並用 r 來表示。

例如，一臺價值為 1 000 元的機器被使用一年得到的收入為 100 元。用這個年收入除以機器本身的價值即得到該機器每單位價值服務的年收入：$100/1\ 000 = 10\%$。這就是該機器服務的價格或（年）利率，即 $r = 10\%$。

由此可見，資本服務的價格或利率等於資本服務的年收入與資本價值之比。其用公式表示為：

$$r = \frac{Z}{P} \tag{7.5}$$

式中，Z 為資本服務的年收入，P 為資本價值。

對於不同的資本來說，它們的價值或者年收入可能並不相同，但年收入與資本價值的比率卻有趨於相等的趨勢。例如，設資本 A 具有較高的利息率，則人們將去購買它，從而它的市場價格即資本價值被抬高，於是它的利率將下降。這個過程將一直繼續下去，直到資本 A 的利率與其他資本的利率相等時為止。

利息率也是一種價格，即資本的借方使用這部分資本時向資本所有者支付的價格，本質上與商品價格以及生產要素價格的決定沒有區別。正因為如此，利息率取決於資本的需求與供給。

資本的需求由兩部分組成：一是居民的需求，如居民的個人消費貸款等。居民的這種需求與利息率呈反向變動，利息率越高，居民消費所借資本付出的代價越大，慾望則被抑制。二是企業的需求，企業借入資本主要是用來進行投資，其目的是為了實現利潤最大化。我們這裏講的資本需求主要是企業投資的需求。企業投資的多少就取決於利潤率與利息率之間的差額。如果利潤率與利息率的差額越大，純利潤就越大，廠商就越願意投資。反之，結果相反。因此，在利潤率既定的情況下，利息率與投資呈反方向變動，即資本的需求曲線是一條向右下方傾斜的曲線。

資本的供給來源於家庭部門的儲蓄。儲蓄可以獲得利息，利息是人們放棄眼前消費而進行儲蓄的一種報償。換句話說，利息是人們把錢用於消費的機會成本。家庭之所以提供資本，是因爲可以在將來爲家庭帶來更多的收入。對於既定收入的家庭而言，它可以選擇馬上消費，也可以選擇儲蓄，即把一部分收入轉化爲資本租借給廠商，由此獲得一定的報酬。一般而言，對同一數量的商品，人們現在消費這些商品而獲得的效用大於未來消費的效用。人們傾向於消費所有的收入，除非未來能得到補償。因此，家庭最優儲蓄的數量是現期消費和未來消費之間進行最優選擇的結果。

與分析勞動供給的情形一樣，利用利息率提高的替代效應和收入效應可以推導出隨著利率提高，儲蓄即資本的供給曲線是一條向後彎曲的線。在這裡，替代效應指的是，利率提高時，把錢用於當前消費的機會成本上升，消費者將減少當前消費，多儲蓄來代替當前消費。此時，利率的上升會使資本供給增加。收入效應指的是利率提高時，較少的資本供給就可以獲得較多的利息收入，從而保證較高的消費，因而消費者將再也不用節省當前消費就可以獲得未來較多的利息收入和較高的消費。這樣利率的上升的收入效應則使消費者增加當前的消費，減少資本供給。因此，利率提高時，資本供給增加還是減少取決於其替代效應與收入效應的總效應。如果替代效應大於收入效應，利率上升使資本供給增加，從而會使資本供給曲線向右上方傾斜；如果收入效應大於替代效應，利率上升會使資本供給減少，從而會使資本供給曲線向左上方傾斜。因此，可以推導出隨著利率的提高，儲蓄是一條向後彎曲的線。但一般來講，利息收入只占消費者收入的一個很小比例，並且利息率變動幅度較小，因而隨著利率的提高，儲蓄量增加，資本供給曲線向右上方傾斜。通過對所有消費者儲蓄沿橫向相加即可得到市場的儲蓄曲線。與單個曲線一樣，市場儲蓄曲線向右上方傾斜。

由以上討論可知，資本數量的變化是儲蓄的結果。儲蓄是一個"流量"，要通過儲蓄來顯著地改變資本"存量"通常需要相當的時間。從短期來看，儲蓄是在增加資本，但增加的數量與原有的龐大資本存量相比可能微不足道。特別地，如果從一個非常短的時期，如就從一個"時點"上來考察，則儲蓄流量就趨向於零，而資本存量卻固定不變。爲分析方便起見，我們假定儲蓄在短期中對資本數量不發生影響，即短期中資本存量固定不變。因此，資本的短期供給曲線是一條垂直線。

資本的需求來源於廠商，而資本的供給來源於作爲消費者的家庭，資本的市場需求與市場供給之間的相互作用決定市場均衡利息率。如圖 7-10，資本市場的短期均衡點爲 (γ_1, K_1)，長期均衡點爲 (γ_2, K_2)。

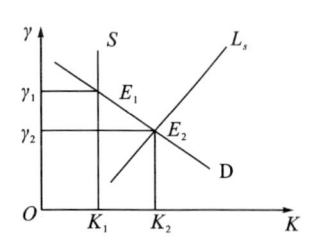

圖 7-10 均衡利息率的決定

四、利潤的決定

生產過程的進行，除了必須具備土地、勞動、資本等有形生產要素以外，還必須具備把這些要素組合起來並協調監督生產過程的無形生產要素，這種要素就是企業家才能。正常利潤是企業家才能服務的價格，是企業家從事經營、管理及承擔風險等活動的報酬。正常利潤與地租、工資和利息等要素服務的價格一樣，應計入生產成本。

超額利潤是指超過正常利潤的那一部分利潤。其主要來源是創新、承擔風險與壟斷。

（一）創新

按照美國經濟學家熊彼特的觀點，創新是"建立一種新的生產函數"，也就是把一種從來沒有過的關於生產要素和生產條件的"新組合"引入生產體系。具體來講，創新包括以下五種情況：第一，引進一種新產品；第二，使用一種新的生產方法或引進一種新技術；第三，開闢一個新市場；第四，獲得一種原材料的新來源；第五，實行一種新的企業組織形式。創新可以使企業提高產品質量，降低產品成本，或生產出一種新產品。創新可以帶來超過正常利潤的超額利潤。與創新相對應的另一個概念是模仿，是指其他生產者以創新企業為榜樣，相繼採用創新者的做法。創新帶來的超額利潤，會因別人的模仿而逐漸消失，當大多數生產者都進行模仿以後，超額利潤就不存在了。但創新會不斷出現，新的創新又會帶來新的超額利潤。

（二）承擔風險

企業家在從事某項可能失敗的生產經營活動時，要承擔一定的風險。若失敗的可能性沒有出現，企業家就有可能獲得超額利潤。顯然，這種超額利潤中包含了對可能遭受失敗的補償。

（三）壟斷

壟斷者可以通過壓低收購價格以損害生產者（或生產要素供給者）的利益而獲得超額利潤，也可以通過抬高銷售價格以損害消費者（或生產要素購買者）的利益而獲得超額利潤。

第三節　社會收入分配

從前面的分析中我們看到，家庭的收入來自於家庭擁有的生產要素在生產過程中做出貢獻之後所獲得的報酬。有些家庭同時擁有幾種生產要素，如土地、資本、勞動和企業家才能；有些家庭可能只擁有一種生產要素，如勞動。擁有生產要素的種類、數量不同，家庭的收入也不同。即使同樣擁有勞動這一基本的生產要素，由於勞動者所受教育程度不同、勞動技能不同，其收入差距也可能十分顯著。對於擁有完全同質的勞動要素的兩個家庭或個人來說，其收入也可能因機遇不同、勤奮程度不同等原因導致非常大的差異。

前面我們分析的生產要素價格決定理論，是收入分配論的重要組成部分，它從理論上說明了各個要素的收入源泉及其決定，但沒有對收入在個人之間的分布進行分析。對國民收入在各國民之間的分配分布狀況的考察，需要考察收入分配的不平等程度。這里講的"不平等程度"僅僅涉及數量上的不均等程度，不涉及倫理上的判斷。

一、洛倫茲曲線

洛倫茲曲線（Lorenz Curve）是用幾何圖形度量社會收入分配平等程度的一種方法。它是由美國統計學家洛倫茲（M.O.Lorenz）提出來的。洛倫茲首先將一國總人口按收入由低到高排列，然後考慮收入最低的任意百分比人口所占有的社會收入的百分比。如表7-2所示，收入最低的20%的人口占有的社會收入爲5%，收入最低的40%的人口占有的社會收入爲12%，收入最低的60%的人口占有的社會收入爲30%，等等。最後，洛倫茲將上述人口百分比和收入百分比的對應關係描繪在圖形上，即得到洛倫茲曲線，如圖7-11所示，OEC曲線就是洛倫茲曲線。

表7-2　　收入分配資料

人口百分比（%）	收入百分比（%）
20	5
40	12
60	30
80	50
100	100

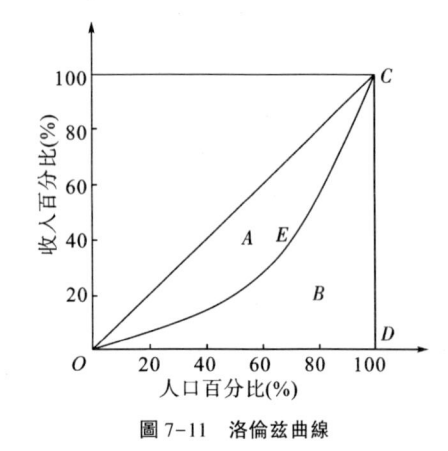

圖7-11　洛倫茲曲線

在圖7-11中，對角線OC爲絕對平等線，因爲在該線上，人口百分比與收入百分比相等，即收入最低的10%的人口得到了10%的收入，收入最低的50%的人口得到了50%的收入，收入最低的90%的人口得到了90%的收入，等等。顯然，在這種情況下，社會收入分配絕對平等。而ODC線爲絕對不平等線，因爲在該線上，除一人外，其餘人的收入都是零，這最後一人占有了社會的全部收入。顯然，在這種情況下，社會收入分配絕對不平等。事實上，一個社會的分配線既不會是OC線，也不會是ODC線，即一個社會的分配絕對平等和絕對不平等都是不可能的，而介於這兩個極端之間的，如OEC曲線。因此，OEC曲線稱爲實際分配線。這樣便可以根據OEC曲線的形狀及位置判斷社會收入分配的平等程度。如果曲線OEC越靠近直線OC，則說明社會收入分配越均等；如果曲線OEC越靠近ODC，則說明社會收入分配越不平等。

二、基尼系數

在洛倫茨曲線的基礎上，義大利經濟學家基尼（Gini）提出了度量收入分配平等程度的綜合指標。這個指標被人們稱爲基尼系數。其公式爲：

$$G = \frac{A}{A+B} \tag{7.6}$$

式中，G 代表基尼系數；A 代表實際分配線與絕對平等線之間的面積（如圖 7-11 所示）；B 代表實際分配線與絕對不平等線之間的面積（如圖 7-11 所示）。顯然，若實際分配線與絕對平等線重合，這時 $A=0$，則 $G=0$；若實際分配線與絕對不平等線重合，這時 $B=0$，則 $G=1$。因此，當基尼系數爲 0 時，收入分配絕對平等；當基尼系數爲 1 時，收入分配絕對不平等。實際的基尼系數總是大於 0 而小於 1，基尼系數越小，社會收入分配越平等，基尼系數越大，社會收入分配越不平等。

利用基尼系數判斷社會收入分配的平等與否，國際上存在通用的標準，基尼系數小於 0.2，表示絕對平均；0.2~0.3，表示比較平均；0.3~0.4，表示基本合理；0.4~0.5，表示差距較大；0.5 以上，表示收入差距懸殊。國際上一般以 0.4 爲警戒線。

三、收入再分配政策

根據經濟學家的解釋，收入不平等的原因有以下幾個方面：

第一，社會的經濟發展狀況。收入分配越不平等的狀況與一個社會的經濟發展狀況有關。按照美國經濟學家庫茲涅茨的觀點，一個國家的經濟發展水平與收入分配之間存在倒 U 形關係，即在經濟未充分發展的階段，收入分配將隨同經濟發展而趨於不平等，因而基尼系數較大；其後，經歷收入分配暫時無大變化的時期，到達經濟充分發展階段，收入分配將趨於平等，基尼系數將變小。

第二，要素所有權的分布不均。如前所述，市場經濟是按照生產要素的邊際生產力決定個人收入的。生產要素所有權分布不均，必然會造成收入分配不均等。

第三，個體差異。每個人的先天能力、努力程度、受教育程度不同。有較高天賦的人可以從事較高收入的職業；天賦一般但勤奮努力且吃苦耐勞，願意從事較爲艱苦的工作，也願意從事較多工作的人，收入自然也不低。特別地，人的受教育程度與個人收入之間具有極大的相關性。一般來講，受教育越多，能力越強，收入水平越高。

第四，其他因素。例如，地區之間經濟發展不平衡、二元經濟結構的存在、經濟政策的傾斜、經濟體制的不完善以及市場經濟中風險與機遇的存在，都可能導致人們收入上的巨大差異。

爲防止收入差距懸殊和貧富兩極對立，保證社會的穩定，政府通常對社會收入分配進行調節。其手段主要如下：

第一，稅收調節。主要是運用個人所得稅來進行調節，同時還附有遺產稅、消費稅、贈與稅、財產稅等。

第二，社會福利政策。比如實行各種形式的社會保障和社會保險、實行最低生活保障以及對貧困者進行培訓和提供就業機會、醫療保險與醫療援助、教育資助、改善住房條件、鼓勵發展社會慈善事業等。

第三，勞動立法保護。比如立法規定最低工資水平、改善工作條件和環境等。

習題

1. 解釋以下關鍵術語：
邊際生產力　邊際收益產品　準租　經濟租　洛倫茲曲線
2. 解釋單個勞動者的勞動供給曲線為什麼向後彎曲。
3. 試述廠商的要素使用原則。
4. 假定廠商的生產函數是 $Q=12L-L^2$。其中，L 是每天的勞動投入，Q 是每天的產出。如果產品在競爭性市場上以 10 元出售，導出廠商的勞動需求曲線。當工資率分別為 30 元、60 元時，廠商將雇用多少工人？
5. 一廠商生產某產品，其單價為 10 元，月產量為 100 單位，每單位產品的市場可變成本為 5 元，平均不變成本為 4 元。試述其準租金和經濟利潤。

第八章　市場失靈與微觀經濟政策

引導案例

公地的悲劇

1968年，英國學者哈丁在《科學》雜誌上發表了一篇題爲《公地的悲劇》的文章。英國曾經有這樣一種土地制度——封建主在自己的領地中劃出一片尚未耕種的土地作爲牧場（稱爲"公地"），無償向牧民開放。這本來是一件造福於民的事，但由於是無償放牧，每個牧民都養盡可能多的牛羊。隨著牛羊數量無節制地增加，公地牧場最終因"超載"而成爲不毛之地，牧民的牛羊最終全部餓死。

公地悲劇在英國是和"圈地運動"聯繫在一起的。15~16世紀的英國，草地、森林、沼澤等都屬於公共用地，耕地雖然有主人，但是莊稼收割完以後，也要把柵欄拆除，敞開作爲公共牧場。由於英國對外貿易的發展，養羊業飛速發展，於是大量羊群進入公共草場。不久，土地開始退化，公地悲劇出現了。於是一些貴族通過暴力手段非法獲得土地，開始用圍欄將公共用地圈起來，據爲己有，這就是"圈地運動"。"圈地運動"使大批農民和牧民失去了維持生計的土地，歷史書中稱之爲血淋淋的"羊吃人"事件。"圈地運動"後，英國人驚奇地發現，草場變好了，英國人整體的收益提高了。由於土地產權的確立，土地由公地變爲私人領地的同時，擁有者對土地的管理更高效了，爲了長遠利益，土地所有者會盡力保持草場的質量。同時，土地兼併後以戶爲單位的生產單元演化爲大規模流水線生產，勞動效率大爲提高。英國正是從"圈地運動"開始，在歷史上一度發展爲"日不落帝國"。

教學目的

現實經濟生活中，市場並不總是有效的，在解決有些經濟問題（如污染）時，市場並不能充分發揮作用甚至無用。市場並不總是能夠有效地配置資源的這種情況稱爲市場失靈。本章主要討論導致市場失靈的幾種情況——壟斷、外部性、公共物品和不完全信息，闡述在市場失靈的情況下，政府如何採用微觀經濟政策對其加以彌補和矯正。

本章重難點

市場失靈，外部性，公共物品，科斯定理，搭便車，尋租。

經濟學的核心問題是社會資源的有效配置。前述各章的微觀經濟學理論論證了所謂"看不見的手"的原理，即完全競爭市場經濟在一系列理想化假定條件下，可以導致整個經濟實現一般均衡，資源配置達到帕累托最優狀態。但是現實的經濟生活中，經濟並不完全符合上述理想化的假設條件，因此在很多場合，現實的市場機制不能或者不能完全有效地發揮作用而導致資源無法得到最有效配置。這種情況被稱為市場失靈。

第一節　壟斷與反壟斷政策

在前面幾章關於市場經濟的分析中，實際上我們已經看到市場失靈的情況。在非完全競爭的幾種結構中，尤其是壟斷競爭和寡頭壟斷的市場結構中，由於壟斷力量的存在，經濟資源並沒有達到最優配置，因為產出達不到消費者所需求的量，同時消費者也必須支付高出邊際成本很多的價格購買商品。因此，不同形式的壟斷實質上就是市場運行失靈的情況，如果沒有政府的介入，壟斷市場就會帶來經濟效率的損失。

一、壟斷的經濟效應

從社會角度評價完全壟斷的效率，我們使用的參考標準是完全競爭市場中的長期有效結果，即 $P=MC=\min LAC$。如前所述，從經濟學的觀點看，一個壟斷者的關鍵特徵就是在某種程度上具有市場影響力。表現在市場的需求曲線上，就是壟斷生產廠商面臨的需求曲線，是一條向右下方傾斜的線。與競爭市場中廠商是價格接受者不同，壟斷廠商是價格制定者。事實上，只要市場是不完全競爭的，廠商面臨的需求曲線就是向右下方傾斜的。若其他條件不變，壟斷程度越高，廠商面臨的需求曲線越陡峭；相反，競爭程度越高，廠商面臨的需求曲線越平緩。

根據完全壟斷企業均衡條件我們知道，與完全競爭企業相比，壟斷廠商能以較高的價格和較低的產量獲得更多的經濟利潤。這意味著壟斷廠商均衡時的產量低於平均成本最低點的產量，壟斷廠商的產品價格高於最低平均總成本，即 $P>\min LAC$，這表明壟斷沒有達到生產有效的產量和價格水平。不僅如此，壟斷廠商均衡時的價格也大大高於邊際成本，即 $P>MC$，這表明社會對額外單位壟斷廠商生產的產品的價值評估遠遠高於其所需資源可生產的其他產品。因此，壟斷企業的利潤最大化導致了資源在壟斷產品上的配置不足。壟斷企業為盈利而限制產量，其使用的資源水平要比從社會的角度看低，即壟斷不能做到分配有效。

以上分析表明，由於壟斷導致較高的價格和較低的產量，會使消費者受損而使生產者受益。但是，如果我們將消費者的福利和生產者的利益看成一樣重要的，那麼壟斷使得消費者和生產者作為一個整體是受益還是受損呢？

為簡單起見，我們假定競爭市場和壟斷市場具有相同的成本曲線。圖 8-1 給出了壟斷者的平均收益曲線和邊際收益曲線以及邊際成本曲線。為了使利潤最大化，廠商在 $MR=MC$ 相交之處生產，因此價格和產量分別為 P_m 和 Q_m。在一個競爭市場中，價格必須等於邊際成本，因而競爭價格和產量（P_c 和 Q_c）由平均收益（即需求）曲線與邊際成本曲線的交點決定。

比較競爭時的價格和產量組合與壟斷時的價格和產量組合，我們會發現，由於壟斷時的價格高，並且消費者購買量也較少，消費者減少了四邊形 A 和三角形 B 部分面積所表示的消費者剩餘，生產者增加了四邊形 A 部分面積所表示的生產者剩餘，但減少了三角形 B 部分面積所表示的生產者剩餘。壟斷條件下由生產者剩餘和消費者剩餘共同構成的社會剩餘，淨損失爲三角形 B 和 C 部分面積來表示，這就是由於壟斷造成的社會福利淨損失，也稱純損。

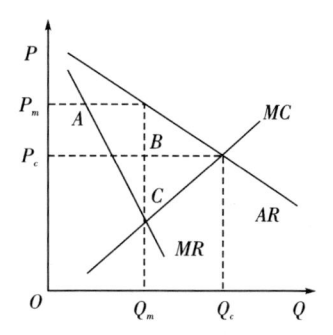

圖 8-1　壟斷造成的福利損失

由於壟斷可以使廠商獲得更多的利潤，因而爲了保持這種超額利潤，壟斷廠商的往往會採取各種形式的維持壟斷的措施，包括遊說政府制定更有利於自身的政策。這種爲了尋求額外的利潤而進行的活動稱爲尋租行爲。尋租不僅要花費成本，而且會滋生政府腐敗。尋租導致無謂損失，因爲這裡沒有新的生產性活動。尋租活動的經濟損失究竟有多大呢？就單個尋租者而言，通常其願意花費在尋租活動上的代價不應超過壟斷地位可能給它帶來的經濟利潤，否則就得不償失。然而，在很多情況下，由於爭奪壟斷地位的競爭非常激烈，尋租的代價常常要接近於甚至等於全部的壟斷利潤。

從企業成本角度看，所謂的 X—非效率，指的是企業生產任一產量的實際生產成本高於它可能達到的與該產量對應的最低平均總成本。具體來說，X—非效率主要體現在三個方面：一是企業內不同集團的利益目標的不一致；二是由於企業經濟效益與每個職工工作努力程度的關係模糊，導致激勵機制弱化；三是由於管理層次增加，信息溝通的速度和質量下降，從而導致組織、管理費用增加。

儘管壟斷帶來的經濟利潤爲壟斷企業提供了充裕的研究與開發活動所需的資金，但壟斷企業幾乎沒有使用新技術的動力。因爲一旦壟斷形成後，競爭的壓力就大大減少了，從而推動技術創新的動力也相應減弱。由此，大多數經濟學家認爲，壟斷是缺乏效率的，建議政府採取反壟斷政策。但也有經濟學家認爲，研究和技術進步可能成爲壟斷企業設立的進入壁壘之一，因此在有潛在外部競爭壓力時，壟斷廠商爲了維護壟斷地位，會不斷地進行技術創新，通過技術上的不斷革新來阻止其他廠商進入，這種現象在現實經濟生活中是存在的。但此時，實際上是潛在的競爭而非壟斷的市場結構驅動着技術創新。在理論上，完全壟斷模型中不存在這種競爭，進入被完全封鎖。

由此，經濟學家斷言，壟斷是缺乏效率的，建議政府採取反壟斷政策。

二、反壟斷法與政府管制

針對壟斷造成的市場失靈，政府可採取經濟的、行政的和法律的手段限制壟斷行爲，包括行業的重新組合、經濟和行政處罰以及實施反壟斷法。

(一) 反壟斷法

反壟斷法又稱爲反托拉斯法，是政府反對壟斷及壟斷行爲、保護和促進市場競爭的重要的法律手段。從世界各國的立法和司法實踐來看，大部分國家和地區反壟斷法的立法目的都是多元的。反壟斷法的立法目的通常包括保護競爭機制、促進社會經濟效益和福利、增進消費者福利、促進經濟民主等。許多國家和地區都有反壟斷法。

1890年，美國通過了第一部反壟斷法——《謝爾曼法》。1914年，美國又相繼通過了《克萊頓法》和《聯邦貿易委員會法》，這三部法律共同構成了美國反壟斷法的核心。隨著世界貿易自由化的發展，反壟斷法在國際領域得以產生。1948年的《哈瓦那憲章》被認爲是第一個國際性的反壟斷法。隨著第二次世界大戰後國家干預主義的興起，世界各國掀起了反壟斷法的立法高潮，主要有1947年日本的《禁止私人壟斷及確保公正交易法》、1948年英國的《獨占及限制行爲調查管制法》、1957年德國的《反限制競爭法》等。

針對不同的壟斷，政府可以分別或同時採取行業的重新組合和處罰等手段，而這些手段往往是根據反壟斷法制定的。

1. 行業的重新組合

如果一個壟斷的行業被重新組合成包含許多廠商的行業，那麼廠商之間的競爭就可以把市場價格降下來。被重新組合的行業競爭程度越高，市場價格就越接近於競爭性價格。政府採取的手段是分解原有的壟斷廠商或掃除進入壟斷行業的障礙並爲進入廠商提供優惠條件。

（1）如果一個行業壟斷是通過行業中的廠商兼併或者一家廠商依靠較大的規模設置進入障礙而形成的，那麼就可以依靠政府力量把行業中的壟斷廠商分解爲幾個或多個較少的廠商，例如，1983年之前，美國的電話電報公司是一家具有壟斷力量的廠商，它在全國範圍內提供95%以上的長途電話服務和85%的地方電話服務，並出售大部分電信設備。爲加強這一行業的競爭，美國政府迫使美國電報電話公司將地方電報電話公司賣掉，使其規模減少了80%，從而降低了電信市場的壟斷程度而增強了競爭。

（2）一般而言，對壟斷行業的重新組合並不能馬上形成完全競爭的市場結構。即使大廠商被分解後形成的小廠商也具有一定程度的市場支配力，爲配合把競爭因素引入壟斷行業，讓新加入一個壟斷行業經營的廠商有能力與原有的廠商競爭，政府要對新廠商給予一定的優惠，減少進入障礙。

2. 處罰

如果一個行業不存在進入障礙，那麼一般廠商不會在長期內獲取超額利潤。因此，已經取得壟斷地位的廠商總是試圖設置進入障礙，或者採取不正當競爭手段排擠競爭者，以維護自身市場的支配力，爲此政府可以利用各種處罰手段加以制止。對壟斷行爲的制止重點在於清除進入障礙，鼓勵更多的廠商進行競爭。對不執行反壟斷規定的廠商或個人，政府可以對其實行經濟制裁，包括要求其對壟斷行爲受害者支付賠償金和向相關部門繳納罰金。

(二) 政府管制

政府針對壟斷採取的另一種可供選擇的矯正手段是對壟斷廠商實行管制，管制的措施主要包括價格控制、價格和產量的雙重控制、稅收或補貼以及國家直接經營。

1. 對壟斷廠商的管制

為了便於分析，我們借助圖 8-2 進行討論。$D=AR$ 為廠商面臨的需求曲線，MR 為廠商的邊際收益曲線，AC 和 MC 分別為廠商的平均成本和邊際成本曲線。首先考慮不存在政府管制的情況。依前述分析類推可知，壟斷廠商在利潤最大化條件下決定生產的壟斷產量為 Q_m，壟斷價格為 P_m。此時，壟斷造成了低效率，因而需要政府進行管制。現在考慮政府對壟斷廠商實行價格管制的情況。現在的問題是，政府應將價格定在何處才能消除因壟斷而造成的無謂損失？

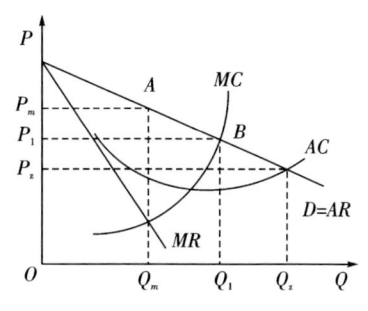

圖 8-2 對壟斷廠商的管制

顯然，將價格定在壟斷廠商邊際成本與邊際收益相等的水平時，即管制價格等於邊際成本，此時價格水平定在 P_1，資源配置不存在帕累托改進。可以看出，價格水平為 P_1 時，壟斷廠商仍然可以獲取一部分經濟利潤。如果要消除這一部分經濟利潤，政府應把壟斷的價格水平定在與平均成本相等之處，即 P_2 處。但是，這會導致邊際成本大於價格，造成資源在整個社會配置的低效。

2. 對自然壟斷廠商的管制

上述討論針對的是壟斷廠商平均成本具有向上方傾斜的情況（平均成本曲線是 U 形），但並不是所有的壟斷廠商面臨的情況，如自然壟斷型產業。所謂自然壟斷，是指在行業中，規模經濟在很大的產量範圍內存在，以至於相對於市場需求決定的範圍而言，隨著產量增加，廠商的平均成本是遞減的。這類行業通常需要大型的資本設備和大量的固定生產要素，如城市自來水公司、公用電話局等。在這樣的行業，任何低於市場需求量需要的生產成本都較高，這就意味著試圖通過競爭來消除壟斷是不現實的，因為生產規模小於現有廠商時，進入該行業的廠商不可能與原有廠商進行競爭；反之，如果進行競爭，就會花費更大的固定投入量，從而使生產能力過剩。

如圖 8-3 所示，當政府不進行價格管制時，利潤最大化時壟斷廠商的產量和價格分別為 P_m 和 Q_m。顯然，此時的價格過高，產量過低，因而導致了社會福利損失。當政府進行價格管制時，應如何定價呢？

政府對自然壟斷行業的管制不能只是價格管制，可供選擇的管制政策措施是既管制價格，又管制廠商的產量。從理論上說，在市場需求曲線上的任何一個價格與產量組合都可以作為政府對壟斷廠商的管制。之所以要對產量進行限制，是因為在這一價格下，如果允許廠商自主決策，它會按照價格等於邊際成本的原則決定產量，從而使得產量並不等於市場需求量。但在實踐中，政府往往按平均成本定價，廠商只獲得正常利潤。如圖 8-3 所示，如果價格定為 P_c 時，產量為 Q_c，資源配置最有效率，達到帕累托效率。但這時出現一個問題，那就是壟斷廠商的平均收益小於平均成本，從而出現虧損，進而導致該廠商退出市場。否則，政府必須對其進行補貼。如果把價格定爲 P_z 時，則壟斷廠商不至於虧損，而且又增加了社會福利，因而政府應把管制價格定在 P_z 的水平。

3. 管制的實踐：回報率調節和直接經營

從理論上講，對壟斷企業價格的管制最低價格是通過邊際成本和需求曲線的交點得到，然而由於市場需求條件變動時廠商的需求曲線和成本曲線也會變動，因此實踐中決定這些價格非常困難。

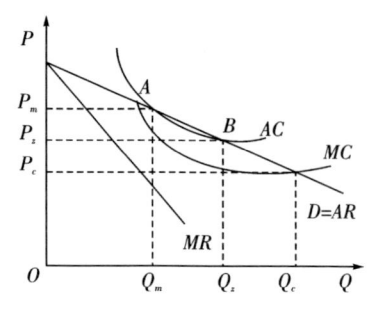

圖 8-3 對自然壟斷廠商的管制

在實踐中，政府管制遵循的原則是"對公道的價值給予一個公道的報酬"。例如，資本回報率管制，即政府爲壟斷廠商規定一個接近於"競爭的"或"公平的"資本回報率，它相當於等量的資本在相似技術、相似風險條件下所能得到的平均市場報酬。爲實現這一原則，配合價格及價格和數量管制，政府往往採取補貼或稅收手段，如果壟斷廠商因爲政府的價格管制或者價格和數量雙重管制而蒙受損失，政府應給予適當的補貼，以便使壟斷廠商獲得正常利潤；如果在政府管制後，廠商仍可以獲得超額利潤，那麼政府就應徵收一定的特殊稅收，以有利於公平分配。

對壟斷行業，政府也可以採取直接經營的方式來解決由於壟斷造成的市場失靈。由於政府經營的目的不在於利潤最大化，因此可以按照邊際成本或者平均邊際成本決定價格，以便部分地解決由於壟斷產生的產量低和價格高等低效率問題。

也有些經濟學家對政府實行價格管制的成效提出了質疑。喬治·施蒂格勒通過對美國各州供電情況的考察，認爲政府的價格管制只會導致壟斷企業變相地降低服務質量，而無法真正地達到管制的目標，同時只要有來自其他能源的競爭，即使廠商完全壟斷了電力的供應，也無法對能源市場實施完全的壟斷。

第二節 公共物品

一、公共物品的特徵

物品有公共物品和私人物品之分。私人物品是指所有權屬於個人，具備競爭性和排他性，能夠通過市場機制達到資源優化配置的產品。公共物品並不一定指由政府或公共部門提供的物品，而是指那些具有非競爭性和非排他性，不能依靠市場機制實現有效配置的產品。具體來說，公共物品是指這樣一類物品，其一旦提供出來，生產者就無法排斥那些不爲物品付費的個人使用，或者排他的成本過高以至於變得難以實現，如國防、燈塔、警務、道路、廣播電視等。

一種物品要成爲公共物品必須具備以下特徵：

(一) 消費的非競爭性

競爭性是指消費者或消費數量的增加引起的商品的生產成本的增加，私人物品大都具有競爭性。但是，公共物品都不具有消費的競爭性，如廣播、電視、航標燈等，它們共同的特點是消費者人數的增加並不對生產成本產生影響。增加一些人聽廣播、看電視並不會影響電臺的信號發射成本；汽車通過橋樑只要不是太擁擠，則就是非競爭性的，因爲通過一輛汽車對橋造成的折舊很小，接近於零。

公共物品的非競爭性特點說明，儘管有些公共物品的排他性可以很容易就能被發現，如在橋頭設立收費站，但這樣做並不一定有效率。依照有效率的條件，廠商的定價原則應該是價格等於邊際成本，如果橋樑由私人部門提供，其會索要等於邊際成本的費用，既然每輛車花費廠商的邊際成本接近於零，那麼廠商的價格也應該等於零，結果私人不可能供給這些物品。

(二) 消費的非排他性

排他性是指某個消費者在購買並得到一種商品的消費權之後，就可以把其他消費者排斥在獲得該商品的利益之外，私人物品在使用上具有排他性。非排他性是指某個消費者在消費某個特定商品時，無法排斥其他消費者消費此商品並獲效用。

公共物品的非排他性使得通過市場交換獲得公共物品的消費權力機制出現失靈。對廠商而言，必須把那些不付錢的人排斥在消費商品之外，否則其就很難彌補生產成本。對於一個消費者而言，市場上的購買行爲，顯示了其對於商品的偏好。由於公共物品的非排他性，公共物品一旦被生產出來，每一個消費者可以不支付就獲得消費權力，每一個消費者都可以"搭便車"。消費者的這種行爲意味着生產公共物品的廠商很有可能得不到抵補生產成本的收益。在長期，廠商不會提供這種物品，可見公共物品很難要求市場提供。

(三) 效用的不可分割性

公共物品的不可分割性是指公共物品的供給與消費不是面向哪一部分人或利益集團，而是面向所有人的；公共物品也不能分成細小的部分，只能作爲一個整體被大家享用。

從嚴格意義上來講，只有同時具備非競爭性和非排他性的物品才是公共物品，但是這樣純粹的公共物品是非常少的。例如，對公園的消費只在一定限度內具有非競爭性。如果一個不大的公園內擠滿了遊客，則每個遊客對公園的消費都影響到了其他遊客對公園的消費。公園也不具有非排他性，很多公園有圍牆和售票處，只有買了門票的人才有資格消費公園提供的閑適環境。但在一般情況下，公園還是被經濟學家們當成公共物品來看待。因此，一般來說，只要某種物品具有一定的非競爭性或非排他性以致對這種物品的市場提供造成了困難，我們就可以將其作爲公共物品來看待。

根據非排他性和非競爭性的程度來看，公共物品可分爲以下三類：

第一，同時具有非排他性與非競爭性的純公共物品，如路燈、外交、國防、治安、法律制定等。

第二，具有非排他性和競爭性的準公共物品，也稱公共資源，如公海的漁業資源。

第三，具有排他性和非競爭性的準公共物品，也稱俱樂部物品，如電信、電力、石油等。

二、公共物品的供給與市場失靈

星期一的早上，你準備乘公共汽車去上學，正巧碰見一熟人開車將路過你的學校，於是你便搭乘他的車到學校去。在這個行爲中，你乘坐了熟人的車，但是你並不需要向他支付費用，這種行爲被稱爲"搭便車"。經濟學將其借用過來表示一類行爲，即某人不進行購買而消費某種物品的行爲。每個消費者在經濟上都是理性的，而公共物品具有非競爭性和非排他性，那麼每個消費者都將利用這一點，主觀上是不願意爲集體消費的公共物品支付價格的。例如，不少地方的有線電視安裝，很多人利用鄰居安裝的有線電視，自己接一插口逃避價格，從而必然產生"搭便車"行爲。

在公共物品的供給問題上，往往存在着"搭便車"問題，即每個人都想着最好由別人來提供公共物品，自己免費享用，最終往往私人不願意提供這種物品。這就產生了典型的市場失靈，即市場機制不可能自發產生公共物品的供給。公共物品的供給通常由政府負責。

此外，公共資源被過度使用從而造成災難性的後果的現象，即經濟學者常說的"公地悲劇"在經濟生活中也是很普遍的。例如，公共場所的髒、亂、差，一些企業隨意使用老字號，旅遊公司組團免費參觀著名高校等等，最後造成公共場所幾乎沒法使用、老字號被"砸"、高校的正常秩序受到干擾或草地被破壞等"悲劇"。之所以"公地悲劇"如此普遍，是因爲這些場所、老字號或學校至少在某些方面的活動中是沒有排他性的，誰都可以從中受益而不需承擔成本。在可以不顧及其造成的社會成本的情況下，只要個人的邊際收益大於等於個人的邊際成本，個人都會無限地使用公共資源，最終釀成"公地悲劇"。

三、公共物品的供給機制

公共物品的供給面臨的關鍵問題是如何克服"搭便車"難題，如何提高公共物品提供的效率問題。

在現實社會中，人們通過各種不同的社會體制去決定公共物品的生產。一種是用集權決策的辦法，即由一個人或少數人去決定各種公共物品的生產數量。這種辦法的優點是決策成本較低，所費時間也少，但是這種方法不一定能體現大多數人的意見，因而可能會引起多數人的不滿。如果把這種不滿作爲決策的外部成本的話，則這種集權決策的外部成本是比較大的。另一種是用投票的辦法，即社會全體成員用投票的方式來決定公共物品的生產數量。現代微觀經濟學中出現的公共選擇理論，就是用經濟學來分析、研究政府對公共物品的決策和選擇。第二次世界大戰後，西方發達國家的公共物品在社會產品中的比重有了很大的增長。這促使了經濟學家來研究政府機構在公共物品選擇方面的運行機制，即所謂的非市場集體決策機制。這裡說的"非市場"是指公共物品的供求不像私人物品那樣通過市場來決定；這裡說的"集體決策"是指公眾通過投票來把個人關於公共物品的需求偏好反應出來，並取得協調，然後政府官員根據投票結果進行決策，作爲社會對公共物品的選擇加以貫徹執行。

公共選擇理論就是以經濟學中"所有個人都追求自身利益的最大化"的基本假設爲前提，依據自由的市場交換能使雙方都獲利的經濟學原理來分析政府的決策行爲、民眾的公共選擇行爲以及兩者關係的一種理論。

公共選擇有兩個基本特點：一是建立在對消費者偏好充分瞭解的基礎之上的；二是公共物品的提供決策是集中做出的。其中，"多數票機制"是西方國家使用最廣泛的公共投票選擇的原則。

公共選擇的投票（即集團選擇）規則如下：

第一，一致同意規則，即一項集體行動方案只有在所有參加者都認可的情況下才能實施。這里的"認可"意味着讚成或者至少不反對；如果有一個人反對，則相關議案即被否決。這樣通過的方案，能夠充分保證每個投票人的利益，避免"搭便車"的行爲，但決策成本太高，決策時間太長，很多情況下甚至根本無法達成協議。

第二，多數同意規則，即一項集體行動方案只有在所有參加者中的多數認可的情況下才能實施。與一致同意規則相比，其決策成本相對較低，也更容易達成協議，但忽略了少數人的利益，可能出現"收買選票"的可能，最後的集體選擇結果也可能不是唯一的。

第三，加權規則。按照一個集體行動方案對不同參加者的不同重要性給予"加權"，即分配選舉的票數，相對重要的擁有更多選舉票數，反之亦然。按實際得到的票數（而非人數）的多少決定集體行動方案。

第四，否決規則。首先讓每一個參與者提出自己認爲可行的行動方案進行匯總，然後讓每一個參與者否定自己不同意的那些方案，最後剩下的沒有被否決的方案就是可選擇方案。如果剩下的方案多於一個，可以再借助於其他規則進行選擇。

公共選擇理論還分析了政府官員制度的運行機制，認爲這個制度在動作上是缺乏效率的。其理由是政府各部門向社會提供的產品和服務帶有壟斷的性質。因爲沒有競爭，必然缺乏促使其提高效率的壓力。另外，政府官員制度有一個擴大編制機構的內在動力。機構規模越大，官員的官位級別也就越高，相應的權力也就越大。英國的帕金森所講述的"官場病"對此有較詳細的描述，各級政府機構的經費靠政府財政撥款，因此官員們總是盡可能多地申請經費，以便在繁瑣的辦公程序中使用。至於這中間究竟有多少是必須使用的，很值得懷疑。許多人認爲，其中相當一部分經費實際上是在繁瑣的辦公程序中被浪費掉的。這甚至比一般的浪費更糟，很可能是花了錢反而給正常的工作程序制造了麻煩。

爲了讓政府更有效地提供公共物品，公共選擇理論認爲，主要途徑是引入競爭機制。具體做法是：第一，打破或降低政府管理公共部門的壟斷程度，使公共部門的權力分散化。在不失去規模經濟的前提下，政府可以允許建立業務內容有重複的公共機構，使它們之間也有個競爭，促使它們提高效率。例如，把原來的郵電局分成獨立核算的郵局和電信局；在普通郵遞系統之外，還可以有特快專遞系統等。第二，由私人企業承擔公共物品的生產，讓它們和政府管理的公共部門進行競爭。例如，政府進行基礎設施建設時，可以用招標的方式讓私人企業參加承包競爭。又如，有些公共部門的工作，如環境衛生、醫療保健、治理污染等工作也可由私營企業來承辦。在縮小政府管理的生產部門規模的同時加強了工作的競爭性，提高了效率。

第三節　外部性

一、外部性及其分類

現實經濟生活中往往會有這樣的情況：某個人的行爲給他人造成了消極的影響，但他卻不需要爲此付出代價。例如，一棟居民樓某個樓層的某個單元房決定進行内部裝修，歷時一個月，該層樓的其他單元房和這棟樓與之相鄰的上下層甚至更大範圍的居民都在這個月里被裝修發出的噪音、建築垃圾的產生與堆放所困擾，生活質量下降。或者相反的情況，某個人的行爲給其他人帶來了積極的影響，但他卻得不到好處。例如，一棟樓的某居民精心養育和布置陽臺上的鮮花，盛開的鮮花不僅美化了陽臺，也使整個居住小區的其他居民賞心悅目。在經濟學中，我們把這兩類現象統稱爲外部性。

外部性是指某一經濟單位的經濟活動對其他經濟單位施加的非市場性影響。非市場性是指一種活動產生的成本或利益未能通過市場價格反應出來，而是無意識強加於他人的。換句話說，一個人的一項經濟活動對他人造成的影響未計入市場交易的成本與價格之中，使得這個人從該活動中得到的私人利益與該活動帶來的社會利益不一致，或者這個人爲其活動付出的私人成本與該活動造成的社會成本不一致。這種現象就被稱爲外部性。

根據外部影響的"好"與"壞"，外部性分爲正外部性和負外部性。如果某人的行爲給他個人帶來的收益小於該行爲帶來的社會收益，則他的這一行爲就具有正外部性（外部經濟）；如果某人的某個行爲給他個人帶來的成本小於該行爲造成的社會成本，那他的這一行爲就具有負外部性（外部不經濟）。

從生產和消費兩個角度可以把外部性分爲生產的外部經濟性、消費的外部經濟性、生產的外部不經濟性和消費的外部不經濟性四種類型。

(一) 生產的外部經濟性

當一個生產者採取的經濟行爲對他人產生了有利的影響，而自己卻不能從中獲得利益時，便產生了生產的外部經濟性。例如，果園主擴大果樹面積會使養蜂者受益，而養蜂者無須向果園主支付費用。

(二) 消費的外部經濟性

當一個消費者採取的行爲對他人產生了有利的影響，而自己卻不能從中得到補償時，便產生了消費的外部經濟性。例如，有人在自己的花園里種植花草樹木時，路人得到了美感並可能使附近的房地產價值升高。

（三）生產的外部不經濟性

當一個生產者採取的行為使他人付出了代價而又未給他人以補償時，便產生了生產的外部不經濟。在環境保護領域，更多見到的是環境的外部不經濟性。例如，假設一條小河的流域內只有一個造紙廠和一個遊樂場，造紙廠在河上遊，遊樂場在河下遊，造紙廠向河流排放廢水會導致遊樂場收入減少。

（四）消費的外部不經濟性

當一個消費者採取的行為使他人付出了代價而又未給他人以補償時，便產生了消費的外部不經濟性。當一個消費者在公衆場合吸烟時，會影響他人的健康，但他並不因此而向受害者支付任何補償。

二、外部性對資源配置的影響

外部性產生於個人的成本收益與社會的成本收益之間的差異。外部性對經濟效率的影響在於它使得私人行為與社會需要的數量出現差異，這一點可以由私人成本和社會成本加以說明。私人成本是指一個經濟單位從事某次經濟活動所需要支付的費用，一項經濟活動的社會成本是指全社會為了這項經濟活動需要支付的費用，包括從事該項經濟活動的私人成本加上這一活動給其他經濟單位帶來的成本。如果一項經濟活動產生外部不經濟，則社會成本大於私人成本；如果一項經濟活動產生外部經濟，則社會成本小於私人成本。

由於市場是通過每個理性經濟人追求其個人利益最大化的行為來配置資源的，因此當存在外部性時，從社會的角度看，市場配置資源的結果往往不是最優的。下面我們以生產的外部不經濟性為例來說明外部性對資源配置的影響。

圖 8-4 反應了造紙廠在完全競爭性市場中的生產決策。橫軸表示造紙廠的產量，縱軸表示生產成本或產品價格。MC_H 曲線表示造紙廠的邊際成本，假定紙的價格為 P_1，廠商面臨的產品需求曲線為 D。由 $MR=MC_H$，確定該廠商的利潤最大化均衡點為 B，此時最優產量為 Q_1。當造紙廠在生產時，給下遊的養殖場帶來了負面影響，從而增加了外部成本，我們稱之為邊際外部成本（MEC）。MC_S 表示邊際社會成本，由邊際生產成本和邊際外部成本兩部分組成，即 $MC_S=MC_H+MEC$。顯然，從社會的角度而言，該廠商的生產均衡應該在價格等於邊際社會成本的 A 點，最優生產規模為 Q^*。綜上所述，該廠商由於沒有考慮廢水排放對下遊養殖場造成的危害而生產的紙太多。

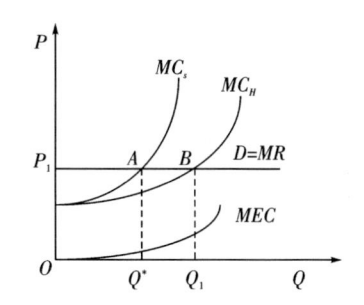

圖 8-4 外部性不經濟對資源配置的影響

一般而言，在存在外部不經濟的條件下，對個人而言的最優產量要大於對社會而言的最優產量；在存在外部經濟的條件下，對個人而言的最優產量要小於對社會而言的最優產量。

三、針對外部性的公共政策

由於外部性造成資源配置缺乏效率的原因是由於私人部門用於決策的成本與社會實際付出的成本之間出現偏差，因此矯正外部性影響的指導思想是外部經濟影響內在化，爲決策者提供衡量其決策的外部性的動機。其主要措施有稅收、補貼、企業合並以及明確產權。

（一）庇古稅和補貼

對制造外部性的經濟主體進行徵稅（或補貼），是一種解決外部性問題的可行方法。這一方法最先由英國的經濟學家庇古提出，也被稱爲庇古稅。但是，如何制定徵稅或補貼標準呢？從理論上來說，對造成外部不經濟的家庭或廠商實行徵稅，其徵稅額應該等於該家庭或廠商給其他家庭或廠商造成的損失額，從而使該家庭或廠商的私人成本等於社會成本。對於產生外部經濟的家庭或廠商，政府應給予補貼，其補貼額應該等於該家庭或廠商給其他家庭或廠商帶來的收益額，從而使該家庭或廠商的私人利益和社會利益相等。

與管制相比，經濟學家們普遍更傾向於庇古稅。爲了更好地說明問題，我們來看下面的例子。假設某地有一造紙廠和化肥廠，它們每家都要排放4 000噸的廢棄物。現在，當地環保部門試圖控制它們的排放量，以改善環境，並爲此而設計了兩種辦法：其一，管制政策，即環保部門命令每家廠商只能排放2 000噸的廢棄物；其二，徵收庇古稅，即對每家廠商徵收每噸廢棄物2萬元的稅收。

在大多數經濟學家看來，在減少污染總水平上，管制政策與徵收庇古稅兩者同樣有效。因爲環保部門可以把稅收確定在某一適當水平，從而使得每家廠商的排放廢棄物量與環保部門所期望的管制量一致。經濟學家之所以偏愛稅收，主要原因在於稅收在減少污染上更有效率。雖然管制可以要求每個廠商減少相同量的廢棄物，但這並不是最佳的辦法。一種完全可能的情況是，化肥廠減少污染的成本比造紙廠低。其結果是化肥廠對稅收的反應是大幅度地減少污染，以少納稅，而造紙廠減少的污染則要比化肥廠少，與此同時，繳納的稅多；反之亦然。換句話說，庇古稅實際上起到給污染定價的作用。與市場把物品分配給那些對物品評價最高的消費者一樣，庇古稅把污染權分配給那些減少污染成本最高的工廠。總而言之，通過徵收庇古稅，環保部門能夠以最低的成本達到規定的染污水平。

此外，經濟學家還認爲，當管制政策制定後，那麼廠商的廢棄物排放量一旦達到2 000噸後，就沒有理由再減少排放量了。而稅收則可以激勵廠商開發更爲先進的技術，以減少廢棄物排放量，從而減少廠商支付的稅收量。

（二）企業合並

將施加和接受外部成本或利益的經濟單位合並是解決外部性的第二種手段。無論是外部經濟還是外部不經濟的廠商，政府如果把這兩個廠商合並或兩個廠商自願合並，則外部性就"消失"了或被"內部化"了。合並後的廠商爲了自己的利益，使生產確定在$MR=MC$水平上，容易實現資源配置的帕累托最優狀態。如果外部性的影響是小範圍的，如一家小餐館對一家洗衣店造成了污染，則由政府出面，以適合的價格把洗衣店賣給這家餐館，通過合併，外部成本內部化了。

(三) 明確產權

明確產權措施的思想來源於以科斯爲代表的產權學派經濟學家。科斯認爲，之所以會產生外部性問題，關鍵在於權利沒有得到明確的界定。如果不存在交易費用，只要從法律上規定了外部性問題中雙方的權利，那麼雙方會通過自主的交易重新調整最初的權利安排，從而使資源配置達到帕累托最優，於是也就不存在外部性了，這一觀點也被稱爲科斯定理。只要產權是明確的，則在交易成本爲零的條件下，無論最初的產權賦予誰，最終效果都是有效率的。

可以用一個例子來說明科斯定理。假設有一個湖泊，周圍住着10戶人家，他們都需要以湖水作爲飲用水；湖邊還有一家造紙廠，要向湖中排放污水。於是，造紙廠的生產活動就造成了負的外部效應，它排放的污水使湖水水質變壞，不能飲用了。假定這10戶人家因飲用這種受污染的水而遭受的損害可以用貨幣來衡量，並且這種損害是每戶人家10萬元，那麼這10戶人家受到總損失就是100萬元。爲了避免這種損失，可以有兩種辦法：一種辦法是給造紙廠安裝一個污水處理系統，使造紙廠的污水經過處理以後再排放入湖泊，從而不會使湖水水質變壞，假設這種污水處理系統需要20萬元支出。另一種辦法是這10戶人家每家安裝一個湖水淨化器，使受污染的湖水經過處理後符合飲用標準。假設每個湖水淨化器要4萬元，那麼這10戶人家就總共需要40萬元支出。這兩種辦法一比較，就可以看出，給造紙廠安裝污水處理系統是比較經濟的，也就是說，這種方法消除污染的成本最低。

科斯定理的意思就是不論把使用湖泊的產權給了造紙廠還是給了這10戶居民，只要交易成本爲零，市場機制自動會找到最經濟的處理辦法。假設法定的湖泊使用權給了造紙廠，那造紙廠就會認爲向湖泊排放污水是它的權利，它自然不會爲處理污水而多花20萬元支出，於是這10戶居民就要考慮了：與其自己每家花4萬元安裝一個湖水淨化器，不如大家拼湊20萬元給造紙廠安裝一個污水處理系統來得合算。於是這10戶人家就會互相商量，達成一致意見以後，再和造紙廠商量，並說服造紙廠，由10戶人家給造紙廠安裝一個污水處理系統。相反，要是法定的湖泊使用權給了這10戶人家，那他們絕不會同意造紙廠污染湖水的，他們會向造紙廠提出賠償損失的要求，於是造紙廠就要考慮了：與其賠償10戶人家的100萬元的損失，不如自己用20萬元安裝一個污水處理系統來得合算。

從上面的論述中可以看出，科斯定理對庇古稅的方法和結論進行了反駁。按照科斯定理，如果沒有交易費用，最初的權利安排不影響資源配置的結果，無論權利界定給了哪一方，市場都會通過交易費用達到帕累托最優的結果。因此，科斯定理大大削弱了政府在外部性問題中的作用，認爲政府不應對製造外部性的一方徵稅，政府應該使權利得到清楚的界定。

然而，通過更深入的考察，我們發現，只有在滿足一些特定的假設前提下，科斯定理的結論才能成立。科斯定理要求不存在收入效應的影響，如果行爲主體的效用函數受收入多少的影響，則初始的權利安排仍然會對資源的配置產生影響。

科斯定理的條件是不存在交易費用。而在現實的世界中，普遍存在的交易費用是無法忽略的。例如，在造紙廠污染湖水的例子中，居民和造紙廠之間的談判是需要費用的。在居民之間也存在着組織的費用，如果每一個居民都等着別人"出頭"去和造紙廠談判，那麼就不會有任何一個居民去進行談判。在存在交易費用的情況下，產權的初始界定無疑就是非常重要的了。

通過以上分析，我們可以看出，在外部性問題上，無論是從庇古稅的角度來看還是從科斯定理的角度來看，政府的干預都是不可或缺的。從科斯定理的角度出發，政府的作用主要表現在對權利的界定以及保證這些權利的實施。庇古稅實際上隱含着權利已經界定這個假設條件，因此庇古稅在某種意義上也可以理解爲爲了降低交易費用而由政府代表全體居民與企業進行交易。

第四節　信息不對稱

一、信息、信息的不完全和不對稱

在經濟學中，信息可以歸結爲包括物品（勞務）和生產要素的價格、質量和數量等，不同經濟主體（如買方和賣方）討價還價的能力、信譽度等知識。

在本書前面的部分，我們關於市場的描述中隱含一個重要的假設：經濟行爲人擁有完全信息，即參與經濟交易的各方都擁有其從事的經濟活動有關的所有變量的全部信息。在信息完全的情況下，交易各方對經濟行爲結果的瞭解是確切無誤的，未來沒有不確定性。不確定性是指經濟活動的當事人事先不能準確地知道自己決策的結果。

顯而易見，上述關於完全信息的假定並不符合現實。在現實經濟中，信息常常是不完全的，甚至是很不完全的。在這裡，信息不完全不僅是指絕對意義上的不完全，即由於認識能力的限制，人們不可能知道在任何時候、任何地方發生的或將要發生的任何情況，而且是指相對意義上的不完全，即市場經濟本身不能夠生產出足夠的信息並有效地配置它們。這是因爲作爲一種有價值的資源，信息不同於普通的商品。人們在購買普通商品時，先要瞭解它的價值，看看值不值得買，但是信息就完全不同了。人們之所以願意出錢購買信息，是因爲還不知道它，一旦知道了它，就沒有人會願意再爲此進行支付。這就出現了一個困難的問題：賣者讓不讓買者在購買之前就充分地瞭解出售的信息的價值呢？如果不讓，買者就可能因爲不知道究竟值不值得而不去購買它；如果讓，買者又可能因爲已經知道了該信息而不去購買它。在這種情況下，要能夠做成"生意"，只能靠買賣雙方的並不十分可靠的相互信賴：賣者讓買者充分瞭解信息的用處，而買者則答應在瞭解信息的用處之後便購買它。顯而易見，市場的作用在這裡受到了很大的限制。

信息不完全的一個主要體現就是信息不對稱，即在經濟交易中，交易的雙方（或多方）對於同一交易掌握的信息通常是不一樣的，往往一方掌握的信息比另一方多，掌握信息多的一方在交易中通常占有優勢，而另一方則處於劣勢。

信息不對稱一般有兩種情況：一種情況是市場上賣方掌握的信息多於買方，一般商品市場和要素市場上都是這種情況，如在電腦、相機、衣服等商品買賣中，賣者比買者更瞭解商品的質量，勞動力的賣者比買者更瞭解勞動力的水平及技能；另一種情況是市場上買方掌握的信息比賣方掌握的信息更多，如保險購買者比保險公司更瞭解保險標的物，如自己身體狀況。

信息不對稱會導致資源配置不當，減弱市場效率。從信息不對稱發生的時間來看，不對稱性可能發生在當事人簽約之前，形成"逆向選擇"問題，即在買賣雙方信息不對稱的情況下，差的商品總是將好的商品驅逐出市場；或者說擁有信息優勢的一方，在交易中總是趨向於做出盡可能地有利於自己而不利於別人的選擇。不對稱性也可能發生在當事人簽約之後，形成"道德風險"問題，即在當事人簽約後，其中一方或幾方當事人在最大限度地增進自身利益時做出不利於他人的行動。

在很多情況下，市場機制並不能解決信息不對稱問題。只能通過其他的一些機制來解決，特別是運用博弈論的相關知識來解決機制設計問題。下面以不同市場上的不完全信息為例，具體說明各種情況下的市場失靈問題。

二、信息不完全與商品市場

通常情況下，商品的需求曲線向右下方傾斜，供給曲線向右上方傾斜。但是，當消費者掌握的市場信息不完全時，他們對商品的需求量就可能不隨價格的下降而增加，而是恰恰相反，隨價格的下降而減少。當生產者掌握的市場信息不完全時，他們對商品的供給量也可能不隨著價格的上升而增加，而是相反，隨價格的上升而減少。當商品的需求變化或者供給變化出現異常時，我們就遇到了逆向選擇問題。對於市場機制來說，逆向選擇的存在是一個麻煩，因為它意味着市場的低效率，意味着市場的失靈。

考慮某種商品如 X 商品市場。在以前的市場分析時，我們並沒有討論商品的質量問題。現在假定，在 X 商品市場中，商品的質量不一，有的好些，有的差些。引入質量問題以後，對我們以前的分析會有什麼樣的影響呢？如果消費者（以及其他人）具有完全的信息，則不會有什麼影響。消費者會把不同質量的 X 商品看成不同的商品。例如，把其中質量最好的看成 X_1，把質量稍差一些的看成 X_2，把質量更差一些的看成是 X_3，如此等等。對於不同質量的 X 商品，消費者願意支付的價格當然不同，對高質量商品願意支付較高的價格。對於同一質量的商品，如 X_1，如果價格越高，則顯然消費者將購買得越少。因此，消費者對任意一種質量的商品的需求曲線仍然是向右下方傾斜的。這就是說，即使考慮不同質量的商品，但只要消費者的信息是完全的，我們的分析就不會與以前的完全競爭模型有什麼不同。

現在來看信息不完全的後果。假定消費者只知道 X 商品有不同的質量，但並不具體知道其中哪一個質量高，哪一個質量低。在這種情況下，消費者如何進行判斷呢？消費者可以根據生產者的商品保修期限的長短來判斷。保修期限長常常意味著產品質量高，因為對於低質產品來說，較長的保修期是不划算的，它會大大提高維修成本。消費者也可以根據生產者的生產規模的大小來判斷。大規模生產者的產品似乎要更加

西方經濟學

可靠一些,不會像"小本經營"者那樣可能突然"消失"。

除了保修期限和生產規模之外,消費者還常常根據商品的價格來判斷商品的"平均"質量。圖 8-5 描繪了商品的價格與其平均質量之間的關係。圖 8-5 中橫軸 P 代表商品價格,縱軸 q 代表商品的平均質量。曲線 qc 爲價格—質量曲線。價格—質量曲線的特點是向右上方傾斜,表示商品的平均質量將隨其價格的上升而上升。除此之外,該曲線還具有兩個特點:一是它向上凸出,二是它與橫軸的交點大於零。向上凸出意味着儘管商品的平均質量是隨著價格的上升而上升的,但上升的速度卻越來越慢。換句話説,價格變動對平均質量的影響是遞減的。與橫軸的交點大於零意味着在價格下降到零之前,平均質量就將已經下降到零。從商品的價格與其質量之間的關係,可以得到商品的價格與其所謂價值之間的關係,從而可以進一步推導出在消費者信息不完全條件下的商品需求曲線。消費者在購買商品時不僅要考慮它的價格,而且要考慮它的質量。一件商品,即使價格很低,如果質量太差,也不會有人問津;反之,如果價格較高,但質量很好,也值得購買。價格和質量這兩個指標可以綜合在一起構成一個新的指標,即每單位價格上的質量 q/P,這個指標可以稱爲商品的價值。消費者購買時要考慮他在該商品上支出的每單位價格得到的質量,即要考慮該商品的價值。在不同的價格水平上,商品的平均質量是不同的,該平均質量與價格的比值,即商品的價值也是不同的。在圖 8-5 中,每一價格水平上的商品價值 q/P 的幾何表示是價格—質量曲線在相應價格水平上的點到原點的連線的斜率。由圖可見,這個連線的斜率在價格爲 P^* 時達到最大。換句話説,商品的價值在一開始時隨著價格的上升而上升,上升到最高點之後,再隨著價格的上升而下降。

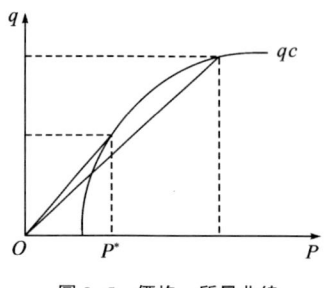

圖 8-5 價格—質量曲線

現在可以來看消費者的需求曲線了。消費者追求的是商品的最大價值。這個最大價值根據圖 8-5 在價格爲 P^* 時達到。因此,我們可以認爲,消費者對商品的需求在價格爲 P^* 時達到最大。當價格由 P^* 水平上上升或者下降時,由於商品的價值都是下降的,故消費者對商品的需求量也將是下降的。由此,我們就得到了一條與以前遇到的很不相同的需求曲線:它不再只是向右下方傾斜,而且還包含有一段向右上方傾斜的部分。需求曲線現在是向後彎曲的。這條向後彎曲的需求曲線在圖 8-6 中表示爲曲線 D。

在圖 8-6 中,當縱軸代表的價格 P 恰好爲 P^* 時,橫軸的需求量 Q 達到最大,爲 Q_d。當價格高於 P^* 時,需求曲線與通常的一樣,向右下方傾斜,當價格低於 P^* 時,需求曲線出現"異常",向右上方傾斜。

由於假定不完全信息只出現在消費者一方,故只有消費者的需求方面出現"異常",生產者的供給方面仍然是與以前一樣,不會有任何變化。特別地,生產者的供給曲線將仍然是向右上方傾斜的。現在把向右上方傾斜的供給曲線與向後彎曲的需求曲線合在一起考慮市場的均衡情況。

供給曲線的位置有兩種情況：或者與需求曲線向右下方傾斜的部分相交，如圖 8-6 中的 S_1；或者與需求曲線向右上方傾斜的部分相交，如圖 8-6 中的 S_2。當供給曲線爲 S_1，與需求曲線向右下方傾斜部分相交時，結果就與以前一樣，沒有什麼不同，即市場將均衡於供求曲線的交點上，該交點決定了均衡的價格和產量分別爲 P_1 和 Q_1。這里不存在任何的低效率市場失靈。但是，當供給曲線爲 S_2，與需求曲線的向右上方傾斜部分相交時，結果將與以前大不相同。此時，儘管供求均衡時的價格爲 P_2，但它卻不是最優的價格。這是因爲如果我們把價格從 P_2 往上稍微提高一點，則根據需求曲線，就可以增加產量，而在較高的產量上，需求曲線高於供給曲線，即需求價格高於供給價格，消費者和生產者都將獲得更大的利益。價格也不能提高到超過 P^*。如果價格超過了 P^*，則根據需求曲線，產量不僅不增加，反而會減少，從而消費者和生產者的利益都將受到損失。因此，最優價格應當就是 P^*。當價格爲 P^* 時，我們卻可以註意到，生產者的供給將大於消費者的需求，出現了非均衡狀態。這種非均衡狀態顯然違背了帕累托最優標準。例如，當價格爲 P^* 時，產量爲 Q_s，但是在 Q_d 產量水平上，需求價格超過了供給價格。這意味着消費者願意爲最後一單位產品支付的價格超過了生產者生產最後一單位產品花費的成本。也可以說，在產量 Q_d 上，社會的邊際收益大於社會的邊際成本。因此，從社會的觀點來看，消費者在產品質量上的信息不完全導致了生產過低的產量。

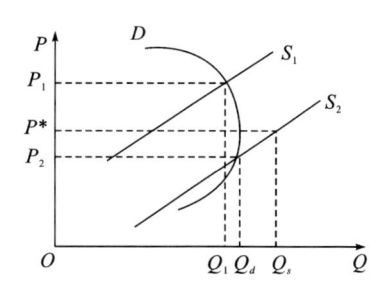

圖 8-6 信息不完全與市場失靈

2001 年諾貝爾經濟學獎獲得者喬治·阿克勞夫（George Akerlof）在 1970 年發表了名爲《檸檬市場：質量不確定性和市場機制》的論文，提出了"檸檬原理"——舊車市場模型（"檸檬"一詞在美國俚語中表示"次品"）。阿克勞夫利用這個模型說明了信息不對稱的後果：信息不對稱會造成交易困難，通過逆向選擇導致一些市場如舊車市場（檸檬市場）消失，以至於在這些產品方面市場不再是充分有效的。市場不再充分有效也就意味着市場失靈。

在信息不對稱的情況下，市場的運行可能是無效率的。因爲在上述各項例子中，有買主願出高價購買好的產品或勞務，而市場——"看不見的手"無法實現將好的產品或勞務從賣主手里轉移到需要的買主手中。此時，市場是無效的，即市場失靈。這種市場失靈具有逆向選擇的特徵，即市場上只剩下殘次品，形成"劣幣驅逐良幣"或"劣剩優汰"的現象，而市場的競爭機制本應形成"良幣驅逐劣幣"或"優剩劣汰"的結果。

三、信息不對稱與保險市場

保險實際上是一種特殊的商品，它由專門的保險公司提供。這種特殊商品的價格就是保險費用。保險公司的信息也是不完全的。它對於投保人的情況既有所瞭解，又不很瞭解。例如，拿汽車保險來說，保險公司知道，在購買汽車保險的人當中，有一些人相對來說更加容易出事故。這些人開車時總是漫不經心，有時還喜歡喝一點酒，等等。保險賠償主要就是被支付給了這些人。如果保險公司能夠事先從投保人中區分出易出事故者，它就可以提高這些"高危"人群的保險價格，用來彌補可能的損失。但可惜的是，這一點很難做到。漫不經心的開車者不會自動向保險公司承認自己的弱點，喜歡酒後開車的人則會千方百計對保險公司隱瞞。保險公司所能做的不過是"亡羊補牢"：在續簽保險合同時，提高那些已經出過事故的人的保險價格。

在信息不完全的時候，由於保險公司很難瞭解到投保人具體情況，保險這種商品的特殊性往往會誘發投保人的"敗德"行爲：在沒有購買到保險以前，那些潛在的投保人總是小心翼翼地提防着風險，隨時隨地準備採取避免風險的行動，以盡量減少由於風險出現而可能導致的損失。然而，一旦購買到保險之後，這些投保人往往就不再像以前一樣謹慎，因爲此時出現風險的損失不再只有投保人自己承擔，而是由保險公司承擔一部分甚至全部。從保險公司的角度來看，投保人的這種"敗德"行爲，就是它們面臨的道德風險問題。

問題還不僅僅局限於此。對保險公司來說，更壞的情況是那些最容易出事故的開車人常常也是購買保險最積極的人。保險公司不知道他們的底細，但他們自己知道自己的底細。他們知道自己出事故的可能性比較大，因而更加需要保險公司的幫助，也願意接受較高的費用。與此不同，那些一直謹慎駕駛的人，也知道自己的"優點"——出事故的可能性較小。這些"好"的投保人購買保險的心情就不如"壞"的投保人那麼迫切，也不像後者那麼願意爲保險支付高費用。

這就產生了一個重要的結果：提高保險價格當然會減少人們對保險這種商品的需求，但是在減少的保險需求中，主要減少的卻是那些相對"好"的投保人對保險的需求，他們現在不再願意爲保險支付過高的價格；而在留下來的投保人中，主要的則是那些相對"壞"的投保人，因爲他們寧願爲得到保險支付更高一些的價格。這樣一來，隨著保險價格的上升，投保人的結構就發生了變化："壞"的投保人所占的比例越來越高，"好"的投保人所占的比例越來越低。隨著"壞"投保人的比例越來越高，保險公司對每一投保人的平均賠償也將增加，因爲平均賠償要取決於出事故的平均概率的大小。如果爲簡單起見，假定保險公司的全部成本就是對投保人遭受損失的賠償，而不考慮如工作人員的工資等其他成本，則在這種情況下，保險公司的平均損失就等於它的平均賠償。由此便可得到這樣的結論：保險公司的平均損失將隨保險價格的提高而提高。特別地，當保險價格在較高水平上繼續增加時，投保人的結構會急劇惡化，從而平均損失會急劇上升，超過上升的保險價格所帶來的好處。

從保險價格與平均損失之間的關係可以瞭解到保險供給的特殊性質。一方面，如果保險價格過低，經營保險肯定虧損，保險公司將不再願意提供保險；另一方面，如果保險價格過高，經營保險也會發生虧損，保險公司也不會願意提供保險，由此可以推出一個結論：存在一個對保險公司來說是"最優"的保險價格，當保險價格恰好等於該價格時，保險供給量達到最大。如果讓保險價格從這個最優水平上開始上升，保險供給量就將不是增加，而是下降。

四、信息不對稱與勞動市場

在勞動市場上，招聘者應該實行什麼樣的工資策略呢？是用較低的工資來降低經營的成本呢，還是用較高的工資來吸引高效率的人才呢？什麼是招聘者的最優工資策略呢？

對這個問題的回答在很大程度上取決於勞動市場的性質。和其他市場一樣，勞動市場的一個典型特點也是信息不完全。其中一個重要方面是招聘者的信息不完全。招聘者對應聘者的情況是既有所瞭解又不是很瞭解。招聘者知道，不同的應聘者具有不同的工作效率，有的高些，有的低些，但卻不知道究竟哪一個或者哪一些人的效率高，哪一個或者哪一些人的效率低。招聘者可以通過面談、審查簡歷、看推薦信等方法來試圖盡可能多地瞭解應聘者的情況。這些做法儘管有所幫助，但無論如何不能真正確定應聘者效率的實際高低。招聘者也可以對決定雇用的人員規定一個試用期。如果在試用期中發現應聘者的表現並不令人滿意，就可以及時解聘他們。不過，這種補救措施的作用也不會很大。無論解聘如何及時，已經造成的損失是無法挽回的，而且雇用有用人才的機會也可能已經喪失，不會再來。

信息不完全對招聘者行為的影響是很重要的。如果招聘者能夠真正瞭解應聘者，他就會設定不同的工資水平來招收具有不同工作效率的應聘者，即用高工資招聘高效率者，用低工資招聘低效率者。總之，他會力圖做到使所支付的工資與從相應應聘者身上得到的回報相等。但是，招聘者實際上並不能夠真正瞭解每一個具體的應聘者，更無法做到使工資與回報相等。在這種情況下，招聘者常常只好對所有的（或至少是很大一批數量的）應聘者"一視同仁"，即用相同的工資水平來招聘他們。

現在的問題是，招聘者如何來確定這個"一視同仁"的工資水平呢？招聘者當然知道，如果他降低工資，應聘者的數量肯定就會減少。但是，他還會發現，在由於低工資而減少的應聘者中，主要的是那些工作效率較高的人，而不是那些工作效率較低的人。這是因為工作效率較高的人明白自己的價值，認為不值得為低工資而工作；而工作效率較低的人也清楚自己的底細，儘管工資低一些，還是願意接受。這樣一來，工資下降的結果就是應聘隊伍結構的變化：高效率應聘者所占比例不斷下降，低效率應聘者所占比例不斷上升。這種應聘隊伍結構的變化意味着什麼呢？它當然意味着整個應聘隊伍的平均效率的下降。反過來說，如果招聘者提高工資，應聘者的數量就會增加，而在這些增加的應聘者中主要的可能是一些工作效率較高的人才，這些人認為現在的高工資才值得他們應聘，結果整個應聘隊伍的平均效率就上升了。

由此可見，在招聘者所出的工資水平與應聘者的平均效率之間存在着一個同方向變化的關係：平均效率隨著工資水平的下降而下降，反之亦然。進一步研究這個關係還會發現，它具有如下兩個特點：第一個特點是當工資水平下降到一個很低水平（但仍然大於零）時，平均效率就可能已經下降到零——因為此時應聘者的數量將減少到零。即使是那些工作效率很低的人也會認為這樣的工資水平太低了，從而拒絕應聘。第二個特點是隨著工資水平的不斷提高，儘管應聘者的平均效率也在不斷提高，但提高的速度卻是越來越慢的，也就是說，工資增加對平均效率的影響是遞減的。例如，當工資處於較低水平時，應聘隊伍的平均效率較低，仍在應聘隊伍之外的高效率人才也較多，故此時提高工資水平吸引高效率人才參聘能夠較大程度地提高平均效率。但是，當工資水平已經處於較高水平時，情況就不一樣了。一方面，應聘隊伍的平均效率比以前高了許多；另一方面，仍在"局外觀光"的高效率人才比以前也少了許多，此時繼續提高工資水平對平均效率的影響也將比以前小許多。

招聘者在招聘時不僅要考慮支付的工資水平，而且要考慮應聘者的工作效率。一個應聘者，即使要求的工資很低，如果工作效率更差，也不會有人問津；反之，如果應聘者要求的工資很高，但其工作效率更高，也值得雇用。工資和效率這兩個指標可以綜合在一起構成一個新的指標，即每單位工資水平上的效率。這個指標可以稱爲"工資效率"。於是，招聘者在招聘時要考慮的就是他在支付的每單位工資上能夠得到的效率，即"工資效率"。招聘者在招聘中追求的顯然就是最大的工資效率。

五、信息不完全和激勵機制：委託—代理問題

在現實經濟中，委託—代理關係是非常普遍的。擁有更多私人信息的一方稱爲代理人，而另一方則可稱爲委託人。委託人委託代理人處理與自己有關的一些事務，並支付相應報酬，但代理人的利益和委託人的利益往往並不一致；當代理人爲委託人工作時，因爲代理人的行爲具有隱藏性，委託人無法監督代理人的行爲，因此代理人爲了追求自己的利益而忽視或犧牲委託人利益。這也就是所謂的委託—代理問題。

那麽，如何解決委託—代理問題呢？從委託者的角度看，解決委託—代理問題實際上就是解決如何讓代理人替自己做好某項事情的問題。委託人可以設計一些機制來約束或激勵代理人努力工作。

有效激勵機制的設計應同時滿足參與約束和激勵相容約束兩個條件。

參與約束又稱個人理性約束，是指如果要一個理性的代理人有任何興趣接受委託人設計的機制從而參與博弈的話，代理人在該機制下得到的期望效用必須不小於他不接受這個機制時得到的最大期望效用。這就是說，每一個代理人有一個"保留收益"，如果他不參與此項工作，他也可能獲得一個基本的收益，如失業救濟金等。代理人如果參與此項工作，他要付出勞動或努力的成本，而且邊際成本遞增。代理人獲得的報酬減去他的勞動成本後的剩餘，應不小於他的保留收益。否則，代理人將根本不願意參加此項工作。

激勵相容約束是指給定委託人在不完全瞭解代理人的情況下，代理人在所設計的機制下必須有積極性選擇委託人希望他選擇的行爲。在勞動力市場中，參與工作的代理人還不一定願意付出委託人所期望的努力水平，他可能會偷懶。委託人又無法直接觀察到他付出的真實勞動，因爲產量不僅僅取決於真實勞動，還取決於其他因素，如天氣。這樣委託人必須使激勵機制——激勵相容約束的設計能誘使代理人不偷懶，即讓代理人努力工作的淨收益大於偷懶得到的淨收益。

解決委託—代理問題的方法之一就是採用"木馬計"，即委託人把自己的利益"植入"到代理人的利益之中，或者"搭載"到代理人的利益之上，這樣當代理人爲自己的利益而採取行動時，他同時也就是在爲委託人的利益服務了。針對股東—經理方面

的委託—代理問題所採用的"股票期權計劃"和針對雇主—雇員方面的委託—代理問題而採用的"工資報酬計劃",都是"木馬計"的具體例子。

六、信息調控與信號傳遞

信息的不完全和不對稱帶來許多問題,市場機制本身可以解決其中一部分。例如,爲了利潤最大化,生產商必然根據消費者的偏好進行生產。雖然生產者很難知道每個消費者的偏好的具體情況,但這並不影響他們的正確決策——因爲他們知道商品的價格,就可以計算生產該商品的邊際收益,從而確定他們的利潤最大化產量。

通過市場機制本身來解決信息不完全和不對稱問題的另外一個方法是建立信譽。信譽在解決信息不完全和不對稱問題上所起的最大作用就是"區分市場"。

但是,市場機制並不能夠解決所有的信息不完全和不對稱問題。在這種情況下,政府有必要在信息方面進行調控,以增加市場的"透明度",保證消費者和生產者都能夠得到充分和正確的信息,以便他們能夠做出正確的選擇。例如,就保護消費者方面來說,常見的政府措施就包括這樣一些規定:發行新股票或新債券的公司必須公布公司的有關情況。產品廣告上不得有不合乎實際的誇大之辭。在舊車市場中,爲防止出現逆向選擇問題,政府或汽車行業協會可以規定舊車出售者必須向購買者發送有關舊車質量的信號,如提供舊車質量證明書、運行里程數以及事故或大修次數等;規定銷售者負責一定時間的保修期,在此期間內出現的質量問題由銷售者負責一定的經濟賠償;或者汽車銷售者自行做出一些可信的承諾或發出一些關於汽車質量的信號。

習題

1. 解釋以下關鍵術語:
外部性　交易成本　科斯定理　公共物品　搭便車　尋租　非競爭性　非排他性
公共選擇　不對稱信息　公地悲劇　逆向選擇　道德風險　委託—代理
2. 什麼是市場失靈?其原因有哪些?
3. 簡述公共產品的特性,舉出兩種公共產品,並說明爲什麼它們是公共產品。
4. 外部影響是如何導致市場失靈的?政府應採取哪些措施矯正市場失靈?

第九章 宏觀經濟學導論

引導案例

亞當·斯密於 1776 年在《國富論》里提出了著名的"看不見的手"的理論。"看不見的手",即市場機制,價格機制是在市場中價格作爲一種信息引導着資源的配置,最終達到的均衡是有效率的。傳統經濟理論認爲,在市場機制中,個人追求自身利益最大化,最終會導致集體利益最大化,即是有效率的。

著名經濟學家納什通過納什均衡否定了亞當·斯密關於經濟學的基本假設——個人利益最大化一定會導致集體利益最大化。納什的創新之處就是否定了這樣一種觀點:個人按照自身利益最大化去決策,達到的結果並不一定意味着集體利益最大化,即個人利益最大化與集體利益最大化並不總是一致的,是有衝突的。

那麼爲什麼經濟生活中的每一個個人都追求自身的利益最大化並不能使集體利益最大化呢?這就是宏觀經濟學所要討論的內容。

教學目的

本章介紹與宏觀經濟學有關的概念及相關理論。通過本章的學習,要求掌握宏觀經濟學的發展階段以及宏觀經濟學的研究對象。

本章重難點

宏觀經濟學的概念、宏觀經濟學的研究對象、宏觀經濟學的發展階段。

第一節 什麼是宏觀經濟學

在經濟學導論中,我們已經提到,經濟學一般分爲微觀經濟學和宏觀經濟學兩部分,微觀經濟學研究的是個體,即個人、家庭和廠商的行爲;而宏觀經濟學研究的是總量,即對經濟運行的整體進行研究,如國內生產總值、就業、通貨膨脹等。微觀經濟學由於以價格爲中心可稱爲價格理論,宏觀經濟學由於以收入和就業爲中心可稱爲收入理論或就業理論。

微觀和宏觀兩大部分並不是截然分開的,而是相互補充的兩個組成部分。經濟學的目的是既要實現資源的最優配置,又要實現資源的充分利用。微觀經濟學在假定資源配置已實現充分利用的前提下，分析如何達到最優配置的問題；宏觀經濟學在假定資源已實現最優配置的前提下，分析如何達到充分利用的問題。它們從不同的角度分析社會經濟問題。從這一意義來說，微觀和宏觀並不是相互排斥的，它們共同組成經濟學的基本原理。而當我們研究整個經濟時，必須考慮個別經濟行爲者的決策。由於總量只是描述許多個別決策變量的總和，所以宏觀經濟理論是以微觀經濟理論爲基礎的。

宏觀經濟分析儘管有其微觀基礎，但宏觀經濟理論並不是微觀經濟理論的簡單的加總。對微觀經濟學正確的東西，對宏觀經濟學來說不一定正確。例如，個人或家庭增加儲蓄就可增加個人財富，但若整個社會中的每個個人或家庭都增加儲蓄，那麼國家的財富不會增加，反而會減少，因爲帶動國家經濟增長主要依靠的是消費。

第二節　宏觀經濟學的發展階段

宏觀經濟學的產生與發展，迄今爲止大體上經歷了三個階段：第一階段（17 世紀中期到 19 世紀中期）是早期宏觀經濟學階段，或稱古典宏觀經濟學階段；第二階段（19 世紀後期到 20 世紀 30 年代）是現代宏觀經濟學的奠基階段；第三階段（20 世紀 60 年代以後）是宏觀經濟學進一步發展和演變的階段。

一、宏觀經濟學的早期發展

早期宏觀經濟學的理論可追溯到威廉・配第的理論。他不僅註意觀察流通領域，而且深入研究生產領域，還從國民收入核算的角度考察了宏觀經濟的運行。大衛・休謨研究了貨幣供給、國際貿易平衡和價格水平之間的關係，提出了著名的貨幣數量公式：$PQ = MV$，即物價總水平由流通中的貨幣數量來決定，這一公式是一切貨幣數量理論的基礎，也是當代貨幣分析的理論基礎。

早期的宏觀經濟理論也被稱爲古典經濟學，這一學派是由亞當・斯密於 1776 年開創的。其主要追隨者包括大衛・李嘉圖、托馬斯・馬爾薩斯和約翰・穆勒。一般來說，該學派相信經濟規律（如個人利益、競爭）決定着價格和要素報酬，並且相信價格體系是最好的資源配置方法。

古典經濟學者重經濟總量研究，這涉及經濟增長、國際貿易、貨幣經濟和財政等問題。這與 1870 年以後盛行的研究個人利益最大化的經濟學是有區別的。古典經濟學關心的是國家經濟的問題，雖然那時候的學者也非常強調個人利益必須尊重，但他們更強調的是如何使個人利益與國家利益保持協調。亞當・斯密在講到這一點時，總是諄諄開導人們，國家大事比個人更重要。

二、現代宏觀經濟學的建立

1929 年以前，由於第二次產業革命的推動，資本主義社會取得了相對穩定的發展。以電力、內燃機和化工爲代表的第二次產業革命起始於 19 世紀中葉，所有這一切都要求並造成大量的投資，而資本的發展又使資本主義穩定而迅速的發展成爲可能。前一時期形成的巨大生產不可避免地造成了商品的相對過剩，而生產的相對過剩最終醞釀成一次資本主義的空前巨大的經濟危機。1929—1933 年，資本主義國家普遍爆發經濟危機，伴隨著工業生產和國內生產總值的下降，投資崩潰、金融動蕩、貿易萎縮、失業出現了驚人的上升。這是資本主義國家從未經歷過的經濟情況的嚴重衰落。

當時的西方政治當局堅信傳統的西方經濟學者廣爲傳播的一個基本教條，即在一個無阻力的自由放任的資本主義社會，嚴重的和長期的危機和蕭條狀態不可能出現。然而，1929—1933 年的經濟大蕭條暴露了市場經濟的重大缺陷，同時也動搖了傳統經濟學的正統地位。

在這種時代背景下，1936 年，經濟學家凱恩斯所著《就業、利息和貨幣通論》（簡稱《通論》）的出版，標誌着凱恩斯宏觀經濟學的確立，也標誌着現代宏觀經濟學的產生。凱恩斯的理論與亞當·斯密剛好相反，凱恩斯認爲當經濟出現波動時，市場若出現失靈，政府應當進行宏觀調控。

三、現代宏觀經濟學的發展

凱恩斯的理論在西方經濟學界產生了非常重大的影響，並爲大多數西方經濟學家所接受。但 20 世紀 70 年代初期以後，西方國家普遍發生了"滯脹"現象：一方面，經濟停滯不前，失業大量存在；另一方面，通貨膨脹日益嚴重，物價持續上漲。面對這種情況，凱恩斯學派既提不出恰當的理論解釋，又找不到合適的應對措施。凱恩斯學派的地位因此受到動搖，非凱恩斯主義的宏觀經濟學派得到了發展。其中，比較有名的是貨幣主義學派和理性預期學派。

（一）貨幣主義學派

貨幣主義學派是 20 世紀五六十年代在美國出現的一個經濟學流派，亦稱貨幣學派。其創始人爲美國芝加哥大學教授弗里德曼。貨幣學派在理論上和政策主張方面，強調貨幣供應量的變動是引起經濟活動和物價水平發生變動的根本的和起支配作用的原因。布倫納於 1968 年使用"貨幣主義"一詞來表達這一流派的基本特點，此後被廣泛沿用於經濟學文獻之中。

第二次世界大戰後，美英等國家長期推行凱恩斯主義擴大有效需求的管理政策，雖然在刺激生產發展、延緩經濟危機等方面起了一定作用，但同時卻引起了持續的通貨膨脹。弗里德曼從 20 世紀 50 年代起，以制止通貨膨脹和反對國家干預經濟相標榜，向凱恩斯主義的理論和政策主張提出挑戰。他在 1956 年發表的《貨幣數量論——重新表述》一文，對傳統的貨幣數量說進行了新的論述，爲貨幣主義奠定了理論基礎。

此後，弗里德曼和他的同事們在理論細節方面不斷進行琢磨補充，並且利用美國有關國民收入和貨幣金融的統計資料，進行了大量經濟計量學方面的工作，爲他的主要理論觀點提供了論據。自 20 世紀 60 年代末期以來，美國的通貨膨脹日益嚴重，特別是 1973—1974 年在所有發達資本主義國家出現的劇烈的物價上漲與嚴重的失業同時並存的"滯脹"現象。凱恩斯主義理論無法對此做出解釋，更難以提出對付這一進退維谷處境的對策。於是，貨幣主義開始流行起來，並對美英等國的經濟政策產生了重要影響。

(二) 理性預期學派

理性預期學派是20世紀70年代在美國出現的一個經濟學流派，是從貨幣學派中分化出來的，由穆斯在《理性預期與價格變動理論》一文中首次提出。穆斯假定預期總是以盡可能收集到的信息作為依據。這一假定被一些青年學者接受並傳播。

理性預期學派的基本觀點是人們在經濟活動中，根據過去價格變化的資料，在進入市場之前就對價格做出預期，這樣他們的決策是有根據的。市場會發生一些偶然情況，成為干擾因素，但可以事先計算其概率分布，因此可以選出最小風險的方案，以預防不利後果的侵害。例如，在確定房租、計算債券利息、議定工資、規定供給價格時，都可以把未來價格波動估計進去，定得高一些，以防止因通貨膨脹而降低實際收入。因此，合理預期起了加速通貨膨脹的作用。同時，由於政府對經濟信息的反應不如公衆那樣靈活及時，因此政府的決策不可能像個人決策那樣靈活，政府的任何一項穩定經濟的措施，都會被公衆的合理預期抵消，成為無效措施，迫使政府放棄實行。因此，理性預期學派認為，國家干預經濟的任何措施都是無效的，要保持經濟穩定，就應該聽任市場經濟的自動調節，反對任何形式的國家干預。一般認為，理性預期學派是比貨幣學派更徹底的經濟自由主義。

第三節　宏觀經濟學的研究對象

一、經濟增長

宏觀經濟學關註的第一個問題是一個國家的長期繁榮。世界各國的經濟發展過程不同，使得各國的貧富程度也不同，經濟的快速增長導致國民生活水平有了極大的提高。但經濟增長與經濟發展的定義是不一樣的。一般來說，經濟發展的範圍比經濟增長要更廣，經濟增長和經濟發展雖然都追求個人所得和國民生產總值的提高，但經濟增長關註的重點是物質方面的進步、生活水準的提高，而經濟發展不僅關心國民生產總值的增長，更關心經濟結構的改變以及社會制度、經濟制度、價值判斷、意識形態的變革。在宏觀經濟學中，主要考察的是經濟增長。

宏觀經濟學的一個最重要的任務就是要回答是什麼因素決定了一個國家的經濟增長。

二、就業與失業

失業是宏觀經濟學重點研究的一個問題。因為失業不僅僅是一個經濟問題，還是一個社會問題，若一個國家某一時期失業人數增加，會對整個社會的穩定產生影響。世界各國都曾面臨過很嚴重的失業問題，長期持續的高失業率有時甚至會長達10年。失業成為困擾各國政府的一個主要因素。

那麼爲什麼產出和就業會不時地下降？怎樣才能減少失業？這也是宏觀經濟學研究的一個很重要的問題。

三、通貨膨脹

價格是市場經濟價值的衡量尺度和引導經濟行爲的主要手段，經濟學家和大部分居民都能意識到通貨膨脹對經濟生活的危害，因此宏觀經濟政策的第三大目標是價格穩定。現實中我們用來衡量物價水平的指標主要有三個：國內生產總值平減指數、國民消費價格指數和生產者物價指數。我們在以後的章節會進行詳細的介紹。

宏觀經濟學要回答的問題是什麼原因導致了通貨膨脹的產生、通貨膨脹的類型是什麼、通貨膨脹會帶來什麼危害、如何維持低通貨膨脹又不會引發經濟的衰退？

四、開放經濟

在當前的世界經濟格局中，沒有一個有一定規模的國家可以不跟別的國家接觸來發展本國的經濟，或者説任何一個國家都是與其他國家有着大量貿易和金融聯繫的經濟體。因此，國際經濟中貿易不平衡也是宏觀經濟學研究的一個重要問題。當一國的出口大於進口時就形成貿易順差，當一國的出口小於進口時就形成貿易逆差。出現貿易逆差的國家需要向其他國家借錢，用以支付進口的商品和服務超出出口的部分。

那麼是什麼原因引起了貿易的不平衡？貿易逆差對逆差國及其貿易夥伴國的經濟會產生什麼樣的影響？這都是宏觀經濟學需要回答的問題。

五、宏觀經濟政策

當一個國家的經濟發展速度過快或過慢時，政府都會採用宏觀經濟政策來進行干預。財政政策和貨幣政策是兩種最主要的宏觀經濟政策形式。財政政策是指國家根據一定時期政治、經濟、社會發展的任務而規定的財政工作的指導原則，通過財政支出與稅收政策的變動來影響和調節總需求進而影響就業和國民收入的政策。貨幣政策是指中央銀行爲實現既定的目標，運用各種工具調節貨幣供應量來調節市場利率，通過市場利率的變化來影響民間的資本投資，影響總需求來影響宏觀經濟運行的各種方針措施。

那麼宏觀經濟學需要討論的問題是宏觀經濟政策能否幫助一個國家擺脱困境；當一個國家的經濟過度繁榮或衰退時，應該採用什麼樣的宏觀經濟政策；採用宏觀經濟政策時會帶來什麼樣的問題；宏觀經濟政策在具體實施過程中應該註意什麼問題。

習題

1. 什麼是宏觀經濟學？宏觀經濟學與微觀經濟學有什麼聯繫與區別？
2. 簡述宏觀經濟學的發展歷程。

第十章　總體經濟活動的衡量

引導案例

　　中國國家統計局發布的數據顯示，2015 全年中國國內生產總值（GDP）爲 67.67 萬億元，同比增長 6.9%，1990 年來首次跌破 7%。這一增速完成了 2015 年年初政府工作報告中設定的 7% 左右的 GDP 增速目標。以 2015 年 12 月 31 日人民幣兌美元中間價計算，2015 年中國 GDP 總量相當於 10.42 萬億美元。2014 年，美國 GDP 總量爲 17.4 萬億美元，根據世界銀行的預計，2015 年美國 GDP 同比增速爲 2.7%，因此 2015 年美國經濟總量大約爲 17.87 萬億美元，相當於中國的 1.7 倍。從一個直觀的角度理解，中國的經濟規模和美國的經濟規模之間還差了一個德國加一個英國的經濟規模，德國、英國分別是世界第四、第五經濟大國。

　　GDP 是衡量一個國家實力的主要指標。那麼什麼是 GDP？它是如何核算的？這就是本章要講述的內容。

教學目的

　　國民收入核算是宏觀經濟學的基礎，其計算的各種指標是衡量宏觀經濟運行狀況的標準。本章將介紹與國民收入有關的幾個重要概念和國民收入核算原理。通過本章的學習，要求掌握國內生產總值、國民生產總值等幾個重要的概念。

本章重難點

　　國內生產總值的概念及核算方法、國民生產總值與國內生產總值的關係、名義 GDP 與實際 GDP。

第一節　國內生產總值及其核算方法

一、國內生產總值的概念

　　國內生產總值是指一個國家或地區在一定時期內所生產的所有最終產品和服務的市場價值。對於這一概念的理解應註意以下幾個方面的問題：

（一）在一定時期內

GDP 衡量的是某一特定時期內發生的生產的價值。這個時期通常是一年或者一個季度。GDP 衡量在這一段時期內經濟收入與支出的流量。

（二）市場價值

GDP 是一個市場價值的概念。所謂市場價值，就是商品或服務的數量與價格的乘積，因此 GDP 的數值不僅會受到商品和服務數量的影響，也會受到商品價格變動的影響。

（三）產品和服務

GDP 衡量的既包括有形的產品（食物、衣服），又包括無形的服務（理髮、打掃房屋、醫療）。當你購買了你最喜愛的牌子的化妝品時，你購買的是一種物品，化妝品的價格是 GDP 的一部分。當你花錢去理髮店理髮，你購買的是一種服務，理髮的價格也是 GDP 的一部分。

（四）最終產品和服務

GDP 衡量的是最終產品和服務的市場價值。因此，在計算 GDP 時不應包括中間產品的價值，以防止重複計算。最終產品是在全社會範圍內不再進行加工與轉售，直接進入消費和使用的物品和服務。中間產品指用於再出售而供生產其他產品用的產品。

例如，A 公司是生產紙張的企業，A 公司將紙張出售給 B 公司用於生產賀卡。在這個例子中，紙張是中間產品，而賀卡爲最終產品，在核算 GDP 時只應核算賀卡的價值，因爲紙張的價值已經包含在賀卡中了。

當然，我們不能說一種物品就是最終產品或是中間產品，而是應該看這種物品是賣給了誰？若賣給了最終的使用者，則是最終產品，若是賣給了其他廠商，則是中間產品。

（五）生產的

GDP 衡量的是一定時期內生產的而不是銷售的最終產品。因此，在計算時必須是當期的產品，不應包括以前生產的產品的價值。例如，某汽車公司生產並銷售一輛新汽車時，這輛汽車的價格應包括在當年的 GDP 中。但當一個人把一輛二手車出售給另一個人時，二手車的價值不包含在 GDP 中，因爲二手車不是當期生產的。

（六）市場活動產生的價值

人們生產的商品和服務可以分爲兩種：一種是爲市場交換而生產的商品和服務；另一種是用於自己消費的自給性的商品和服務。自給性的商品和服務因爲不用於市場交換，所以沒有價格，不計入 GDP。

例如，家政公司的工作人員替別人打掃房屋所得的收入需計入 GDP，而家庭主婦清掃自家房屋時沒有收入，故不能計入 GDP。同樣地，若一個家庭主婦在市場上購買的蔬菜價格需要計入 GDP，但自家菜園裡種的蔬菜是不能計入 GDP 的。

此外，地下經濟、黑市交易不計入 GDP。地下經濟是一種非法的市場交易，是市場經濟國家普遍存在的經濟現象。地下經濟爲什麼不計入 GDP，是因爲它的數據不好統計。

（七）一個國家範圍內

GDP 衡量的價值是在一個國家的地理範圍之內。國外某公民在中國生產的物品和勞務也是中國 GDP 的一部分，而某中國公民在國外生產創造的價值則不構成中國 GDP 的一部分。

因此，凡是在本國領土上創造的收入，不管是否爲本國國民創造的都計入本國的 GDP，這就是所謂的國土原則。

二、GDP 與 GNP

國民生產總值（GNP）是指某國國民擁有的全部生產要素生產的最終產品和勞務的市場價值。

GDP 與 GNP 的統計內容大致一致。差別在於 GDP 使用的是國土原則，而 GNP 使用的是國民原則。國民原則，即凡是本國國民創造的收入，不管是否爲在本國領土範圍內創造的，都計入本國的 GNP。

三、GDP 的構成與核算方法

GDP 的核算方法有三種，即支出法、收入法和生產法。常用的是支出法和收入法。

（一）支出法

支出法也叫最終產品法。這種方法是從產品使用的角度（即消費者）出發，把一定時期內購買各項最終產品的支出加總，計算出該時期生產出的最終產品的市場價值的總和。那麼，誰是最終產品的使用者呢？在現實生活中，商品和服務的最終使用者包括四個部分：消費支出（C）、投資支出（I）、政府購買（G）和淨出口（NX）。用公式表示爲：

$$GDP = C + I + G + NX$$

1. 消費支出（C）

消費支出是一個國家總支出中最重要的部分，並且較爲穩定。消費支出主要包括以下幾個方面：

（1）耐用消費品的支出，如購買汽車、電視機、洗衣機等使用壽命較長的消費品的支出。

（2）非耐用消費品的支出，如購買食物、服裝、燃料等消費品的支出。

（3）服務，如用於教育、理髮、保險等的費用。

2. 投資支出（I）

投資支出是指廠商在廠房、設備和存貨上的支出以及家庭在住宅上的支出。投資支出主要包括以下幾個方面：

（1）企業固定投資，如企業用於購買機器、廠房和設備方面的費用。

（2）居民固定投資，如家庭用於新住房的支出。

（3）存貨投資，即某個公司生產了某樣商品但並不出售它，而是將它加入其存貨中，我們也可以理解爲該公司自己購買了這樣商品（若以後該公司賣出了存貨中的這樣商品，則這時存貨投資是負的，抵消了買者的正支出）。用這種方法處理存貨是因爲GDP衡量的是經濟中當期生產的價值，而不是銷售的價值。

3. 政府購買（G）

政府購買是指各級政府用於物品和勞務的支出，包括公務員的薪水和用於公務的支出，如政府建立法院、提供國防、外交、公共交通和公共教育等服務所支出的費用。但政府購買只是政府支出的一部分，政府還有另外一種支出，即政府的轉移支付，如政府給老年人發放的社會保障津貼。需要註意的是，政府的轉移支付不計入GDP，但政府的轉移支付可以通過接受者以消費的形式形成對GDP的貢獻。

4. 凈出口（NX）

凈出口是指國外購買國內生產的物品（出口）與國內購買國外的物品（進口）的差額。凈出口記入總支出，它以國外支出的形式反應總產值，可能是正值，也可能是負值。之所以要減去進口，是因爲GDP的其他組成部分已經包括了進口的商品和勞務。例如，假設A國一個家庭向B國購買了一輛價值4萬美元的汽車。這個交易增加了A國4萬美元的消費，因爲購買汽車是消費支出的一部分。但它同時還減少了A國4萬美元的凈出口，因爲汽車是進口的。在這種情況下，A國的消費增加了4萬美元，但凈出口減少了4萬美元，所以總體來說，A國的GDP是不變的。因此，當國內的家庭、企業或政府購買國外的商品與服務時，這種購買就減少了凈出口，但由於它還增加了消費、投資或政府購買，因此並不影響GDP。

（二）收入法

衡量GDP的收入法也稱要素支付法，即從賣方的角度來衡量，這種方法是把生產過程中各種要素得到的收入相加起來計算國民收入的核算方法。用收入法核算的國內生產總值應包括以下一些項目：

1. 工資、利息和租金等生產要素的報酬

工資包括所有工人的工資、津貼和福利，也包括工資收入者必須繳納的所得稅及社會保險稅。利息是指人們給企業提供的貨幣資金獲得的利息收入，如銀行存款利息、企業債券利息等，但政府公債利息及消費信貸利息不包括在內。租金包括出租土地、房屋等獲得的收入及專利、版權等收入。

2. 非公司業主收入

非公司業主收入如醫生、律師和小店鋪主的收入，他們使用自有資金並且自我雇傭，其工資、利息、利潤、租金經常混在一起作爲非公司業主收入。

3. 企業稅前利潤

企業稅前利潤包括公司所得稅、社會保險稅、股東紅利以及公司未分配利潤等。

4. 企業轉移支付及間接稅

這些雖然不是生產要素創造的收入，但要通過產品價格轉嫁給購買者，也應該視爲成本。

5. 資本折舊

資本折舊雖然不是要素收入，但包括在總投資中，也應該計入國內生產總值。

第二節　名義 GDP 和實際 GDP

一、名義 GDP 和實際 GDP 的計算

GDP 核算是按照當前的市場價值來測量的。我們把所有這些用於當前市場價值來測算的變量稱為名義變量，比如用當前價格測算的 GDP 稱為名義 GDP。

但當我們要比較兩個不同時期的宏觀經濟變量時，如比較一個國家今年的 GDP 與 15 年前的 GDP 時，雖然今年的 GDP 要高於 15 年前的 GDP 好幾倍，但如果這 15 年來商品和服務的價格發生了很大的變化，那麼我們就無法確定這兩個不同的 GDP 中，多少成分是由商品和服務的增長所引起的、多少成分是由價格的變化引起的。

那麼，如何來解決這個問題呢？

最常用的方法就是用不變價格來測算經濟變量，即用以前某一年（稱為基年）的價格為標準來測算經濟變量，那麼用不變價格測算的 GDP 即為實際 GDP。

從表 10-1～表 10-3 可以看出，15 年前的 GDP 為 150 000 元，而今年的 GDP 為 480 000 元，今年的 GDP 比 15 年前的 GDP 增長了很多倍，但這個變化中間有哪些是由商品數量變化因素引起的，我們需要核算的是今年的實際 GDP，以 15 年前為基年。

實際 GDP = 15 年前的價格×今年的商品數量

實際 GDP = 8 000×0.5+8 000×3 = 280 000（元）

表 10-1　　　　　　　　　糧食和棉布產量變化情況

產出	15 年以前（基年）	今年	15 年變化
糧食（千克）	60,000	80,000	+20,000
棉布（米）	40,000	80,000	+40,000

表 10-2　　　　　　　　　糧食和棉布單價變化情況

價格	15 年以前（基年）	今年	15 年變化
糧食（元/千克）	0.5	1	+0.5
棉布（元/米）	3	5	+2

表 10-3　　　　　　　糧食和棉布產值變化情況　　　　　　　單位：元

價值（元）	15 年以前（基年）	今年	15 年變化
糧食	30,000	80,000	+50,000
棉布	120,000	400,000	+280,000
總計	150,000	480,000	+330,000

二、GDP 平減指數

正如剛剛說明的，名義 GDP 既反應經濟中生產的物品與服務的數量，又反應這些物品與服務的價格。與此相反，通過把價格固定在基年水平上，實際 GDP 只反應生產的數量。從這兩個統計指標中，我們可以計算出第三個統計指標，即 GDP 平減指數。

GDP 平減指數的計算如下：

$$\text{GDP 平減指數} = \frac{\text{名義 GDP}}{\text{實際 GDP}} \times 100$$

由於基年的名義 GDP 與實際 GDP 必定是相同的，因此基年的 GDP 平減指數總是等於 100。以後各年的 GDP 平減指數衡量的是不能歸因於實際 GDP 變動的相對於基年名義 GDP 的變動。

三、通貨膨脹率

經濟學家用通貨膨脹這個詞來描述經濟中整體物價水平上升的情況。通貨膨脹率是從一個時期到下一個時期某個物價水平衡量指標變動的百分比。如果用 GDP 平減指數表示，兩個相連年份的通貨膨脹率用如下方法表示：

$$\text{第二年的通貨膨脹率} = \frac{\text{第二年的 GDP 平減指數} - \text{第一年的 GDP 平減指數}}{\text{第一年的 GDP 平減指數}} \times 100\%$$

四、流量與存量

流量是指一個經濟主體（家庭、企業等）或一個國家在一定時期內（如一個月、一季度、一年等）測算獲得的變量，如 GDP、工資、消費、投資等都屬於流量。

存量是指一個經濟主體或一個國家在某一時點（如 2007 年 12 月 31 日）測算獲得的變量，如人口、財富總量、資本存量、就業與失業人口等。

把今天某一時點上的一個國家的財富存量用字母 W_t 來表示，把去年同一時點上的財富存量用 W_{t-1} 來表示，那麼這兩個存量之間的差就可以表達為這一年中的儲蓄（流量）。

$$S_t = W_t - W_{t-1}$$

第三節 國民收入核算體系的局限

GDP 是國民經濟核算體系的核心指標，被廣泛用來計算國民經濟增長速度，衡量一個國家或地區的經濟發展水平。GDP 會體現一定的經濟增長速度，但是 GDP 的增加並不完全意味着社會財富和福利的等量增加，GDP 這一國民收入核算體系中的核心指標存在諸多的局限。

一、GDP 不能很好地反應社會福利

對美好的生活做出貢獻的某些東西，如閒暇等因素並沒有包括在 GDP 的核算中。

例如，在某一經濟體中，大部分人從今天開始，每天增加自己的工作量，而減少閒暇，那麼他們就會生產出更多的產品與服務，GDP 會隨之增加，但是我們並不能由此得出每個人的福利狀況更好的結論。閒暇的減少引起的福利損失部分或全部抵消了 GDP 的增長或生產和消費更多物品引起的福利增長。

二、GDP 不能反應大量生產性非市場交易及非生產性市場交易

由於 GDP 是用市場價格來衡量產品和勞務的價值的，因此在 GDP 核算中，我們排除了家務活動和地下經濟。從政府的角度看，地下經濟是為了逃稅和逃避管制或者生產的物品與勞務是非法的，由於這些活動並沒有報告，因此在官方的 GDP 統計中是不包括在內的。但是家務活動也生產了物品與服務，也改善了人們的生活。而地下經濟在一些國家所占的比重是非常高的，如津巴布韋的地下經濟可以占到整個 GDP 的 63.2%，泰國的地下經濟占 GDP 的 54.1%，玻利維亞的地下經濟占 GDP 的 68.3%，格魯吉亞的地下經濟占 GDP 的 68%，但這麼大比重的地下經濟在官方的 GDP 統計中是無法反應的。

三、GDP 不能反應生產的社會成本

經濟活動對環境質量有直接影響，同樣數量的 GDP，採用的技術不同、生產條件不同、工作時間不同，其社會成本可能相差很大。一些國家空氣質量下降、不可再生資源大量消耗、河流遭到污染等，環境問題與 GDP 增長同時出現，但在 GDP 的衡量中並沒有反應環境問題。

四、GDP 不能反應社會的收入分配

相同的 GDP，如果分配結構不同，貧富懸殊時的社會總福利遠小於公平合理的社會總福利。GDP 的增長可能伴隨著貧富差距的擴大，而在同樣的 GDP 水平下，不同國家收入分配的差距也可能相差很大。

概括起來，儘管 GDP 存在諸多局限性，如沒有衡量人的健康，沒有衡量社會公平，沒有衡量經濟中的資源損耗與環境污染，但是較高水平的 GDP 仍然反應了一個國家為實現以上目標所可能投資資源的能力。

由於 GDP 作為衡量指標存在諸多問題，因此人們不斷探索新的方法和新的測度指標，如人均 GDP、綠色 GDP 等。世界銀行於 1995 年開始利用綠色 GDP 來衡量一國或地區的真實國民財富，並於 1997 年首次提出真實國內儲蓄的概念和計算方法。它是指扣除了自然資源損耗和環境污染損失之後的一個國家實際的儲蓄率。目前，許多機構和國家在測算綠色 GDP，並在環境污染、人口擁擠、資源損耗、地下經濟、閒暇等價值量的計算等方面取得了一些進展。但是，綠色 GDP 的實施、推廣還有很長的一段路要走。

習題

1. A 以 20 美元的價格把羊毛賣給 B。B 織了兩件毛衣，每件的市場價格爲 40 美元。C 買了其中的一件，另一件仍在 B 的商店貨架上等待以後賣出。這裡的 GDP 是多少？（　　）。

  A. 40 美元　　　　　　　　　　B. 60 美元
  C. 80 美元　　　　　　　　　　D. 100 美元

2. 以下哪一項沒有計入美國的 GDP 中？（　　）。

  A. 法國空軍向美國的飛機制造商波音公司購買了一架飛機。
  B. 通用汽車在美國某州建立了一個新汽車生產廠。
  C. 紐約市爲一個警察支付工資。
  D. 聯邦政府向一個美國老年人送去一張社會保障支票。

3. 一個美國人買了一雙義大利制造的鞋。美國的國民收入核算如何處理這筆交易？（　　）。

  A. 淨出口和 GDP 都增加　　　　B. 淨出口和 GDP 都減少
  C. 淨出口減少，GDP 不變　　　　D. 淨出口不變，GDP 增加

4. 下列每一種交易會影響 GDP 的哪一部分（如果有影響的話）？請進行相應的解釋。

（1）家庭購買了一臺冰箱。
（2）某人買了一套新房子。
（3）某汽車公司從其存貨中出售了一輛汽車。
（4）某個省重新鋪設了高速公路。
（5）你的父母購買了一瓶紅酒。
（6）某公司擴大了其在某市的工廠。

第十一章　宏觀經濟的短期分析：總支出均衡

引導案例

　　20 世紀 60 年代初，肯尼迪上臺伊始，二戰後美國的第四次經濟危機尚未過去，最高失業率達 7.1%。更爲麻煩的是，當時發生了二戰後第一次美元危機。1961 年 1 月，肯尼迪就任美國總統，他發表的第一篇國情咨文中就悲觀地宣布："目前的經濟狀況是令人不安的。我們是在經歷 7 個月的衰退、3 年半的蕭條、7 年的經濟增長速度降低、9 年的農業收入下降之後就任的。"作爲肯尼迪政府的經濟顧問，薩繆爾森提出了既保衛美元又實現經濟增長的貨幣政策：對短期貸款提高利率，阻止美元外流；對長期貸款降低利率，以刺激國內投資。而在財政政策上，薩繆爾森提出，削減個人所得稅可以促使家庭更多地消費。歷史證明，肯尼迪政府的減稅政策是成功的，此後數年，美國國民生產總值年增長率爲 5.6%，美元危機也順利化解。

　　1981 年雷根上臺，爲克服美國經濟發展中的滯脹問題，其採納了供給學派的經濟政策主張，以全面減稅作爲推動經濟發展的良方。雷根政府共實施了兩次大規模的減稅方案：第一次是 1981 年美國國會通過的《1981 年經濟復興法案》。此法案主要包括將個人所得稅最低稅率 14% 和最高稅率 70% 分別降至 11% 和 50%；頒布了《加速折舊條例》（ACRS），允許企業以重置成本來計提折舊；減少政府對個人、企業和州政府工作的不必要干預；支持穩妥可靠的貨幣政策；增加國防開支，提高軍事預算等內容。第二次是 1986 年通過的稅制改革法案，在繼續進行大規模減稅的同時，進行稅制改革，通過擴大稅基、降低稅率、加強公平、簡化管理等方式來解決稅制繁雜的弊端，以促進經濟增長。這也是引發了世界範圍內的稅收體制改革的主要原因之一。里根政府的供給性減稅扭轉了 20 世紀 70 年代末高失業率、高通脹率的經濟滯脹局面，爲企業積累了資金，改善了居民的生活質量，刺激了 20 世紀 80 年代美國經濟的發展。

　　始於 2007 年 8 月的美國次貸危機在全球範圍內蔓延，把美國帶入二戰後最漫長的經濟衰退的寒冬。爲拯救美國經濟，歐巴馬提出了刺激就業增長的一攬子計劃。奧巴馬計劃的關鍵詞就是"減稅"。他提議國會通過減稅法案來鼓勵小型企業投資並且雇用更多工人，新投資的資本收益稅在 1 年時間內將降爲零，而對投資支出的減稅有效期將延長至 2010 年年底。2008 年 8 月，金融危機形勢日趨惡化，歐巴馬政府又迅速通過了《2008 年緊急經濟穩定法案》和《2008 年延長稅收（優惠）和最低選擇稅減免法案》，提出減稅約 1,100 億美元的計劃。其中包括對可再生能源、交通和能源安全等幾個方面的稅收優惠，延長災害減免期限，提高子女抵免限額等。進入 2009 年以後，美國國會又通過了《刺激經濟法案》，規定的減稅規模約爲 2,810 億美元，創造 350 萬個就業機會。爲了進一步控制財政赤字，奧巴馬陸續向美國國會遞交了 2010 年度預算案和聯邦政府預算案，均涉及了促進經濟增長的稅收計劃。

教學目的

本章論述的國民收入理論是分析各種宏觀經濟問題的基礎。國民收入理論是凱恩斯提出的，主要研究國民收入如何決定。通過本章的學習，應瞭解總需求的構成及其各自特點、總需求與國民收入的決定及變動、乘數效應；理解決定國民收入的因素，即消費函數、儲蓄函數、投資函數等，領會儲蓄與投資的關係和均衡國民收入。

本章重難點

國民收入的決定、消費函數與儲蓄函數、乘數效應。

國民收入的決定是宏觀經濟學的核心問題，回答了國民收入水平取決於什麼因素，如何根據這些因素決定國民收入水平。

當總需求等於總供給時，國民收入稱爲均衡國民收入。也就是說，國民收入是由總需求和總供給共同決定的。本章首先分析總需求如何決定國民收入水平。

第一節 總需求與均衡

總需求，即經濟中對商品需求的總量，包括消費（C）、投資（I）、政府支出（G）與淨出口（NX）。總需求可以用公式表示爲：

$$AD = C + I + G + NX$$

當生產的產出數量等於需求的數量時，產出就處在均衡水平上。因此，均衡產出可用公式表示爲：

$$Y = AD = C + I + G + NX$$

式中，Y 表示一個經濟的總支出，即國內生產總值。

當總需求，即人們想要購買的商品量與產出不相等時，就會存在庫存或負投資，即：

$$IU = Y - AD$$

式中，IU 爲庫存（或存貨），若產出超過總需求，企業存貨增加，因而企業會減少生產；若產出小於總需求，企業存貨會減少，企業會增加生產。產出的均衡是通過庫存調節來實現的。

第二節　均衡國民收入

從各國的統計資料來看，消費是一個國家宏觀經濟運行中最爲重要的一個變量，消費一般要占一國 GDP 的 60%以上。我們首先來研究消費。

一、消費函數

消費函數是指居民的消費支出與決定消費的變量之間的依存關係。決定居民消費支出的變量很多，如家庭的收入水平、家庭的財產狀況、商品市場上的價格水平及其變動趨勢、家庭消費信貸狀況和利率水平、社會保障制度、收入分配情況等。凱恩斯認爲，在這些變量中，對消費最有影響的變量是居民的收入水平。因此，這里的消費函數集中研究消費和收入之間的關係。

根據凱恩斯的觀點，隨著消費的增加，收入也會增加，但消費的增加不及收入增加得快。因此，消費函數可表示爲：

$$C = f(Y)$$
$$C = a + bY$$

式中，a 爲常數，即自發性消費。自發性消費指消費者收入爲 0 時舉債或動用過去的儲蓄也必須要有的基本生活保障（或不隨收入變動而變動的消費）。對微觀的家庭來說，這一部分就是維持生存所必需的消費，如食品、水以及基本醫療等。對宏觀經濟體（如一個國家或地區）來說，這一部分就是維持一個國家和地區基本的經濟社會運轉所必需的消費。

bY 表示有多大比例的收入用於消費，即引致消費。引致消費的大小取決於消費者的收入及邊際消費傾向。

邊際消費傾向（b）即每增加一單位的收入所引起的消費的增加量。b 通常是大於 0 而小於 1 的正數。這表明消費是隨著收入的增加而相應增加的，但消費增加的幅度是低於收入增加的幅度，即邊際消費傾向是隨著收入的增加而遞減的。圖 11-1 即爲消費曲線。

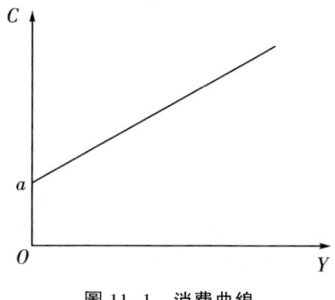

圖 11-1　消費曲線

凱恩斯的消費理論從宏觀的角度明確地將消費者支出作爲收入水平的函數，並用邊際消費傾向來說明消費與收入的關係，正是這一點使他成爲現代消費函數的奠基者。（其消費理論的缺點是他的分析是一種心理分析，因而其結論在相當大程度上是一種主觀推測，缺乏堅實的理論論證基礎）。

二、消費函數理論的發展

凱恩斯是現代消費函數的奠基者，但由於其理論的缺陷，後來的經濟學家也在其基礎上對消費函數進行了進一步的研究。

（一）相對收入消費函數

美國經濟學家杜生貝里提出，人們的消費不僅取決於絕對收入的量，更主要的是取決於相對收入的量，即取決於消費者過去的收入及消費習慣、其他人的消費水平等。也就是說，消費具有棘輪效應和示範效應。舉例來說，較高的社會地位需要靠較高的收入和消費水平來體現，同時消費者的消費行爲會受到周圍人們消費水平的影響，這是消費的示範效應。消費行爲具有不可逆性與棘輪效應，根據人們的習慣，增加消費容易，減少消費則比較難，即"由儉入奢易，由奢入儉難"。

（二）生命週期的消費函數

生命週期理論由美國經濟學家莫迪格利安尼提出，強調了消費與個人生命週期階段之間的關係以及收入與財產之間的關係。他認爲，人們會在更長的時間範圍內計劃他們的生活消費開支，以使其消費在整個生命週期內實現最優配置。

一般來說，人的一生可以分爲年輕時期、中年時期和老年時期三個階段。年輕時期是工作時期，收入少，但很大一部分用於消費，儲蓄很少或爲0甚至爲負；中年時期，收入日益增加，這時收入中只有少部分用於消費，一部分償還年輕時的債務，一部分儲備以供退休後使用；老年時期，收入減少，消費主要取決於積累的財產。

總體來說，消費者會根據一生的全部預期收入來安排自己的消費支出，其消費取決於他們在整個生命週期內獲得的總收入與財產。生命週期的消費函數最主要的貢獻在於說明了長期消費函數的穩定性。

（三）永久收入的消費函數

永久收入理論由美國經濟學家弗里德曼提出。該理論強調了永久性收入與暫時性收入之間的區別，認爲消費者的消費支出主要不是由他的暫時性收入決定的，而是由他的永久性收入決定的。

永久性收入，即消費者可以預期到的長期收入，一般指可以保持三年以上的收入。永久性收入對消費者的影響較大，而暫時性收入對消費者影響較小。當收入上升時，消費者並不能確定這種收入的增加是暫時的還是持久的，因此並不會立即增加消費；當收入下降時，消費者也不能確定這種收入的下降是暫時的還是持久的，因此也不會立即減少消費。但是，如果消費者確定收入的變動是永久的，就會根據其收入變動的情況調整其消費，即如果收入永久性地增加，消費者會增加消費；如果收入永久性地減少，則消費者會減少消費。

三、儲蓄函數

儲蓄函數是指居民的儲蓄與決定儲蓄的變量之間的關係。儲蓄函數可以從消費函數中推導出來。儲蓄是指沒有用於消費的那一部分國民收入。公式表示如下：

$$S = Y - C = Y - a - bY = -a + (1-b)Y$$

式中，$-a$ 爲自發儲蓄，即收入爲 0 時的儲蓄。$1-b$ 爲邊際儲蓄傾向，即每增加一單位收入引起的儲蓄的增加量。圖 11-2 爲儲蓄曲線。

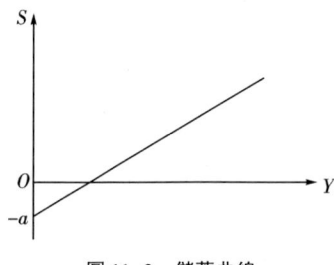

圖 11-2　儲蓄曲線

四、投資函數

投資函數是指廠商的投資與影響投資的變量之間的關係。影響投資的因素很多，如利率、預期通貨膨脹、預期利潤等，在所有這些影響因素中，最重要的因素是利率。但由於本章我們只考慮產品市場，不考慮金融市場及利率因素，因此我們假定廠商的投資不受其他因素的影響，由廠商自行決定。因此，投資函數可寫爲：

$$I = I_0$$

五、兩部門均衡國民收入

現假設經濟中，只有消費者和廠商兩個部門，即總需求只包括消費與投資。那麼兩部門的均衡爲：

$$Y = AD = C + I$$
$$Y = C + I = a + bY + I_0$$
$$Y^* = \frac{a + I_0}{1 - b}$$

六、三部門均衡國民收入

在經濟中，我們引入政府這一新的部門。政府需要通過徵稅來維持其本身的支出和行使各項功能，因此居民的全部收入除了消費、儲蓄外，還增加了一項稅收。這時人們可支配的就不是個人總收入，而是稅後收入，即可支配收入。假定稅收與總收入成正比，即 $T = tY$。T 是稅收，t 是稅率，可支配收入爲：

175

$$Y_d = (1-t)Y$$

此時，消費函數變爲：

$$C = a + bY_d = a + b(1-t)Y$$

政府支出是由政府的經濟政策決定的，在總需求分析框架中作爲外生變量處理。因此，只分析 G 變化時對整個國民經濟產出的影響，而不解釋 G 本身爲什麼變化。我們一般認爲，$G = G_0$。

根據國民收入恒等式 $Y = AD$，可得：

$$Y = AD = C + I + G = a + b(1-t)Y + I_0 + G_0$$

$$Y' = \frac{a + G_0}{1 - b(1-t)}$$

七、四部門均衡國民收入

在經濟中，我們再引入第四個部門，即外國。從總需求角度出發，進口是本國對國外產品和服務的需求，出口則是國外對本國產品和服務的需求。

從宏觀分析的角度來講，進口需求是與社會總收入水平成正比的，即：

$$M = f_1 + nY$$

式中，M 表示進口，f_1 表示自發性進口，即與總收入水平無關的進口，或即使收入爲 0 也要進口的產品與服務。在實踐中，自發性進口通常指的是那些本國不能生產，但又是國計民生必需的產品，因此無論收入如何，都必須進口。n 爲邊際進口傾向，即每增加一單位收入帶來的進口的增加量。對於某一具體的國家來說，一段時期內，n 是大致穩定的。

出口是國外對本國產品和服務的需求，與國外的收入相關，因此我們也將出口作爲一個外生變量，即常數 f_2。

那麼淨出口的方程爲：

$$NX = X - M = f_2 - f_1 - nY$$

根據國民收入恒等式 $Y = AD$，可得：

$$Y = AD = C + I + G + NX$$
$$= a + b(1-t)Y + I_0 + G_0 + f_2 - f_1 - nY$$

$$Y' = \frac{a + G_0 + I_0 + f_2 - f_1}{1 - [b(1-t) - n]}$$

八、乘數效應

乘數效應是指在一個有效需求不足的社會，如果某個需求部門有一個較小的變動，該變動就會影響到整個經濟中的其他部門，從而使整個經濟的總產出在各個部門都發生變動，這個變動的總和就是乘數效應。

我們可以用一個簡單的運算推導出計算乘數效應大小的公式。假設在一個經濟社會中，邊際消費傾向是 3/4，這就意味着家庭每賺到 1 美元的額外收入，則支出 75 美分，儲蓄 25 美分。在這種情況下，如果整個經濟社會中政府購買增加了 200 億美元。

那麼這一增加對於整個國民經濟會有什麼樣的影響呢？我們來分析這一過程。當政府支出增加 200 億美元時這個過程開始，這意味着國民收入也增加了 200 億美元這麼多。國民收入增加了 200 億美元又會增加消費，因爲消費是關於國民收入的函數，消費支出的增加值爲 200×3/4 億美元，消費增加了，國民收入也會增加，而國民收入增加了，消費又會繼續增加，這一次的增加量爲 200×3/4×3/4。這種連鎖反應會持續下去。

爲了得出對物品與服務需求的總影響，我們把所有這些效應相加。

政府購買變動 = 200 億美元

第一輪消費變動 = 3/4×200 億美元

第二輪消費變動 = 3/4×3/4×200 億美元

第三輪消費變動 = $\left(\frac{3}{4}\right)^3$×200 億美元

……

需求總變動 = $\left[1+\frac{3}{4}+\left(\frac{3}{4}\right)^2+\left(\frac{3}{4}\right)^3+\cdots\right]$×200 億美元

因此，我們可以把乘數寫爲：

乘數 = $1+\frac{3}{4}+\left(\frac{3}{4}\right)^2+\left(\frac{3}{4}\right)^3+\cdots$

根據數學上的計算，這個式子的結果並不是無窮的，最終的結果是一個常數 4，也就是說，當政府購買增加 200 億美元，整個國民收入會增加 800 億美元，我們會發現，這個結果和邊際消費傾向是相關的。在這個例子中，3/4 爲邊際消費傾向，即 MPC，因此乘數 = $\frac{1}{1-MPC}$。這個乘數公式說明了一個重要結論：乘數的大小取決於邊際消費傾向。MPC 越大，意味着乘數越大。

但乘數因子並不是越大越好，必須控制在合理的範圍內。因爲當經濟衰退的時候，政府稍微增加支出或關稅就可以刺激需求，把經濟帶出衰退。但當經濟高漲的時候，想用減少政府支出的方式來給經濟"降溫"的時候，就有可能會引起經濟的大衰退，從而不利於整個國民經濟的平穩健康運行。

由於乘數效應，政府購買的 1 美元產生的總需求大於 1 美元。但是，乘數效應並不只限於政府購買的變動，它適用於改變 GDP 任何一個組成部分——消費、投資、政府購買或淨出口——變動的任何一個事件。

例如，假設國外的經濟衰退使其對美國淨出口的需求減少了 100 億美元。那麼美國淨出口的減少，又會減少美國消費者的支出。如果邊際消費傾向是 3/4，乘數是 4，那麼淨出口減少 100 億美元就意味着總需求減少了 400 億美元。

在宏觀經濟學中，乘數是一個重要的概念，因爲它說明了可以把支出變動的影響擴大多少。消費、投資、政府購買或淨出口中較小的變動最終會對國民收入產生較大的影響。

習題

1. 某家庭在收入為0時，消費支出為2 000元，後來收入升至6 000元，消費支出亦升至6 000元，則該家庭的邊際消費傾向是多少？（　　）。

　　A. 3/4　　　　　　　　　　B. 2/3
　　C. 1/3　　　　　　　　　　D. 1

2. 如果人們不是消費其所有收入，而是將未消費部分存入銀行或購買證券，這在國民收入的生產中是（　　）。

　　A. 儲蓄而不是投資　　　　　B. 投資而不是儲蓄
　　C. 既非儲蓄又非投資　　　　D. 儲蓄，但購買證券部分是投資

2. 假設某經濟社會的消費函數 $C=100+0.8Y_d$，淨稅收 $T=50$ 億美元，投資 $I=60$ 億美元，政府支出 $G=50$ 億美元，淨出口函數 $NX=50-0.05Y$（單位：億美元）。求：

　　(1) 均衡的國民收入。
　　(2) 在均衡國民收入水平下淨出口餘額。
　　(3) 投資從60億美元增加至70億美元時的均衡國民收入和淨出口。

第十二章　金融與貨幣市場

引導案例

　　中國人民銀行2011年11月30日晚間宣布，從2011年12月5日起，下調存款類金融機構人民幣存款準備金率0.5個百分點。這是中國人民銀行自從2008年12月以來三年來首次下調存款準備金率。從2010年1月起，中國人民銀行連續12次上調存款準備金率。2012年2月18日晚間，中國人民銀行發布消息，決定從2月24日起再次下調存款準備金率0.5個百分點。這意味着中國人民銀行繼2011年12月1日起首次下調存款準備金率之後，又一次向市場投放大約4 000億元人民幣的資金。

　　2015年4月，中國人民銀行決定，自2015年4月20日起下調各類存款類金融機構人民幣存款準備金率1個百分點。

　　2015年10月23日晚間，中國人民銀行網站公布，決定自2015年10月24日起，下調金融機構人民幣貸款和存款基準利率，以進一步降低社會融資成本。其中，金融機構一年期貸款基準利率下調0.25個百分點至4.35%；一年期存款基準利率下調0.25個百分點至1.5%；其他各檔次貸款及存款基準利率、人民銀行對金融機構貸款利率相應調整；個人住房公積金貸款利率保持不變。

　　為什麼中國人民銀行會不斷調整存款準備金與利率，這些與我們的貨幣市場有什麼關係？這就是本章要研究的內容。

教學目的

　　本章介紹與貨幣市場有關的幾個重要概念和貨幣需求以及貨幣供給原理。通過本章的學習，要求掌握貨幣供給、影響貨幣供給的因素以及貨幣需求。

本章重難點

　　貨幣乘數、貨幣需求、IS-LM 曲線。

第一節　金融市場與貨幣

　　金融是指經濟行為人為了達到消費和投資的目的從其他經濟行為人那裡借入或貸出資金的過程。

在金融市場上爲金融產品的供給與需求行爲提供交易服務的機構，我們稱爲金融中介，如銀行、股票市場等。金融中介爲實現金融交易活動而提供的各種產品被稱爲金融資產或金融產品，如貨幣、債券、股票等。當然我們這一章最主要研究的是貨幣。

貨幣由各國的中央銀行發行，政府以法律形式保證它在市場上流通。

一、貨幣的職能

貨幣在經濟中有五種職能：價值尺度、流通手段、儲藏手段、支付手段以及世界貨幣。

價值尺度是指貨幣衡量和表現一切商品價值大小的作用。價值尺度是貨幣本質的體現。價值尺度的表現爲價格標簽。商品價值的大小就表現爲貨幣的多少，如 1 斤大米＝1 元；1 件上衣＝200 元。貨幣執行這一職能，不需要現實貨幣，人們可以在觀念上用貨幣來衡量商品價值。

流通手段是指貨幣充當商品交換的媒介。貨幣作爲流通手段，不能是觀念上的貨幣，必須是現實的貨幣。當你走進商店時，你確信商店會爲出售商品而接受你的貨幣，因爲貨幣是普遍接受的交換媒介。

儲藏手段指貨幣作爲一般財富的代表退出流通領域，被儲藏起來。執行儲藏手段的貨幣必須是現實的貨幣，並且必須是足值的貨幣，也就是黃金或白銀。

貨幣被用來清償債務或支付賦稅、租金、工資等，就是貨幣執行支付手段的職能。支付手段是隨著賒帳買賣的產生而出現的，在賒銷和賒購中，貨幣被用來支付債務。作爲支付手段的貨幣，購買的主要是服務。作爲支付手段的貨幣，在購買商品或服務時，可以是分次交付的，在時間和空間上是可以分開的。或先交錢，後服務；或先服務，後交錢。

世界貨幣是指貨幣在世界市場上執行一般等價物的職能。由於國際貿易的發生和發展，貨幣流通超出一國的範圍，在世界市場上發揮作用，於是貨幣便有世界貨幣的職能。作爲世界貨幣，必須是足值的金和銀，而且必須脫去鑄幣的地域性外衣，以金塊、銀塊的形狀出現。原來在各國國內發揮作用的鑄幣以及紙幣等在世界市場上都失去了作用。在國內流通中，一般只能由一種貨幣商品充當價值尺度。在國際上，由於有的國家用金作爲價值尺度，有的國家用銀作爲價值尺度，因此在世界市場上金和銀可以同時充當價值尺度的職能。後來，在世界市場上，金取得了支配地位，主要由金執行價值尺度的職能。

二、貨幣的層次

貨幣的層次是指各國中央銀行在確定貨幣供給的統計口徑時，以金融資產流動性的大小作爲標準，並根據自身政策目的的特點和需要，劃分了貨幣層次。貨幣層次的劃分有利於中央銀行進行宏觀經濟運行監測和貨幣政策操作。

貨幣的流動性在大部分西方經濟學家眼里實質上就是貨幣的變現能力。根據大部分西方經濟學家對貨幣層次的歸納，貨幣一般情況下可分爲以下幾個層次：

M_0＝流通中的現金；

M_1 = 現金 + 活期存款；
$M_2 = M_1$ + 銀行的儲蓄存款 + 小額定期存款；
$M_3 = M_2$ + 各種非銀行金融機構的存款；
$M_4 = M_3$ + 金融機構以外的所有短期金融工具。

以上只是一般情況，具體到每個國家都是不完全相同的。例如，有些國家只是很簡單地劃分爲 M_1（狹義貨幣量）和 M_2（廣義貨幣量）。但某些大型經濟體，如美國、歐盟和日本等，對貨幣的劃分複雜很多。

第二節　貨幣供給與貨幣需求

要講清楚貨幣的供給與貨幣的需求，先要考慮一個基本問題：什麼是貨幣量？

首先要包括在內的最明顯的部分是通貨——公衆手中持有的紙幣鈔票和鑄幣。通貨顯然是我們經濟中最被廣泛接受的交換媒介。毫無疑問，通貨是貨幣的一部分。

然而通貨並不是可以用來購買物品和服務的唯一資產。許多商店還接受個人支票。你支票帳戶中擁有的財富幾乎和你錢包中的財富一樣，可以同樣方便地購買物品。因此，爲了衡量貨幣存量，貨幣包括通貨與活期存款。

一、貨幣供給

到目前爲止，我們已經介紹了貨幣的概念。在貨幣供給中，銀行的作用是非常重要的。

剛才已經提到過，居民持有的貨幣量包括通貨（你錢包中的鈔票）和活期存款。由於活期存款放在銀行，因此銀行的行爲也會影響經濟中的活期存款量，從而影響貨幣供給。這一節我們將解釋銀行如何影響貨幣供給。

（一）百分之百準備金銀行的簡單情況

爲了說明銀行如何影響供給，首先讓我們假設在整個國家中，沒有一家銀行。在這個簡單的世界中，通貨是唯一的貨幣形式。那麼假如居民手中有 100 元通貨，那麼整個國家的貨幣供給就是 100 元。

現在假設某人開辦了一家銀行，該銀行的目的是向儲戶提供一個安全保存貨幣的地方，它只接受存款，不發放貸款。只要有人存入一筆貨幣，銀行就把貨幣放到它的金庫中，直至儲戶來提取。銀行得到但沒有貸出去的存款稱爲準備金。在這個假想的經濟中，所有存款都作爲準備金持有，因此這種制度被稱爲百分之百準備金銀行。

現在考慮這個假想經濟中的貨幣供給。在這個銀行開辦之前，貨幣供給是人們持有的 100 元通貨。在銀行開辦後人們把通貨全部存入銀行後，貨幣供給是 100 元活期存款。因此，如果銀行以準備金形式持有所有存款，銀行就不影響貨幣供給。

（二）部分準備金銀行的貨幣創造

上述銀行的老板認爲將所有貨幣都閒置在金庫中是不必要的。爲什麼不把一些貨幣用於發放貸款，並且通過對貸款收取利息來賺得利潤呢？當然，該銀行仍然要持有一些準備金，以應對儲户提款的需要。因此，此銀行採用了稱爲部分準備金銀行的制度。

銀行在總存款中作爲準備金持有的比例稱爲準備金率。這個比率由政府管制和銀行政策共同決定。現假設該銀行的準備金率爲10%，這就意味着該銀行把存款的10%作爲準備金，而把其餘存款貸出。

根據這一情況，我們再來考慮經濟中的貨幣供給。在銀行發放貸款之前，貨幣供給是銀行中的100元存款。但當銀行發放了這筆貸款之後，貨幣供給增加了。儲户的活期存款仍是100元，銀行可以持有10元的準備金，把90元貸出去，因爲貨幣包括通貨和活期存款，所以現在經濟中的貨幣供給等於190元（100元活期存款+90元通貨）。因此，從這個意義上來說，當銀行只把部分存款作爲準備金時，銀行創造了貨幣。

乍一看，很多人會認爲銀行可以無中生有地創造出貨幣。爲了使這種貨幣創造看起來不那麼神秘，要注意當銀行把它的部分準備金貸出去並創造了貨幣時，它並沒有創造出任何財富。銀行的貸款給了借款人一些通貨以及購買物品和服務的能力，但借款人也承擔了債務，因此貸款並沒有使他們變富。換句話說，當一個銀行創造了貨幣資產時，它也創造了相應的借款人的負債。

(三) 貨幣乘數

貨幣創造並沒有在第一家商業銀行這裏停止。假設第一個銀行的借款人用90元購買了某人的東西，這個人又把通貨存入第二家銀行。而第二家銀行也是10%的準備金率，它把9元作爲資產作爲準備金，並發放81元的貸款。第二家銀行用這種方法創造了額外的81元貨幣。如果這81元最終又存入了第三家銀行，該銀行也是10%的準備金率，它就留8.1元作爲準備金，並發放貸款72.9元。那麼這一過程會繼續下去。貨幣每存入銀行一次，銀行就進行一次貸款，更多的貨幣就會被創造出來。

那麼這個經濟最終創造出了多少貨幣呢？

初始存款＝100元
第一家銀行貸款＝90元（0.9×100元）
第二家銀行貸款＝81元（0.9×90元）
第三家銀行貸款＝72.9元（0.9×81元）
……

貨幣供給總量＝1 000元

結果，儘管這個貨幣創造過程可以無限繼續下去，但是它沒有創造出無限的貨幣量。如果你耐心地把無限的一系列數字相加，你會發現100元準備金產生了1 000元貨幣。銀行體系以1元準備金產生的貨幣量稱爲貨幣乘數。在這個假想的經濟中，100元準備金產生了1 000元貨幣，貨幣乘數是10。

什麼因素決定貨幣乘數的大小呢？答案很簡單：貨幣乘數是準備金率的倒數。在我們的例子中，準備金率是10%，因此貨幣乘數是10。

（四）貨幣乘數的推導

以上情況是貨幣乘數最簡單的情況，因爲在上例中，居民把自己擁有的全部通貨都存入銀行，而在現實中，居民只可能把手中通貨的一部分存入銀行。因此，貨幣乘數應該比上例講得更複雜一些。爲了講清楚貨幣乘數，我們要首先瞭解現代的銀行體系。從貨幣市場的角度看，整個國民經濟活動主體可以劃分爲三部分：大眾、商業銀行和中央銀行。

大眾是指所有的家庭和除了商業銀行之外的廠商，包括一家一户的消費者、小型的農户和商販、大型的企業和公司以及各種營利或非營利的機關團體等。

商業銀行是一個國家的銀行體系的主體。商業銀行同其他任何廠商一樣，其經營目的也是爲了盈利。其盈利的主要手段是一方面接受顧客的存款，另一方面把存款的大部分用來放貸。由於放貸的利息率要高於存款的利息率，這就保證了商業銀行"只賺不賠"的經營特點。由於放貸顯然可以盈利，商業銀行就希望盡可能多地將顧客存款拿去放貸。但是如果商業銀行把所有的顧客存款都用於放貸，顧客的利益就會受到損害。因此，商業銀行必須將存款的一部分以存款準備金的形式放入中央銀行。

大眾所要做出的選擇是如何安排自己的錢財：多少錢財拿在手裡作爲通貨，多少錢財放入銀行作爲存款。如果我們用字母 CU 表示通貨，用字母 D 表示存款，那麼整個經濟中的全部貨幣量就是：

$$M = CU + D$$

通貨與存款之比被稱爲通貨儲蓄率，即：

$$\frac{CU}{D} = c,\ 0 < c < 1$$

這個通貨儲蓄率是由大眾的行爲確定的。

而總存款額 D 之中有一部分是被放貸的，那麼我們用 RE 表示銀行儲備，那麼儲備率 r 就可以被定義爲：

$$\frac{RE}{D} = r,\ 0 < r < 1$$

由於通貨和儲備金都是由中央銀行控制的，中央銀行可以通過控制這兩者之和，來達到控制貨幣供應的目的。我們把這兩者之和稱爲基礎貨幣，記作 M_b。

$$M_b = CU + RE$$

從中可以推導出貨幣乘數 $= \dfrac{c+1}{c+r}$。

二、貨幣需求

在宏觀經濟研究中，人們一般將金融資產分爲兩類：貨幣和其他資產。貨幣既無風險也無收益，其他資產既有風險也有收益。爲了分析方便，將所有能給人帶來收入的金融資產統稱爲證券，而將不能給人帶來收入的金融資產統稱爲貨幣。既然證券可以帶來收入，而貨幣不能帶來收入，那麼人們爲什麼還要持有貨幣呢？

凱恩斯主義者認爲，人們之所以願意持有貨幣，是出於交易性動機、預防性動機和投機性動機三種動機，因此對貨幣的需求也就分爲貨幣的交易需求、預防需求和投機需求三種需求。對貨幣的交易需求和預防需求統稱爲交易性貨幣需求。這樣貨幣需求就分爲交易性貨幣需求（L_1）和投機性貨幣需求（L_2）。

(一) 交易性貨幣需求

一般認爲，交易性貨幣需求主要受經濟發展狀況和收入水平兩個客觀因素的影響，收入水平越高，人們爲應付日常開支及預防意外支出所需要的貨幣量就越大，這一貨幣需求量大體上與收入成正比，是關於收入的函數。

$$L_1 = L_1(Y)$$
$$L_1 = kY$$

式中，k 表示出於交易動機和預防動機所需要的貨幣需求量對收入水平變動的反應程度。

(二) 投機性貨幣需求

貨幣的投機性需求來源於貨幣的價值貯藏職能。由於未來是難以確定的，人們便根據對利率變動的預期持有一定的貨幣。因此，出於投機動機對貨幣的需求主要受利率的影響，並與利率呈反方向變動。

$$L_2 = L_2(r)$$
$$L_2 = hr$$

式中，h 表示出於投機動機需求的貨幣對利率變動的反應程度。

此外，貨幣需求與價格水平也密切相關。物價水平較高，爲了能夠購買一定數量的商品，應付日常開銷，人們需要持有更多的貨幣。因此，綜上所述，貨幣的總需求可表示爲：

$$M_d = (kY - hr)P$$

三、貨幣市場的均衡

上面我們已經討論了貨幣供給與貨幣需求，接下來我們要研究的是貨幣市場的均衡。貨幣市場的均衡即將貨幣的供給曲線與需求曲線放在同一個坐標圖中（如圖 12-1 所示），兩條曲線的交點即爲貨幣市場的均衡點，這個均衡點決定了市場均衡的利率和均衡的貨幣數量。由於在貨幣市場上，貨幣供給量是一個由政策決定的外生變量，在通常情況下是一個固定不變的常量，因此在圖 12-1 中，貨幣供給是一條垂直的直線。

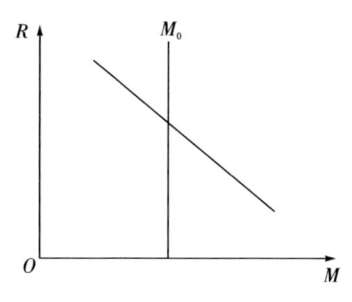

圖 12-1 　貨幣市場的均衡

均衡利率是由貨幣需求和貨幣供給共同決定的，因此貨幣需求曲線和貨幣供給曲線發生了變動，市場均衡利率都會發生變動。如果貨幣供給數量增加，供給曲線向右平移，那麼均衡利率將下降；如果貨幣需求增加，貨幣需求曲線向右平移，那麼均衡利率將上升。

通常情況下，央行通過控制市場上貨幣的供給來調整市場利率，而央行可以通過貨幣政策來調整市場上貨幣的供給，具體的貨幣政策在以後的章節會詳細講述。

第三節　*IS-LM* 模型

上一章我們討論了商品市場的均衡問題，而本章前面的部分已經討論了金融市場或者說貨幣市場的均衡問題。現將商品市場均衡和貨幣市場的均衡相結合，引入 *IS-LM* 模型。

在討論商品市場的均衡時，由於還未涉及金融市場，所以我們假定投資是一個常數，但引入了金融市場後，情況發生了變動。

一、投資函數

在第十一章，我們就提到過在所有影響投資的因素中，利率是影響最大的一個因素。當國家貨幣供應非常充裕時，貨幣市場利率較低，企業從銀行貸款的成本較低，企業會增加投資；反之，當利率上升，廠商預期通過貸款購置新機器或新建築來賺取的利潤減少，廠商會減少投資，因此投資和利率呈現負相關，即：

$$I = e - dr$$

二、*IS* 曲線

IS 曲線是描述產品市場達到均衡時，國民收入與利率之間存在着反方向變動關係的曲線。由於在兩部門經濟中產品市場均衡時 *I=S*，因此該曲線被稱爲 *IS* 曲線。

其中，*I* 表示投資，*S* 表示儲蓄。在兩部門經濟中，*IS* 曲線的數學表達式爲 $I(R) = S(Y)$，它的斜率爲負，這表明 *IS* 曲線一般是一條向右下方傾斜的曲線。一般來說，在產品市場上，位於 IS 曲線右方的收入和利率的組合，都是投資小於儲蓄的非均衡組合；位於 IS 曲線左方的收入和利率的組合，都是投資大於儲蓄的非均衡組合；只有位於 IS 曲線上的收入和利率的組合，才是投資等於儲蓄的均衡組合。

從 IS 曲線的推導過程來看，其受到了投資（儲蓄）、政府購買、政府轉移支付和稅收等諸多因素的影響。這些因素的變動對 IS 曲線都會產生影響，都會引起 IS 曲線的移動。

(一) 稅收的變動

政府稅收的變動對社會總需求的影響很大，如果政府增加稅收，會讓居民的消費減少，企業的投資也會減少，因而總需求下降，IS 曲線會向左平移；反之，若政府減稅，則居民的消費和企業的投資都會增加，IS 曲線會向右平移。

(二) 投資的變動

假如由於某種原因，如國外資本進入或者投資利潤率上升等，在同樣的利率水平下，投資需求增加，導致總需求增加，那麼 IS 曲線向右平移，表明在同樣的利率水平下，收入增加了。反之，如果由於某種原因導致投資下降，則 IS 曲線向左平移，說明在同樣的利率水平下，收入下降了。

(三) 政府購買支出和政府轉移支付變動

政府購買增加導致總需求增加，國民收入隨之增加，那麼 IS 曲線向右平移；相反，政府購買支出減少導致總需求減少，國民收入減少，那麼 IS 曲線向左平移。政府轉移支付雖然不能直接增加總需求，但由於政府轉移支付多是向弱勢群體的單方面無償支付，弱勢群體在接受政府轉移支付後多用於當期消費以改善生活，所以政府轉移支付也可以間接增加社會總需求。因此，當政府轉移支付增加時，IS 曲線向右平移；而政府轉移支付減少時，IS 曲線向左平移。

三、LM 曲線

LM 曲線是描述貨幣市場達到均衡時，國民收入與利息率之間存在着同方向變動關係的曲線。換句話說，在 LM 曲線上，每一點都表示收入與利息率的組合，這些組合點恰好使得貨幣市場處於均衡。

一般來說，在貨幣市場上，位於 LM 曲線右方的收入和利率的組合，都是貨幣需求大於貨幣供給的非均衡組合；位於 LM 曲線左方的收入和利率的組合，都是貨幣需求小於貨幣供給的非均衡組合；只有位於 LM 曲線上的收入和利率的組合，才是貨幣需求等於貨幣供給的均衡組合。

與 IS 曲線一樣，LM 曲線也會發生移動。影響 LM 曲線移動的因素主要如下：

(一) 貨幣供給量的變動

如果貨幣的供給量增加，則 LM 曲線會向右平移；如果貨幣的供給量減少，則 LM 曲線會向左平移。因爲在價格水平不變的條件下，貨幣供給量的增加（或減少）意味着相同的利率下會產生更多（或更少）的國民收入。這是因爲在利率不變，從而貨幣的投機需求不變的情況下，貨幣供給量的增加（或減少）會使貨幣的交易需求量增加（或減少）；貨幣的交易需求量增加（或減少），意味着國民收入的增加（或減少），從而使 LM 曲線向右（或向左）平移。

(二) 貨幣需求量的變動

如果在相同的利率水平下，貨幣的投機需求增加，或在相同的國民收入水平下，貨幣的交易需求量增加，則 LM 曲線會向左平移；反之，LM 曲線會向右平移。

四、IS-LM 模型

IS 曲線、LM 曲線分別代表了產品市場和貨幣市場的均衡，並各自決定了利率與國民收入的對應關係，把 IS 曲線與 LM 曲線放在同一個坐標圖上，就可以得到兩個市場同時均衡時，國民收入與利率決定的 IS-LM 模型（見圖 12-2）。

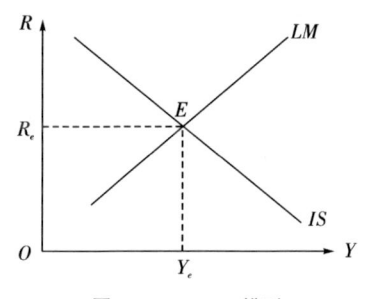

圖 12-2　IS-LM 模型

在圖 12-2 中，IS 曲線與 LM 曲線相交於 E 點，E 點便是兩個市場同時均衡的點，E 點決定了均衡的利率水平為 r_e，均衡的國民收入水平為 Y_e，兩個市場才能同時達到均衡。

IS 曲線和 LM 曲線的移動，都會導致均衡的國民收入和均衡的利率發生變動。

在其他條件不變的情況下，如果 IS 曲線向右平移，均衡國民收入增加，均衡利率上升；如果 IS 曲線向左平移，均衡國民收入減少，均衡利率下降。

在其他條件不變的情況下，如果 LM 曲線向右平移，均衡國民收入增加，均衡利率下降；如果 LM 曲線向左平移，均衡國民收入減少，均衡利率上升。

習題

1. 如果銀行想把存款中的 10% 作為準備金，居民戶和企業想把存款中的 20% 作為現金持有，則貨幣乘數是（　　）。

　　A. 2.8　　　　　　　　　　　　B. 3.3
　　C. 4　　　　　　　　　　　　　D. 10

2. 若 LM 方程為 $Y=750+2\,000r$，當貨幣需求與供給均衡時，利率和收入為（　　）。

A. $r=0.10$, $Y=750$ B. $r=0.10$, $Y=800$
C. $r=0.10$, $Y=950$ D. $r=0.10$, $Y=900$

3. 假設一個只有家庭和企業的兩部門經濟，消費函數 $C = 100 + 0.8Y$，投資函數 $I = 150 - 6r$，貨幣供給 $m = 150$，貨幣需求 $L = 0.2Y - 4r$。

（1）求 IS 和 LM 曲線。

（2）求產品市場和貨幣市場同時達到均衡時的利率和國民收入。

第十三章　經濟增長與經濟波動

引導案例

中國過去 30 餘年創造了世界經濟增長的奇跡

相對於 1953—1977 年的經濟的大起大落而言，1978 年改革開放以來的 30 餘年，中國經歷了較爲平穩的經濟高速增長時期，尤其是 1990 年以來，經濟增長的速度更快，波動幅度更小，是典型的黃金增長時期。從增長時間來看，在所有工業化和城市化的國家中中國算是非常罕見的。在可以比較的大國工業化和城市化歷史來看，美國從 1870—1910 年前後完成工業化，基本上維持了 40 多年的經濟高速增長，但經濟高速增長時期的平均增長速度不超過 6%，而新加坡、日本、韓國雖然增速較高，最高時平均增速也能超過 10%，但波動幅度明顯高於中國。中國經濟的未來能否續寫高速增長的奇跡呢？

國家發改委宏觀經濟研究院王一鳴認爲，中國經濟已經持續高速增長了 30 餘年，今後 8% 的增長應該是常態，但是越往後越會逐步降低，這是經濟發展的普遍規律，就像一個人的發育，在青春期迅速長個兒，以後就會逐步穩定下來。

那麼爲什麼每個國家的經濟增長速度不同？有什麼因素會影響一個國家的經濟增長呢？爲什麼一國的經濟在不同的時期增長速度不一樣，有時還會發生衰退？這就是宏觀經濟學所要討論的內容。

教學目的

本章介紹經濟的長期增長問題，並分析影響經濟增長的因素。通過本章的學習，要求掌握經濟增長和經濟週期的含義及其基本理論。

本章重難點

經濟增長的概念、經濟增長的源泉、經濟週期的含義及四個階段。

第一節　經濟增長的概念

經濟增長通常是指在一個較長的時間跨度上，一個國家人均產出（或人均收入）水平的持續增加。經濟增長率的高低體現了一個國家或地區在一定時期內經濟總量的增長速度，也是衡量一個國家或地區總體經濟實力增長速度的標誌。一個國家的經濟增長一般指的是 GDP 的增長。

作爲研究長期增長的出發點，我們先考察世界上一些國家的經濟發展歷程。表 13-1 是 2014 年各國的 GDP 總量及排名。

表 13-1　　　　　　　　　2014 年世界各國的 GDP 總量及排名

排名	國家或地區	GDP 總量（十億美元）	所在地區
1	美國	16,197.96	北美洲
2	中國	10,385.66	亞洲
3	日本	4,817.52	亞洲
4	德國	3,373.3	歐洲
5	法國	2,565.62	歐洲
6	英國	2,532.05	歐洲
7	巴西	2,503.87	南美洲
8	印度	2,117.28	亞洲
9	俄羅斯	2,109.02	歐洲
10	義大利	1,953.82	歐洲
11	加拿大	1,839.14	北美洲
12	澳大利亞	1,598.07	大洋洲
13	西班牙	1,311.12	歐洲

從表 13-1 我們可以看出，表中的國家按其名義 GDP 的大小從高到低排序。美國的 GDP 位於世界第一位，而中國位於世界第二位。而對比歷史上的情況，我們會發現一些國家的 GDP 發生了很大的變化。在約 100 年前，日本並不是一個富國。日本的人均 GDP 只比墨西哥高一點，而遠遠落後於美國、加拿大這些國家。但是，由於其驚人的增長速度，日本現在已經是一個超級經濟大國。

由於增長率的差別，隨著時間的推移，各國按 GDP 的排序會有很大的變動。世界上最富有的國家並不能保證它們將來也是最富有的，而世界上最貧困的國家也並不會永遠處於貧困。那麼，爲什麼有的國家經濟快速增長，而有的國家經濟增長緩慢呢？這就是我們以下要討論的問題。

第二節　經濟增長的源泉

一般來說，我們認爲影響經濟增長的因素有四個，即自然資源、物質資本、人力資本和技術知識。下面我們依次介紹每一個因素。

一、自然資源

經濟增長的第一決定因素是自然資源。自然資源是自然界提供的生產投入，如土地、河流和礦藏。自然資源有兩種形式：可再生的與不可再生的。

自然資源的差別引起了世界各國生活水平的一些差別。美國歷史上的成功部分是由於有大量適於農耕的土地供給。現在中東地區的一些國家，如沙特阿拉伯等，這些國家之所以富有，是因爲其石油資源十分豐富。

自然資源雖然很重要，但並不是一個國家經濟增長的必要條件。有些國家自然資源並不是十分豐富，但經濟增長仍然很快。例如，日本自然資源匱乏，而日本快速的經濟增長所需要的自然資源依靠的是國際貿易，即日本向其他國家大量進口其所需要的自然資源，再向其他國家出口其工業製成品。有些國家自然資源十分豐富，但反而制約了其經濟增長，這就是我們經濟學上稱之爲"荷蘭病"的情況。

"荷蘭病"是指一個國家特別是指中小國家經濟的某一初級產品部門異常繁榮而導致其他部門的衰落的現象。20世紀50年代，已是製成品出口主要國家的荷蘭發現大量石油和天然氣，荷蘭政府大力發展石油、天然氣業，出口劇增，國際收支出現順差，經濟顯現繁榮景象。可是，蓬勃發展的天然氣業卻嚴重打擊了荷蘭的農業和其他工業部門，削弱了出口行業的國際競爭力，到20世紀80年代初期，荷蘭遭受到通貨膨脹率上升、製成品出口下降、收入增長率降低、失業率增加的困擾，國際上稱之爲"荷蘭病"。

在中國，有很多因資源而興起的城市，歷史上這些資源型城市雖然由小到大、走向繁榮，但由於過於依賴資源優勢，造成了經濟構成單一，當資源由多變少，甚至枯竭時，危機也開始產生了。

二、物質資本

如果工人用工具進行工作，生產率就更高。用於生產物品與勞務的設備和建築物存量稱爲物質資本，或簡稱爲資本。例如，當木工製造家具時，他們用的鋸、車床和電鑽都是資本。工具越多，工人越能迅速而精確地生產更多的產品。只有基本手工工具的木工每周生產的家具少於使用更精密、更專業化設備的木工。

物質資本的重要特徵是它是一種生產出來的生產要素。也就是說，物質資本是生產過程的投入，也是過去生產過程的產出。木工用一部車床製造桌子，而車床本身是製造車床的企業的產出，車床製造者又用其他設備來製造其產品。因此，物質資本是用於生產各種產品與勞務，包括更多資本的生產要素。

三、人力資本

人力資本是指勞動者受到教育、培訓、實踐經驗、遷移、保健等方面的投資而獲得的知識和技能的積累，亦稱非物力資本。由於這種知識與技能可以爲其所有者帶來工資等收益，因而形成了一種特定的資本——人力資本。

人力資本比物質、貨幣等硬資本具有更大的增值空間，特別是在當今後工業時代和知識經濟初期，人力資本將有着更大的增值潛力。因爲作爲"活資本"的人力資本，具有創新性、創造性以及具有有效配置資源、調整企業發展戰略等市場應變能力。人力資本進行投資對 GDP 的增長具有更高的貢獻率。

人力資本的積累和增加對經濟增長與社會發展的貢獻遠比物質資本、勞動力數量增加重要得多，發達國家是最明顯的例子。美國在 1990 年人均社會總財富大約爲 42.1 萬美元，其中 24.8 萬美元爲人力資本的形式，占人均社會總財富的 59%。其他幾個發達國家，如加拿大、德國、日本的人均人力資本分別爲 15.5 萬美元、31.5 萬美元、45.8 萬美元。1978—1995 年，勞動力數量增長對於中國經濟增長的貢獻略低於勞動力質量提高的貢獻。但是到 20 世紀末，這種情況發生重大轉變，人力資本繼續保持較高增長率，而勞動力數量增長率顯著下降，由 1978—1995 年的 2.4% 急劇下降到 1.0%。預計未來 20 年，勞動力增長率還將繼續下降。相比之下，人力資本增長率雖有所下降，但是依舊保持較高的增長率，並且成爲勞動力貢獻於經濟增長的主要方式。經濟增長的這種模式轉變，對人力資本積累提出了巨大需求。中國龐大的人力資源要轉化爲人力資本，關鍵在於提高人力素質，其重要途徑在於形成全民學習、終身學習的學習型社會，把中國建成世界上最大的學習型社會。

四、技術知識

技術知識，即對生產物品與服務的最好方法的瞭解。100 多年前，大多數美國人在農場干活，這是因爲農業技術要求大量的勞動力的投入才能養活所有人。而現在，由於農業技術的進步，只需要少數人從事農業生產就能養活所有人。

技術知識有多種形式。一種技術是公共知識，即某個人使用這種技術後，每個人就都瞭解了這種技術。例如，一旦亨利·福特成功地引入了流水線生產，其他汽車制造商就很快模仿了這種技術。另一種技術是由私人擁有的，只有發明它的公司知道。例如，只有可口可樂公司知道生產這種著名飲料的秘方。還有一種技術在短期內是由私人擁有的。例如，當某一家公司發明了一項新技術時，專利制度給予該公司暫時排他性地使用該技術的權利。然而，當專利期滿時，就允許其他公司使用這項技術。不管是哪種形式的技術知識對整個國家的經濟增長來說都是很重要的。

第三節　經濟增長理論

在經濟增長理論中，人們推崇的主要有三大理論，即哈羅德—多馬經濟增長理論、新古典經濟增長理論和內生增長理論。

一、哈羅德—多馬經濟增長理論

哈羅德—多馬模型是 20 世紀 40 年代分別由英國經濟學家哈羅德和美國經濟學家多馬提出的，他們提出的模型基本相同，合稱哈羅德—多馬模型。

哈羅德—多馬模型有着嚴格的假定條件，這些假設包括：第一，假設全社會只有一種產品，既是資本品又是消費品，即假定社會只存在一個生產部門、一種生產技術。第二，假定只有兩種生產要素，即資本和勞動。兩者按照一個固定的比例投入生產，不能相互替代。第三，假定規模收益不變，即單位產品的成本與生產規模無關。第四，假定不存在技術進步，因而資本—產出比 C 不變。

有了這些基本假定後，可以給出該模型的基本公式：

令 Y 爲國民收入，K 爲資本，I 爲淨投資（從一個時期到另一個時期資本存量的變化），S 爲儲蓄。

經濟增長率 $G = \Delta Y/Y$。

儲蓄率 $s = S/Y$。

由於儲蓄等於投資即 $S=I$，因此 $s=S/Y=I/Y$。

資本—產出比 $C=\Delta K/\Delta Y$。

因爲資本存量的變化（$\triangle K$）就是投資（I），因此有：

$$C = \Delta K/\Delta Y = I/\Delta Y$$

從而有：

$$G = \Delta Y/Y = \frac{S/Y}{\Delta K/\Delta Y} = \frac{S/Y}{I/\Delta Y} = s/C$$

即：

$$G = s/C$$

哈羅德認爲，這一方程式是投資必須總是等於儲蓄這一事實的動態化的表述。因此，他的理論是以凱恩斯的理論爲依據的，不同的是他將凱恩斯的理論動態化和長期化了，即在公式中引入了時間因素和資本—產出比概念，強調了投資既增加收入，又增加生產能力的雙重效應。從上述公式中，我們可以看出，經濟增長率實際上就取決於儲蓄率。在資本—產量比率不變的條件下，儲蓄率高，則經濟增長率高；儲蓄率低，則經濟增長率低。可見，這一模型強調的是資本增長對經濟增長的作用，分析的資本增加與經濟增長的關係。

根據以上公式，哈羅德提出了有保證的增長率、實際增長率和自然增長率三個概念。

實際增長率是單位時間內經濟的實際增長率。它是由實際發生的儲蓄率與實際發生的資本—產出比決定的，即：

$$G = s/C$$

有保證的增長率是與人們想要進行的那個儲蓄以及人們擁有爲實現其目的而需要的資本貨物額相適應的增長率。其公式可表示爲：

$$G_W = S_D/C_R$$

式中，G_W 代表有保證的增長率，S_D 代表人們在一定收入水平下滿意的儲蓄率，C_R 代表投資者滿意並與其資本存量相適應的資本—產出比。

自然增長率是在人口增長和技術進步允許的範圍內所能達到的長期最大增長率。它反應了人口與勞動力增長、技術進步與勞動生產率提高同經濟增長的關係。其公式可表示爲：

$$G_N = S_N/C_N$$

式中，G_N 是社會最適宜的自然增長率，S_N 是一定制度安排下最適宜的儲蓄率（或投資率），C_N 是最適宜的預期資本—產出比，體現着人口增長與技術進步條件下現有的資本存量能夠吸收全部勞動力，實現充分就業。

哈羅德—多馬模型認爲，長期中實現經濟穩定的增長條件是實際增長率、有保證的增長率與自然增長率相一致，即 $G = G_W = G_N$。如果這三種增長率不一致，則會引起經濟中的波動，若實際增長率與有保證的增長率不相等，會引起經濟中的短期波動。當實際增長率大於有保證的增長率時，會引起累積性的擴張，因爲這時實際的資本—產量比小於均衡資本—產量比，廠商會增加投資，使兩者一致，從而就刺激了經濟的擴張。反之，若實際增長率小於有保證的增長率，則會引起累積性的收縮。而若有保證的增長率與自然增長率不相等，則會引起長期經濟波動，當有保證的增長率大於自然增長率時，由於有保證的增長率超過了人口增長和技術進步所允許的程度，將會出現經濟停滯。反之，當有保證的增長率小於自然增長率時，則會出現經濟繁榮。

二、新古典經濟增長模型

新古典經濟增長模型又稱索洛經濟增長模型，是由索洛提出的發展經濟學中著名的模型，又稱新古典經濟增長模型、外生經濟增長模型。

該模型的假設爲：第一，該模型假設儲蓄全部轉化爲投資，即儲蓄—投資轉化率假設爲1；第二，該模型假設投資的邊際收益率遞減，即投資的規模收益是常數；第三，該模型修正了哈羅德—多馬模型的生產技術假設，採用了資本和勞動可替代的新古典柯布—道格拉斯生產函數，從而解決了哈羅德—多馬模型中經濟增長率與人口增長率不能自發相等的問題。

用 a、$1-a$ 分別代表資本和勞動對總產出的貢獻，$\Delta K/K$ 爲資本增長率，$\Delta L/L$ 爲勞動增長率。該模型用公式可以表示爲：

$$G = a\Delta K/K + (1-a)\Delta L/L$$

從上式中可以看出，經濟增長率 G 由資本和勞動增長率及其邊際生產力決定。依據這一模型，人們可以通過調節生產要素投入的邊際生產力，即調整資本和勞動的配合比例，來調節資本—產出比率，以實現理想的均衡增長。

新古典經濟增長模型可以得出以下結論：無論從任何一點出發，經濟向平衡增長路徑收斂，在平衡增長路徑上，每個變量的增長率都是常數。在其他外生變量相似的條件下，人均資本低的經濟有更快的人均資本的提高，人均收入低的經濟有更高的增長率。人均產出（Y/L）的增長來源於人均資本存量和技術進步，但只有技術進步才能夠導致人均產出的永久性增長。

三、內生增長理論

內生增長理論是產生於 20 世紀 80 年代中期的一個西方宏觀經濟理論分支，其核心思想是認爲經濟能夠不依賴外力推動實現持續增長，內生的技術進步是保證經濟持續增長的決定因素。內生增長理論強調不完全競爭和收益遞增。

以往的增長理論將儲蓄率、人口增長和技術進步等經濟增長的重要因素視作外生變量（即一個給定的量），也就是說這些因素是經濟增長的動力而不是經濟增長的後果。而在現實經濟中，儲蓄率的變化、人口增長率的變化和技術的變動不僅是經濟增長的動力，也是經濟增長的後果，因而這些因素不可能只是一個外生變量，而是隨著經濟增長而變化的量。內生增長理論試圖避免這一缺陷，將這些重要因素作爲內生變量，用規模收益遞增和內生技術進步來說明各國經濟如何增長，其顯著特點是將增長率內生化，故稱內生增長理論。

內生增長理論比較集中地討論了技術進步這一因素在經濟增長中的作用，該理論認爲一個經濟社會的技術進步快慢和路徑是由這個經濟體系中的家庭、企業在經濟增長中的行爲決定的。該理論的主要代表人物羅默認爲，企業通過增加投資的行爲，提高了知識水平，知識具有正外部性，從而引起物質資本和勞動等其他要素也具有收益遞增的特點。該理論的另一位代表人物盧卡斯認爲，發達國家擁有大量人力資本，經濟持續增長是人力資本不斷積累的結果。還有的學者強調從事生產過程也是獲得知識的過程，即所謂的"干中學"。"干中學"積累起來的經驗使勞動力和固定資產的效率在生產過程中不斷提高。總之，技術進步是經濟體系的內生變量。

內生增長理論對現實具有較強的指導意義，根據其觀點，政府應當通過各種政策，如對研究和開發提高補貼、對文化教育事業給予支持、用稅收等政策鼓勵資本積累等，以促進經濟增長。

隨著理論的發展，不少經濟學家已經意識到，內生增長理論面臨的最大問題就是如何進行實證分析。從研究來看，這種實證研究事實上是沿著兩條技術路線進行的：一條是進行國別間的研究，尋找內生增長證據。另一條是利用一國的長時段數據，研究一國的經濟增長因素；或者單獨討論某個具體因素，如對外開放、稅收、平等、金融進步、教育支出、創新等，對經濟增長的作用。

第四節　經濟波動的概念

經濟週期也稱商業週期、景氣循環，經濟週期一般是指經濟活動沿著經濟發展的總體趨勢所經歷的有規律的擴張和收縮。經濟週期是國民總產出、總收入和總就業的波動，是國民收入或總體經濟活動擴張與緊縮的交替或週期性波動變化。

我們一般把經濟週期分爲繁榮、衰退、蕭條和復蘇四個階段，表現在圖形上叫衰退、谷底、擴張和頂峰更爲形象，也是現在普遍使用的名稱。

經濟衰退的普遍特徵表現在消費者需求、投資急劇下降；對勞動的需求、產出下降；企業利潤急劇下滑，股票價格和利率一般也會下降。

經濟蕭條指規模較大且持續時間較長的衰退，其明顯特徵是需求嚴重不足，生產相對嚴重過剩，銷售量下降，價格低落，企業盈利水平極低，生產萎縮，出現大量破產倒閉現象，失業率增大。

第五節　經濟波動理論

各國的經濟爲什麼每隔一段時間就會出現衰退，爲什麼所有國家的經濟都呈現波浪式的增長，經濟學家認爲這是有原因的。

一、外因論

外因論認爲，週期源於經濟體系之外的因素——太陽黑子、戰爭、革命、選舉、金礦或新資源的發現、科學突破或技術創新等。

（一）太陽黑子理論

該理論是由英國經濟學家杰文斯（W S Jevons）於1875年提出的。太陽黑子理論把經濟的週期性波動歸因於太陽黑子的週期性變化。因爲據說太陽黑子的週期性變化會影響氣候的週期變化，而這又會影響農業收成，而農業收成又會影響整個經濟。根據統計，太陽黑子的出現是有規律的，大約每十年左右出現一次，而資本主義國家大約也是每十年出現一次經濟危機。

（二）創新理論

創新是經濟學家熊波特提出的用以解釋經濟波動與發展的一個概念。所謂創新，是指一種新的生產函數，或者說是生產要素的一種"新組合"。生產要素新組合的出現會刺激經濟的發展與繁榮。當新組合出現時，老的生產要素組合仍然在市場上存在。新老組合的共存必然給新組合的創新者提供獲利條件。一旦新組合的技術擴散，被大多數企業獲得，最後的階段——停滯階段也就臨近了。在停滯階段，因爲沒有新的技術創新出現，很難刺激大規模投資，從而難以擺脫蕭條。這種情況直到新的創新出現才被打破，才會有新的繁榮的出現。

總之，創新理論把週期性的原因歸之爲科學技術的創新，而科學技術的創新不可能始終如一地持續不斷的出現，從而必然有經濟的週期性波動。

（三）政治性理論

經濟週期的一個主要例證就是政治性週期。政治性週期理論把經濟週期性循環的原因歸爲政府的週期性的決策（主要是爲了循環解決通貨膨脹和失業問題）。政治性週期的產生有以下三個基本條件：

第一，凱恩斯國民收入決定理論爲政策制定者提供了刺激經濟的工具。

第二，選民喜歡高經濟增長、低失業以及低通貨膨脹的時期。

第三，政治家喜歡連選連任。

二、內因論

內因論認爲，經濟週期源於經濟體系內部，是在市場機制作用下的必然現象。

(一) 純貨幣理論

　　純貨幣理論主要由英國經濟學家霍特里（R Hawtrey）在 1913—1933 年的一系列著作中提出的。純貨幣理論認爲經濟的波動完全取決於經濟中貨幣數量的增減，而貨幣數量的增減一般是由央行的貨幣政策來控制的，因此該理論認爲經濟中的波動主要是由於國家採用了不合理的貨幣政策引起的。

(二) 投資過度理論

　　投資過度理論把經濟的週期性循環歸因於投資過度。由於投資過度，與生活資料的生產相比，生產資料的生產發展過快。生產資料生產的快速發展促使經濟進入繁榮階段，但同時生產資料過度生產導致的過剩又會促進經濟進入蕭條階段。

(三) 消費不足理論

　　消費不足理論的出現較爲久遠。該理論把經濟的衰退歸因於人們對生活資料的需求趕不上社會上生產生活資料的速度。但是該理論有一個很明顯的缺陷，即只解釋了經濟週期中危機這一階段產生的原因，而未說明其他三個階段產生的原因。因此，在經濟週期理論中，消費不足理論並不占有重要位置。

(四) 心理理論

　　心理理論和投資過度理論是緊密相連的。該理論認爲經濟的循環週期取決於投資，而投資大小主要取決於業主對未來的預期。預期卻是一種心理現象，而心理現象又具有不確定性的特點。因此，經濟波動的最終原因取決於人們對未來的預期。當預期樂觀時，增加投資，經濟步入復蘇與繁榮；當預期悲觀時，減少投資，經濟則陷入衰退與蕭條。隨著人們情緒的變化，經濟也就週期性地發生波動。

習題

1. 決定經濟增長的因素有哪些？
2. 什麼是經濟週期？用什麼理論來解釋經濟週期？

第十四章　總需求與總供給

引導案例

　　從 2007 年 12 月正式開始至 2009 年 6 月初步結束的美國經濟大衰退發端於其 8 萬億美元房產市場泡沫的破裂。泡沫破裂過程中，房屋價格急劇下降以及大量按揭貸款不能如期償付，引起數百萬幢房屋被銀行收回和拍賣、屋主被掃地出門。房產市場的崩潰導致失業大增、消費者開支急劇減少，以上這一切再同金融市場的極度混亂結合在一起，對世界主要金融機構的全面崩潰造成了威脅。爲對應危機，各國政府相繼出手拯救多家瀕臨破產的大銀行。金融海嘯在全球範圍內引發股票市場和債券市場的持續下跌和崩盤。金融危機在導致巨大數量的企業破產、以萬億美元計的美國家庭財富的損失方面發揮了關鍵作用。美國經濟活動的顯著下降又對 2008—2012 年全球經濟衰退和歐洲國家的主權債務危機產生了重大影響。

　　是什麼因素引起了經濟活動的短期波動呢？如果可能的話，能夠用什麼公共政策來防止收入減少和失業增加的時期出現呢？當衰退或蕭條發生時，決策者如何縮短其持續時間以及減輕其嚴重性呢？這些正是本章需要討論的問題。

教學目的

　　在前面的章節中，我們已經學習了 IS-LM 曲線分析，但 IS-LM 模型有個局限，即沒有考察一般價格水平對均衡國民收入的影響。本章在收入、利率之外，引入一般價格水平，考察產品市場、貨幣市場和勞動市場的同時均衡。通過本章的學習，應掌握這個模型的兩部分——總需求曲線與總供給曲線，以及影響這兩條曲線移動的因素。

本章重難點

　　總需求曲線、總供給曲線、影響總需求與總供給曲線移動的因素。

第一節　總需求曲線

　　在短期經濟波動時，我們將價格作爲一個外生變量來進行處理，本章我們將允許價格水平進行變動。在這個前提下，總需求曲線表示產品市場與貨幣市場同時達到均衡時的價格水平與產出水平之間的關係，即在第一種物價水平下，家庭、企業、政府和外國客戶想要購買的物品與勞務的數量。

一、總需求曲線的推導

總需求曲線可以從 IS-LM 曲線中推導出來。我們可以先復習 IS-LM 曲線。IS 曲線描述的是產品市場均衡，即產品市場達到均衡時利率與產出的關係。LM 曲線描述的是貨幣市場的均衡，即貨幣市場達到均衡時利率與產出的關係。那麼從 IS-LM 曲線中我們可以推導出總需求曲線。

IS 曲線：

$Y = C + I + G + NX$

$Y = a + b(1-t)Y + e - dR + G_0 + f - nY$

$R = \dfrac{a+e+f+G_0}{d} - \dfrac{1-b(1-t)+n}{d}Y$

LM 曲線：

$M = (kY - hR)P$

$R = -\dfrac{M}{hP} + \dfrac{kY}{h}$

令 R 相等，有：

$\dfrac{a+e+f+G_0}{d} - \dfrac{1-b(1-t)+n}{d}Y = -\dfrac{M}{hP} + \dfrac{kY}{h}$

可以得到價格與產出的關係：

$Y = \dfrac{\alpha_1 h}{\alpha_2 h + k} + \dfrac{M}{\alpha_2 h + k} \cdot \dfrac{1}{P}$

其中：

$\alpha_1 = \dfrac{a+e+f+G_0}{d}$

$\alpha_2 = \dfrac{1-b(1-t)+n}{d}$

那麼上式中價格與產出的關係即總需求函數。

當然，總需求曲線也可以從 IS-LM 曲線中推導出來，下面我們用 IS-LM 模型演示總需求曲線的生成過程。

圖 14-1 為 IS-LM 曲線，圖 14-2 表示的是價格水平與總需求之間的關係，即總需求曲線。

圖 14-1　IS-LM 曲線

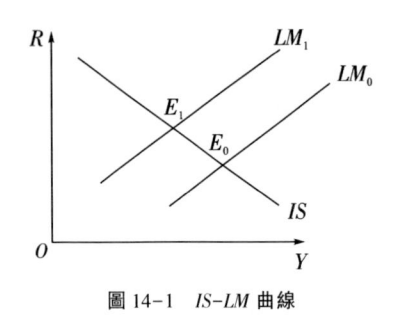

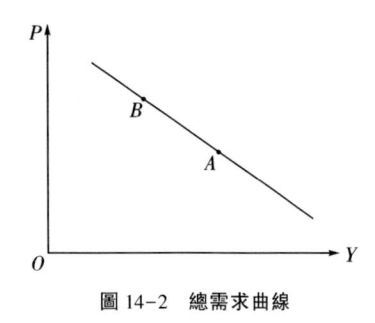

圖 14-2　總需求曲線

在圖 14-1 中，假設初始價格為 P_0，此時貨幣供給量為 M_0，貨幣市場與產品市場在 E_0 點實現均衡，E_0 決定了均衡的利率與均衡的國民收入，將 E_0 點反應的貨幣市場和產品市場同時均衡時的價格水平 P_0 與國民收入 Y_0 標在圖 14-2 中得到了總需求曲線上的一點 A。

現在假設價格水平變動，由 P_0 上升到 P_1，價格變動只會影響 LM 曲線，根據 LM 曲線的公式，當價格上升時，LM 曲線左移（即由 LM_0 移動到 LM_1）。這時，在圖 14-1 中，LM_1 與 IS 曲線相交，有了新的均衡點 E_1，新的均衡點決定了新的利率水平與新的均衡國民收入。將 E_1 點所反應的貨幣市場和產品市場同時均衡時的價格水平 P_1（$P_1 > P_0$）與新的國民收入反應在圖 14-2 中，得到了總需求曲線上的一點 B。

隨著價格水平的變動，會有很多個反應價格水平與國民收入組合的均衡點，將這些點連接起來便得到一條曲線，即總需求曲線。從圖 14-2 我們可以發現，總需求曲線是一條從左上方向右下方傾斜的曲線。總需求曲線低斜率越大，曲線越陡峭，一定的價格水平變動引起的總需求與國民收入變動越小；相反，總需求曲線斜率越小，曲線越平坦，一定的價格水平變動引起的總需求與國民收入變動越大。

二、總需求曲線的移動

在上一部分中，我們已經證明過總需求曲線是從 IS-LM 曲線中推導出來的，因此 IS 曲線和 LM 曲線的移動都會引起總需求曲線的移動。財政政策的變動會引起 IS 曲線的移動，而貨幣政策的變動會引起 LM 曲線的移動。因此，無論是財政政策還是貨幣政策，都會引起總需求曲線的移動。下面我們具體來分析財政政策和貨幣政策會怎樣影響總需求曲線。

（一）財政政策對總需求曲線的影響

財政政策通過使 IS 曲線移動來使總需求曲線的位置發生移動。假設其他條件不變，擴張性財政政策會使 IS 曲線向右平移，在價格水平不變的情況下，總需求曲線也會向右平移。相反，緊縮性財政政策會使 IS 曲線向左平移，進而使得總需求曲線向左平移。這說明，當政府採用擴張性財政政策時，在每一價格水平上，總需求都會增加；而當政府採用緊縮性財政政策時，在每一個價格水平上，總需求都會減少。

在圖 14-3 中，原來的 IS_0 曲線與 LM 曲線相交於 E_0 點，確定了均衡的利率和均衡的國民收入，E_0 點表示產品市場與貨幣市場同時均衡時價格為 P_0，均衡收入為 Y_0 的組合點。與此相對應的總需求曲線為 AD_0。現假設其他條件都不變，政府實行了擴張性的財政政策，結果使得 IS_0 曲線右移到 IS_1，IS_1 曲線與 LM 曲線相交於 E_1 點，決定了新的均衡國民收入 Y_1。

而在圖 14-4 中，E_1 點表示產品市場與貨幣市場同時均衡時價格為 P_1，均衡國民收入為 Y_1 的組合點，與此相對應的總需求曲線為 AD_1。從上面兩個圖形可以看出，當價格水平不變（即都為 P_0 時），政府實行擴張性的財政政策會使總需求曲線向右平移。

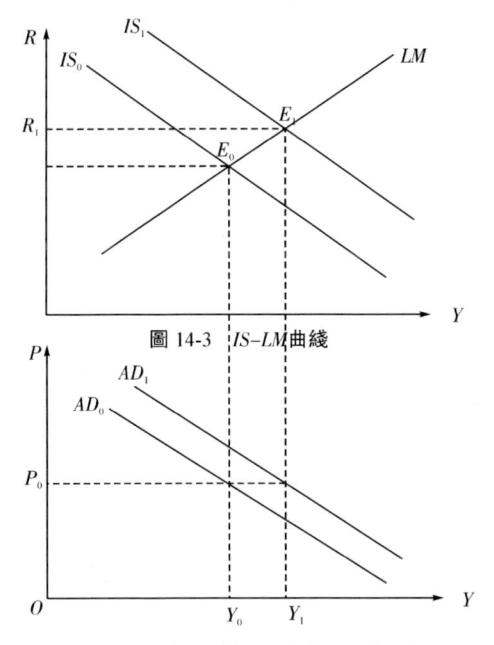

圖 14-3 IS-LM 曲綫

圖 14-4 財政政策對總需求曲線的影響

（二）貨幣政策對總需求曲線的影響

貨幣政策通過影響 LM 曲線的移動來影響總需求曲線的移動。假設其他條件不變，政府實行擴張性的貨幣政策，這會使得 LM 曲線向右平移，在價格水平不變的情況下，總需求曲線也會向右平移。相反，政府實行緊縮性的貨幣政策，這會使得 LM 曲線向左平移，從而使得總需求曲線也向左平移。這說明，當政府採用擴張性的貨幣政策時，在每一個價格水平上，總需求都增加了；而當政府採用緊縮性的貨幣政策時，在每一個價格水平上，總需求都會減少。

圖 14-5　IS–LM曲綫

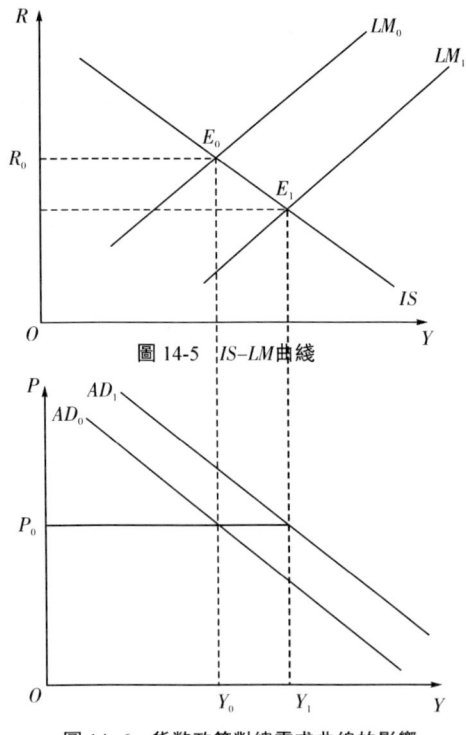

圖 14-6　貨幣政策對總需求曲綫的影響

在圖 14-5 中，原來的 LM_0 曲綫與 IS 曲綫相交於 E_0 點，確定了均衡的利率與均衡的國民收入，E_0 點表示產品市場和貨幣市場同時均衡時價格爲 P_0，均衡收入爲 Y_0 的組合點，與此相對應的總需求曲綫爲 AD_0。現假設其他條件都不變，政府實行擴張性的貨幣政策，結果使得 LM_0 曲綫向右平衡到 LM_1，LM_1 曲綫與 IS 曲綫相交於 E_1 點，決定了新的均衡利率與新的國民收入。

在圖 14-6 中，E_1 點表示產品市場與貨幣市場同時均衡時價格爲 P_0，均衡國民收入爲 Y_1 的組合點，與此相對應的總需求曲綫爲 AD_1。從上面兩個圖形我們可以看出，當政府實行擴張性的貨幣政策時，總需求曲綫會向右平移。

第二節　總供給曲綫

總供給曲綫是表明商品市場和貨幣市場同時達到均衡時，總供給和價格水平之間關係的曲綫。總供給曲綫反應在每一價格水平下，廠商願意提供的產品和勞務的總和。但與總是向右下方傾斜的總需求曲綫不同，總供給曲綫的形狀取決於研究時間的長短。在長期中，總供給曲綫是垂直的，而在短期，總供給曲綫是向右上方傾斜的。爲瞭解釋經濟波動，我們必須既研究長期總供給曲綫，又要研究短期總供給曲綫。

一、長期總供給曲線

圖 14-7 描述了長期總供給曲線的形狀，我們可以看出，長期總供給曲線是一條垂直的直線，即物價水平的變動並不影響長期總供給。那麼為什麼長期總供給曲線是這種形狀呢？上一章我們在分析經濟增長時已經回答過這個問題了。在長期中，一個國家的物品與勞務生產取決於四個因素，即人力資本、物質資本、自然資源和技術知識。

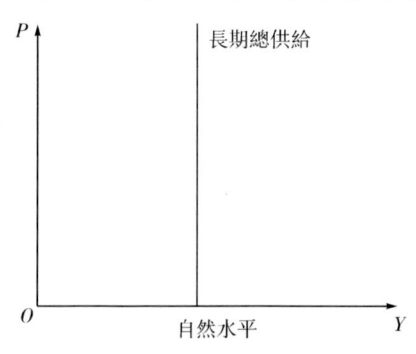

圖 14-7　長期總供給曲線

當我們分析決定長期經濟增長的這些因素時，我們沒有提到價格水平。我們知道，如果兩個國家的經濟，除了一個國家流通中的貨幣是另一個國家流通中的貨幣的兩倍之外，其他完全相同，那麼貨幣多的國家的物價也是貨幣少的國家的物價的兩倍。但是，這兩個國家中物品與服務的數量還是完全相同的。

二、長期總供給曲線的移動

前面已經提到過，在長期中，一個國家的物品與勞務生產取決於四個因素，即人力資本、物質資本、自然資源和技術知識。因此，我們可以把長期總供給曲線的移動劃分為這四個因素引起的移動。

(一) 人力資本引起的移動

如果一個國家中工人的數量增加，因而物品與勞務的供給量也會增加，長期總供給曲線向右移。反之，如果一個國家中工人的數量減少，因而物品與勞務的供給量也會減少，長期總供給曲線向左移。

(二) 物質資本引起的移動

如果一個國家中資本存量的增加提高了勞動生產率，因而物品與勞務的供給量也增加，長期總供給曲線向右平移。相反，國家中資本存量的減少會降低勞動生產率，因而物品與勞務的供給量會減少，長期總供給曲線向左平移。

(三) 自然資源引起的移動

在經濟學中，自然資源包括土地、森林、河流、礦藏和天氣等。新的自然資源的發現會使得長期總供給曲線向右平移，而一些自然資源的減少甚至枯竭會使得長期總供給曲線向左移。

（四）技術知識引起的移動

今天的產量較之前的產量更高的一個重要原因也許是我們技術知識的進步。新的技術知識的發明和使用使得經濟中物品與勞務的數量增加，並使得長期總供給曲線向右平移。

三、短期總供給曲線

短期中的經濟與長期中的經濟之間的不同是總供給的情況不同。長期總供給曲線是垂直的，說明在長期中的產出與物價水平是沒有關係的。在短期，總供給曲線是向右上方傾斜的，也就是說，在短期，總產出受到物價水平變動的影響。一般來說，經濟中物價總水平上升往往會增加物品與勞務的供給量，而物價水平下降則會減少物品與勞務的供給量。短期總供給曲線如圖 14-8 所示。

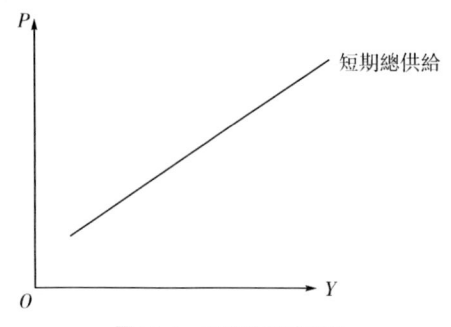

圖 14-8　短期總供給曲線

為什麼短期物價水平的變動會影響產量呢？宏觀經濟學家提出了三種說明短期總供給曲線向右上方傾斜的理論。雖然每一種理論在細節上不同，但都有一個共性：當物價水平高於人們預期的水平時，總產出就會高於其自然水平；當物價水平低於人們預期的水平時，總產出就會低於其自然水平。

（一）黏性工資理論

對短期總供給曲線為什麼向右上方傾斜的第一種理論解釋是黏性工資理論。這種理論是研究總供給的三種方法最為簡單的，並且一些經濟學家認為該理論是短期中經濟不同於長期中經濟的重要原因，因此該理論也是我們在本書中重點強調的理論。

根據黏性工資理論，短期總供給曲線向右上方傾斜是因為名義工資調整緩慢，或者說在短期中是"黏性的"。在某種程度上，名義工資調整緩慢是由於工人和企業之間固定名義工資的長期合約，有時這種長期為 3 年。此外，這種名義工資調整緩慢，也可能是由於影響工資確定並使工資在某一時期中變動緩慢的社會規範和公正的概念。為了說明黏性名義工資對總供給意味着什麼，設想企業根據預期的物價水平事先同意向其工人支付某種名義工資。如果物價水平 P 降到低於預期的水平而名義工資仍然在 W，那麼實際工資 W/P 就上升到企業計劃支付的水平之上。由於工資是企業生產成本的主要部分，較高的工資意味著企業的實際成本增加了。企業對這些較高成本的反應是少雇傭勞動，並生產較少的物品與勞務量。換句話說，由於工資不能根據物價水平迅速調整，較低的物價水平就使就業與生產不利，這就引起企業減少物品與勞務的供給量。

簡單來說，根據黏性工資理論，短期總供給曲線之所以向右上方傾斜是因爲名義工資是基於預期的物價確定的。工資的黏性激勵了企業在實際物價水平低於預期水平時生產較少的產量，而在實際物價水平高於預期水平時生產較多的產量。

(二) 黏性價格理論

近年來，一些經濟學家提出了關於短期總供給曲線的第二種理論，這種理論稱爲黏性價格理論。正如剛才我們所討論的，黏性工資理論強調名義工資在某一時期內調整緩慢。黏性價格理論強調一些物品與勞務的價格對經濟狀況變動的調整也是緩慢的。這種價格的緩慢調整的產生，部分是因爲調整價格有成本，即所謂的菜單成本。這些菜單成本包括印刷和分發目錄的成本和改變價格標籤所需要的時間。由於這些成本，短期中價格和工資可能都是黏性的。爲了說明黏性價格對總供給的含義，假設經濟中每個企業都根據其預期的經濟狀況事先宣布了它的價格。在價格宣布之後，經濟經歷了未預期到的貨幣供給緊縮，這將降低長期的物價總水平。雖然一些企業根據經濟狀況的變動迅速降低了自己的價格，但還有一些企業不想引起額外的菜單成本，因此暫時不調整價格。由於這些滯後企業價格如此之高，因此它們的銷售減少了。銷售減少又引起企業削減生產和就業。換句話說，由於並不是所有價格都根據變動的狀況而迅速調整，未預期到的物價水平下降使一些企業的價格高於合意水平，而這些高於合意水平的價格壓低了銷售，並引起企業減少它們生產的物品與勞務量。

(三) 錯覺理論

錯覺理論是指物價水平的變動會使企業在短期內對其產品的市場變動發生錯誤，從而做出錯誤決策。

根據這種理論，物價總水平的變動會暫時誤導供給者對他們出售其產品的市場發生的變動的看法。由於這些短期的錯覺，供給者對物價水平的變動做出了反應，而這種反應引起了向右上方傾斜的總供給曲線。爲了說明這種理論的作用，假設物價總水平降到低於預期水平。當供給者看到他們產品的價格下降時，他們可能會錯誤地認爲，他們的相對價格下降了。

物價水平下降實際上是各種物品與勞務價格都下降，但企業會更關注自己的產品，沒有看到其他產品的價格下降，而只覺得自己的產品價格下降了。企業由產品價格下降得出市場供大於求的悲觀判斷，從而就減少生產，引起總供給減少。同樣，當物價水平上升時，企業也會沒有看到其他產品的價格上升，而誤以爲只有自己的產品價格上升了，從而做出市場供小於求的樂觀判斷，因而就增加生產，引起總供給增加。當物價水平變動時，企業產生的這些錯覺會使物價水平與總供給同方向變動。這些錯覺是因爲企業家並不是完全理性的，並不能總擁有充分的信息，判斷發生失誤。在長期中，他們當然會糾正這些失誤，但在短期中這些失誤是難免的。

例如，整個市場上的物價水平都下降了，但種小麥的農民可能關註不到其他商品價格的下降，而只看到小麥價格的下降。他們可能從這種觀察中推論出，生產小麥的報酬暫時是低的，那麼他們的反應可能是減少所供給的小麥。同樣，當整個市場上的物價水平下降時，企業中的工人關註不到他們購買的東西的價格下降了，他們只會看到自己的工資下降了。根據這種情況，他們會做出減少他們供給的勞動量的反應。在這兩種情況下，低物價水平引起對相對價格的錯覺，進而造成了供給者減少物品與勞務的供給量。

四、短期總供給曲線的移動

前面已經提到過，短期總供給曲線與長期總供給曲線不同，短期總供給曲線是向右上方傾斜的。因此，當考慮什麼因素會影響短期總供給曲線的移動時，我們必須考慮使長期供給曲線移動的所有變量以及一些新的變量。

我們從影響長期總供給曲線的因素開始。前面已經討論過，影響長期總供給曲線的因素只有四個：人力資本、物質資本、自然資源和技術知識。那麼這些因素的變動同樣也影響短期總供給曲線的移動。例如，當一個國家的人力資本增加時，這個國家的物品與勞務的產量就會增加，那麼無論是長期總供給曲線還是短期總供給曲線都會向右平移。如果一個國家的自然資源減少，這個國家的物品與勞務的產量就會減少，那麼無論是長期總供給曲線還是短期總供給曲線都會向左平移。

除了這四個因素外，還有一個新的變量會影響短期總供給曲線，即人們預期的物價水平。我們用黏性工資理論來解釋。根據這種理論，當工人和企業預期物價水平會上升時，他們就傾向於達成一個高水平名義工資的合同。工人的高工資增加了企業的成本，而且在任何既定的實際物價水平下減少了企業供給的物品與勞務數量。因此，當預期物價水平會上升時，工人的工資會提高，企業的成本增加，企業在實際物價水平既定時生產的物品和勞務減少。這樣短期總供給曲線會向左平移。相反，如果預期未來物價水平會下降，工人的工資會減少，企業的成本減少，企業在實際物價水平既定時會增加產量，那麼短期總供給曲線會向右平移。

以上的邏輯也適用於其他供給理論。最後我們可以得出結論：預期物價水平上升會減少物品與勞務的供給量，使得短期總供給曲線向左平移。預期物價水平下降會增加物品與勞務的供給量，使得短期總供給曲線向右平移。

結論：所有影響長期總供給曲線的因素都會影響短期總供給曲線，除此之外，還有一個新的因素即預期物價水平也會影響短期總供給曲線。

第三節　AD-AS 模型

在前面，我們已經分別研究了總需求與總供給曲線，那麼我們就有了分析經濟波動所需的基本工具。我們可以用 AD-AS 模型來解釋短期波動。

如圖 14-9 所示，假設經濟開始時處於長期均衡。均衡產量和均衡物價在長期是由總需求曲線與長期總供給曲線的交點決定的，即圖中 A 點。由於經濟總是處於短期均衡，因此短期總供給曲線也通過 A 點，表示預期物價水平已經調整到了這種長期均衡。也就是說，當一個經濟處於長期均衡時，預期物價水平必定等於實際物價水平，從而總需求曲線與短期總供給曲線也相交於 A 點。總需求曲線與短期總供給曲線以及長期總供給曲線三條線相交於一個點。

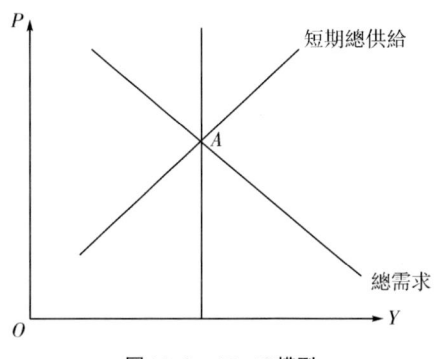

圖 14-9　AD-AS 模型

當經濟中某一變量發生變動時，會怎麼樣影響這種均衡呢？對於這個問題，我們可以確定四個步驟來進行分析：第一步，確定這一變量的變動是使總需求曲線移動，還是使總供給曲線移動（或者使兩條曲線都移動）。第二步，確定曲線移動的方向（即向左還是向右平移）。第三步，用總需求和總供給模型來說明這種移動如何影響短和長期的均衡。第四步，用總需求和總供給模型來分析經濟如何從其新的短期均衡變動到長期均衡。

一、總需求曲線移動的影響

假設某國爆發了戰爭，悲觀的情緒籠罩了經濟，使得許多人對未來失去了信心並改變了他們的計劃，很多家庭削減了開支，企業則放棄了採購新設備。那麼這一變動會怎麼影響一個國家的均衡呢？

首先我們判斷悲觀情緒影響了家庭和企業的購買，這一變動影響的是總需求曲線，使得企業和家庭現在在任何一種既定的物價水平時想購買的物品與勞務數量減少，因此這一變化會使得一國的總需求曲線向左平移。

從圖 14-10 可以觀察出：由於家庭和企業購買減少，使得總需求減少，總需求曲線向左移，即總需求曲線從 AD_1 移動到 AD_2，短期均衡點也從 A 點移動到 B 點，隨著均衡點的移動，產量從 Y_1 下降到 Y_2，而物價從 P_1 下降到 P_2。產量水平的下降表明經濟處於衰退中，那麼面對這種情況，經濟會如何從短期均衡向長期均衡轉變呢？由於物價水平降低了，隨著時間的推移，人們的預期也會發生變動，人們預期物價水平會降低。根據前面講的，影響短期總供給曲線移動的因素，如果預期未來物價水平會下降，工人的工資會減少，企業的成本減少，企業在實際物價水平既定時會增加產量，那麼短期總供給曲線會向右平移。

西方經濟學

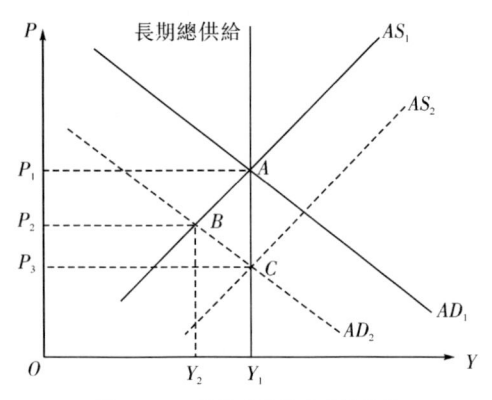

图 14-10 總需求曲線移動的影響

因此，預期物價水平降低使得短期總供給曲線從 AS_1 平移到 AS_2，這種移動使得經濟的均衡點變為 C 點。在新的均衡點，產量又回到了自然水平，也就是說經濟自己糾正了自己，即使政府不採取任何行動，長期中產量的減少也會逆轉。儘管總需求減少了，但物價水平下降了，物價水平的下降抵消了總需求曲線移動的影響。因此，在長期中，總需求曲線的移動完全反應在物價水平上，而根本沒有反應在產量水平上。

上面這種情況如果政府干預，會是怎樣一種變動呢？如果總需求減少，總需求曲線向左平移，經濟處於衰退，那麼政府會採取擴張性的政策來刺激經濟（具體的政策在十七章論述），從而增加總需求，使得總需求曲線向右平移。如果政府以足夠快的速度採取足夠準確的行動，那麼就可以抵消總需求最初的移動，使得總需求曲線從 AD_2 又移回 AD_1，並使經濟的均衡點又回到 A 點。

二、總供給曲線移動的影響

假設某國自然資源不斷減少甚至枯竭，這一變量會如何影響經濟呢？為了分析這種影響，我們同樣採用上面提到的步驟。第一步，自然資源的減少影響的是總供給，並且既影響長期總供給，又影響短期總供給（為了使分析變得簡單，我們假設長期總供給曲線不變）。第二步，這使得總供給曲線向哪兒移動？自然資源的減少使得國家的總供給減少，因此總供給曲線向左平移。

剛才已經分析過，自然資源的減少會使得總供給減少，總供給曲線向左平移，從圖 14-11 中來看，總供給曲線從 AS_1 平移到 AS_2，隨著總供給曲線的移動，經濟的均衡點從 A 點移動到 B 點。那麼這個國家的經濟產量會從 Y_1 降低到 Y_2，而物價水平從 P_1 上升到 P_2，由於經濟既經歷了產量下降，又經歷了物價上升，這種情況我們稱之為滯漲。那麼面對這種情況，經濟會如何從短期均衡向長期均衡轉變呢？由於物價上升，企業和工人對於高物價的反應是提高對物價的預期。根據前面講的，影響短期總供給曲線移動的因素，如果預期未來物價水平會上升，工人的工資會增加，企業的成本增加，企業在實際物價水平既定時會減少產量，那麼短期總供給曲線會向左平移。在圖 14-11 中反應出來即總供給曲線會不斷地向左平移，而這將使得滯漲問題加劇。高物價引起高工資，高工資又引起更高的物價。

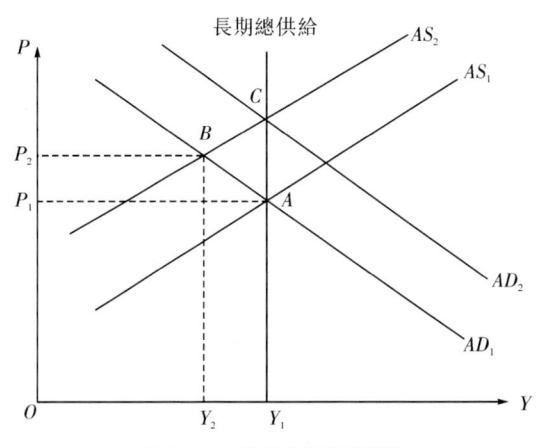

圖 14-11 總供給曲線的影響

這種情況發展到一定程度，工資和物價上升的速度會放慢。低產量和低就業將壓低工人的工資，使得工人的議價能力變小。當名義工資下降時，生產商品與勞務就變得有利可圖，短期總供給就會增加，短期總供給曲線就會向右平移。當短期總供給曲線又移回到 AS_1 時，經濟的均衡點又回到了 A 點。

我們剛才討論的情況仍然是經濟的自我調整，即沒有政府的干預，因為在整個過程中，總需求曲線沒有發生變動，但這在現實中是不可能的。當經濟出現滯漲時，政府會採取擴張性的政策使得總需求增加，在圖 14-11 中，總需求曲線會從 AD_1 向右平移到 AD_2，經濟的均衡點從 A 點移動到 C 點，產量仍然為自然水平，但物價卻從 P_1 上升到 P_3。在這種情況下，可以說，政府的政策為維持較高的產量和就業水平而接受了高物價。

習題

1. 請說明總需求曲線是怎麼推導出來的，並說明影響總需求曲線移動的因素有哪些以及怎麼影響。

2. 請說明短期總供給和長期總供給曲線有什麼不同，並說明影響長期總供給曲線和短期總供給曲線移動的因素各有哪些以及怎麼影響。

第十五章　失業與通貨膨脹

引導案例

　　第一次世界大戰之後，德國經歷了一次歷史上最引人註目的超速通貨膨脹。在戰爭結束時，協約國要求德國巨額賠款。這種支付引起德國財政赤字，德國最終通過大量發行貨幣來爲賠款籌資。從1922年1月到1924年12月德國的貨幣和物價都以驚人的比率上升。例如，每份報紙的價格從1921年1月的0.3馬克上升到1922年5月的1馬克、1922年10月的8馬克、1923年2月的100馬克直到1923年9月的1 000馬克。在1923年秋季，價格實際上飛起來了：一份報紙的價格從10月1日的2 000馬克、10月15日的12萬馬克、10月29日的100萬馬克、11月9日的500萬馬克直到11月17日的7,000萬馬克。1923年12月，貨幣供給和物價突然穩定下來。

　　通貨膨脹使人們的生活受到很大的影響，那麼到底什麼是通貨膨脹？這就是本章需要講述的內容。

教學目的

　　本章分析了宏觀經濟中的兩個重要的問題：失業和通貨膨脹。通過本章的學習，要掌握充分就業的含義、失業的分類、貨幣的含義、通貨膨脹的含義、通貨膨脹的分類。

本章重難點

　　失業的定義、摩擦性失業、失業率、通貨膨脹的定義、通貨膨脹的分類。

第一節　失業

一、失業的概念與失業率的衡量

　　失業是指達到了法定的勞動年齡，在現有的工資水平下想要工作但是找不到工作的情況。

　　在現實中，大家經常接觸到的一個概念便是失業率，而失業率到底是如何衡量的呢？我們首先把整個社會上的人分爲三類以下：

　　第一類：就業者。這類人包括作爲得到報酬的員工而工作的人、在自己的企業里工作且得到報酬的人以及在家族企業里工作但拿不到報酬的人。無論全職工作還是部分時間工作的工人都計算在內。這類人還包括現在不工作，但有工作崗位，只是由於度假、生病或天氣惡劣等原因暫時不在工作崗位的人。

第二類：失業者。這類人包括能夠工作且在之前四周內努力找工作但沒有找到工作的人，還包括被解雇正在等待重新被召回工作崗位的人。

第三類：非勞動力。這類人包括不屬於前兩個類別的人，如全日制學生、家務勞動者和退休人員。

一旦把每個人歸入各個類別，我們就可以計算出概括勞動力市場狀況的各種統計數字。我們把勞動力定義爲就業者與失業者之和，即：

$$勞動力 = 就業人數 + 失業人數$$

我們把失業率定義爲失業者占勞動力的百分比，即：

$$失業率 = \frac{失業者人數}{勞動力} \times 100\%$$

二、影響失業的因素與失業的類型

我們已經討論了政府如何衡量失業量和失業率，現在大家對什麼是失業應該有一個正確的概念了。

但是，這種討論並沒有解釋爲什麼經濟中存在失業。在大部分市場中，價格調整使供給量與需求量達到平衡。在一個理想的勞動市場中，工資的調整會使勞動的供給量與需求量平衡，這種工資的調整將保證所有工人總是充分就業的。

當然，現實與理想是不一致的。甚至在整個經濟運行良好時，也總有一些工人是沒有工作的。換句話說，失業率從未降至零；相反，失業率總是圍繞着自然失業率波動。那麼，我們就來分析有哪些因素會影響失業？

(一) 影響失業的因素

1. 地區性差異

失業率在各國之間的差異很大。不同的國家，勞動市場大相徑庭，有關失業、培訓計劃、解雇等方面的政策也千差萬別，企業對待工人的態度更是各有千秋。

日本經濟的特徵之一是低失業率，即使是在經濟處於不景氣的時候，失業率上升也只是在4%~5%。與之相比較，美國即使是在經濟景氣的時候，失業率也是在5%左右，當經濟處於不景氣的時候，失業率接近10%左右。其他的發達國家，如英國、法國、加拿大等國在20世紀80年代前半期，失業率都超過了10%。

就是在一國範圍內，不同地區之間的失業情況也大爲不同。但是，一般來說，在很多國家，市中心的失業率要比郊區或農村高很多。

2. 性別

事實上，在所有發達國家，女性的失業率都高於男性的失業率。這反應了教育和培訓方面的差異、雇主的歧視或其他社會相關因素。

3. 年齡

25歲以下群體的失業率要高於平均水平，而且很多國家都大體如此。之所以會是這種情況，原因包括離校生的條件是否符合要求、雇主對待年輕人的態度、年輕人更願意花時間尋找更好的工作或等待開始進一步深造等。

除了這些之外，不同種族群體之間的失業率也存在差異。在很多國家，少數民族成員的失業率高於平均水平。在英國，黑人的失業率要比白人的失業率高出2.5倍。

小案例：　　　　機器人的興起或將導致近半美國人失業

英國《衛報》援引最新的研究結果報稱，隨著機器人逐步接管人類的各種工作，其引發的"機器人革命"將在未來20年改變全球經濟，降低企業經營成本，但同時也將加劇社會的不平等現象。

目前，機器人可以從事打掃衛生以及組裝零部件等體力工作，而人工智能的發展則意味着計算機的"思考"能力將不斷加強，機器人進而可以承擔一些以前需要人類進行判斷的分析類工作。

在最爲先進的制造行業，如日本汽車生產商，機器人已經可以在無需監管下不間斷工作30天。雖然通過向低成本經濟體外包制造工作可以最多節省65%的勞動力成本，但用機器人取代人類，勞動力成本可最高節省90%。

(二) 失業的類型

宏觀經濟學上通常把失業分爲以下幾種類型：

1. 自然失業

自然失業是指由於經濟中某些難以避免的原因引起的失業，現實中2%～3%的失業率屬於自然失業。自然失業又分爲以下兩種情況：

第一，摩擦性失業。摩擦性失業是由於信息的不通暢或者勞動者與崗位的匹配需要時間等因素，造成社會上總是有一部分人處於失業狀態。摩擦性失業是由於經濟運行中各種因素的變化和勞動力市場的功能缺陷造成的臨時性失業。經濟總是變動的，工人尋找最適合自己愛好和技能的工作需要時間，一定數量的摩擦性失業不可避免。

第二，結構性失業。結構性失業主要是由於經濟結構（包括產業結構、產品結構、地區結構等）發生了變化，現有勞動力的知識、技能、觀念、區域分布等不適應這種變化，與市場需求不匹配而引發的失業。結構性失業在性質上是長期的，而且通常起源於勞動力的需求方。結構性失業是由經濟變化導致的，這些經濟變化引起特定市場和區域中的特定類型勞動力的需求相對低於其供給。

2. 週期性失業

週期性失業又稱爲總需求不足的失業，是由於整體經濟的支出和產出水平下降即總需求不足而引起的短期失業，一般出現在經濟週期的蕭條階段。這種失業與經濟中週期性波動是一致的。在復蘇和繁榮階段，各廠商爭先擴充生產，就業人數普遍增加。在衰退和谷底階段，由於社會需求不足，前景暗淡，各廠商又紛紛壓縮生產，大量裁減雇員，形成令人頭疼的失業大軍。

週期性失業的原因主要是整體經濟水平的衰退，因而週期性失業也是人們最不想看見的。20世紀30年代經濟大蕭條時期的失業就完全屬於週期性失業。與結構性失業、摩擦性失業等失業狀況不同，週期性失業的失業人數衆多且分布廣泛，是經濟發展最嚴峻的局面，通常需要較長時間才能有所恢復。在中國經濟仍處於高速發展的階段中，中國目前及未來幾十年出現嚴重經濟衰退和週期性失業的概率很低。

3. 自願性失業

自願性失業是指工人所要求得到的實際工資超過了其邊際生產率，或在現行的工作條件能夠就業，但不願接受此工作條件而未被雇傭所造成的失業。

自願性失業常常使人產生誤解，其實人們在尋找工作和嘗試不同工作時，失業在此情況下可能是一種有效率的產生。在現行的工資率下，自願性失業更加偏好其他活動而不是工作。但是，當一個人的生活難以爲繼的時候，爲了尋找一個養家糊口的工作，他們肯定不是那種在工作價值和閒暇之間權衡和挑剔的人，也不會爲了尋找一份更好的工作而選擇失業。

4. 隱蔽性失業

隱蔽性失業是指雖有工作崗位但未能充分發揮作用的失業，或在自然經濟環境里被掩蓋的失業。

隱蔽性失業大多發生在衰退時期，由於企業開工不足，即使未被解雇的工人也無法有效地使用，甚至在繁榮時期，過分膨脹的就業也會出現人員規模過於龐大的現象。後一種情況主要表現在發展中國家。

許多發展經濟學家認爲，不發達國家失業的特點之一就是隱蔽性失業。因爲在這些國家里，人口壓力問題是發生在貨幣工資經濟發展之前的自給經濟環境里的。由於大家庭制度的存在，許多家庭成員依靠有限的土地產品在低於自給的水平下也可以生存下去，許多在工資體系下本來要挨餓的人受親屬的維持而處於隱蔽性失業狀態。

第二節　通貨膨脹

一、通貨膨脹的概念與衡量

通貨膨脹是發行的紙幣數量超過了流通中需要的貨幣數量，從而造成紙幣貶值、物價上漲的情況。衡量通貨膨脹的指標是物價指數，常用的通貨膨脹率的衡量指標主要有以下三種：

(一) 消費者物價指數 (CPI)

消費者物價指數是普通消費者購買的物品與服務的總費用的衡量指標。當計算消費者物價指數和通貨膨脹率時，要使用成千上萬種物品與服務的價格數據。爲了正確說明如何編制這些統計數字，我們這里只考慮消費者購買兩種物品，即食物和衣服的簡單經濟。以下是我們計算 CPI 和通貨膨脹率的五個步驟：

1. 固定籃子

確定哪些物價對普通消費者是最重要的。如果普通消費者買的食物比衣服多，那麼食物的價格比衣服的價格重要。因此，在衡量生活費用時就應該給食物更大的權數。

在表 15-1 的例子中，普通消費者購買的一籃子物品包括 4 個單位的食物和 2 個單位的衣服。

當然現實中的國家在衡量 CPI 時，這個籃子中包括的東西應該很多。中國統計局一般把 200 多種商品和服務分爲 8 個主要類別。中國 2011 年 CPI 衡量時的構成和比重是：食品 31.79%、烟酒及飲品 3.49%、住房 17.22%、交通通信 9.95%、醫療保健個人服務 9.64%、衣着 8.52%、家庭設備及維修服務 5.64%、娛樂教育文化用品及服務 13.75%。

2. 找出價格

找出每個時點上籃子中每種物品與服務的價格。表 15-1 中顯示了三個不同年份的食物和衣服的價格。

表 15-1　　　　　　　　　不同年份的食物和衣服的價格　　　　　　　單位：單位貨幣

年份	食物的價格	衣服的價格
2014	1	2
2015	2	3
2016	3	4

3. 計算這一籃子東西的費用

用價格數據計算不同時期一籃子物品與服務的費用。表 15-1 顯示了對三年中每一年的這種計算。需要注意的是，在這種計算中只有價格變動。通過使這一籃子物品與服務相同（4 個單位的食物和 2 個單位的衣服），我們可以把同時發生價格變動的影響與任何數量變動的影響區分開來。

2014 年一籃子的費用 = 1×4+2×2 = 8（單位貨幣）
2015 年一籃子的費用 = 2×4+3×2 = 14（單位貨幣）
2016 年一籃子的費用 = 3×4+4×2 = 20（單位貨幣）

4. 選擇基年並計算指數

指定一年爲基年，即其他各年與之比較的基準。在以指數衡量生活費用的變動時，基年的選擇是任意的。一旦選擇了基年，指數的計算如下：

$$消費者物價指數 = \frac{當年一籃子物品與服務的價格}{基年一籃子的價格} \times 100$$

這就是説，每一年一籃子物品與服務的價格除以基年這一籃子物品與服務的價格，然後再用這個比率乘以 100，所得出的數字就是消費者物價指數。

在表 15-1 的例子中，我們以 2014 年爲基年。在這一年，一籃子食物和衣服的費用是 8 單位貨幣。因此，各年的消費者物價指數等於各年的一籃子物品價格除以 8 單位貨幣並乘以 100。

5. 計算通貨膨脹率

用消費者物價指數計算通貨膨脹率。通貨膨脹率是從前一個時期以來物價指數變動的百分比。計算連續兩年之間通貨膨脹率的公式如下：

$$\text{第二年的通貨膨脹率} = \frac{\text{第二年的 CPI} - \text{第一年的 CPI}}{\text{第一年的 CPI}} \times 100\%$$

雖然這個例子通過只包括兩種物品把現實世界簡化了，但它說明了統計局是如何計算消費者物價指數和通貨膨脹率的。

(二) 生產物價指數 (PPI)

除了整體經濟的消費者物價指數之外，還有其他一些物價指數，如生產物價指數 (PPI)。其衡量的是企業而不是消費者所購買的一籃子物品與服務的費用。由於企業最終要把它們的費用以更高消費價格的形式轉移給消費者，因此通常認爲生產物價指數的變動對預測消費者物價指數的變動是有用的。

(三) GDP 平減指數

在第十一章中，我們考察了經濟中物價總水平的一個衡量指標——GDP 平減指數。經濟學家和決策者爲了判斷物價上升的快慢，既要關注 GDP 平減指數，又要關注消費者物價指數。通常這兩個統計數字說明了相似的情況，但存在兩個重要的差別使這兩個數字不一致。

第一個差別是 GDP 平減指數反應國內生產的所有物品與服務的價格變動，而 CPI 衡量的只是與消費者生活相關的物品與服務的價格變動。例如，政府購買的軍火價格上升，這一價格的變動表現在 GDP 平減指數上，即 GDP 平減指數會發生變動，但 CPI 不會發生變動。

第二個差別是關於進口商品的價格。在核算 GDP 時，我們已經知道進口商品是未包括在 GDP 中間的，所以當進口商品的價格發生變動時，GDP 平減指數不發生變動。但若進口的商品是與消費者生活相關的，如進口汽車的價格發生變動，則 CPI 會發生變動。

二、根據通貨膨脹率來較正經濟學變量

(一) 今天的貨幣與未來的貨幣

我們現在已經知道了如果計算物價指數，就可以用這個指數來較正經濟學中的一些變量，如不同時期的貨幣數量。10 年前的 100 元和今天的 100 元是一個概念嗎？與今天一些人的工資相比，10 年前的 3 萬元年薪是高還是低呢？

爲了回答這一問題，我們必須要知道 10 年前的物價水平和今天的物價水平。然後把 10 年前的貨幣換算成今天的貨幣的公式如下：

$$\text{今天貨幣的數量} = \text{10 年前貨幣的數量} \times \frac{\text{今天的物價水平}}{\text{10 年前的物價水平}}$$

(二) 名義利率與實際利率

我們同樣還能用通貨膨脹率來較正名義利率與實際利率。

當你把錢存入銀行時，現在你給了銀行一些貨幣，未來銀行就要償還你的本金和利息。在這兩種情況下，爲了充分瞭解你與銀行之間的交易，關鍵是要知道未來的貨

幣的價值不同於今天的貨幣。

我們來看一個例子。假設某人把 100 元存入一個銀行帳戶，該銀行每年支付 10% 的利息。也就是一年以後，此人的利息為 10 元，他可以提取 110 元。但這 110 元使他比一年前擁有 100 元更富有嗎？

他確實比一年前多了 10 元，但也只能說明他擁有的貨幣數量增加了 10%。但是此人並不關心貨幣數量本身，他只關心他可以用這些貨幣買到什麼。如果他的貨幣存在銀行時物價上升了，現在每一元錢買到的東西比一年前少了，在這種情況下，他的購買力，即他能買到的物品與服務量並沒有上升 10%。

為了使事情簡單，我們假設此人只用這筆錢購買食物。當他存款時，食物的單價為 10 元，即他的存款可以購買到 10 單位的食物。一年後，在得到 10 元的利息後，他有 110 元，現在他能買到多少單位食物呢？這取決於食物價格的變動。下面是一些例子：

零通貨膨脹：如果食物的單價仍然是 10 元，那麼他可以購買的食物從 10 單位增加到 11 單位。貨幣數量增加 10% 意味着他的購買力也增加了 10%。

10% 的通貨膨脹：如果食物的價格從 10 元增加到 11 元，那麼他能購買的食物的數量仍然是 10 單位，即儘管此人的貨幣數量增加了，但是他的購買力與一年前是相同的。

12% 的通貨膨脹：如果食物的價格從 10 元增加到 11.2 元。那麼此人購買的食物數量從 10 單位減少到 9.8 單位。儘管他的貨幣數量增加了，但是他的購買力反而降低了約 2%。

這些例子說明，通貨膨脹率越高，購買力增加的就越少。那麼，衡量貨幣數量變動的利率稱為名義利率，根據通貨膨脹校正的利率稱為實際利率。名義利率、實際利率和通貨膨脹率之間的關係接近於以下公式：

$$實際利率 = 名義利率 - 通貨膨脹率$$

三、通貨膨脹的類型

(一) 根據通貨膨脹的劇烈程度，可將通貨膨脹分為三類

1. 低通貨膨脹

低通貨膨脹的特點是價格上漲緩慢且可以預測。可以將其定義為年通貨膨脹率為 1 位數的通貨膨脹。此時的物價相對來說比較穩定，人們對貨幣比較信任。

2. 急劇通貨膨脹

當總價格水平以每年 20%、100% 甚至 200% 的 2 位數或 3 位數的比率上漲時，即產生了急劇通貨膨脹。這種通貨膨脹局面一旦形成並穩固下來，便會出現嚴重的經濟扭曲。

3. 惡性通貨膨脹

嚴重的惡性通貨膨脹，貨幣幾乎無固定價值，物價時刻在增長，其災難性的影響使市場經濟變得一無是處。

在這三種類型的通貨膨脹中，惡性通貨膨脹對於經濟的破壞性最強，不僅會給證券市場和房地產市場帶來大量的泡沫，而且還會嚴重破壞一個國家的貨幣體制，導致

經濟的崩潰。

(二) 根據引發通貨膨脹的原因,可將通貨膨脹分為四類

1. 需求拉動型通貨膨脹

需求拉動型通貨膨脹又叫超額需求拉動通貨膨脹,這一概念是由凱恩斯最先提出來的,他認為總需求超過了總供給,拉開"膨脹性缺口",造成物價水平普遍持續上漲,即以過多的貨幣追求過少的商品。

需求拉動型通貨膨脹形成的因素主要有:第一,政府財政支出超過財政收入而形成財政赤字,並主要依靠財政透支來彌補;第二,國內投資總需求超過國內總儲蓄和國外資本流入之和,形成所謂的投資膨脹;第三,國內消費總需求超過消費品供給和進口消費品之和,形成所謂的消費膨脹。上述三個因素中任何一個發生作用,在其他條件不變時都會導致總需求與總供給的缺口。

在實際生活中,當經濟中實現了充分就業時,表明資源已得到充分利用,在此條件下,如果總需求繼續增加,閒置的機器設備由於已全部使用上了,過度的需求不僅不會促使產量增加反而引起物價上漲,產生通貨膨脹。此處,特別強調是超額需求(區別於成本推動型通貨膨脹,成本推動型通貨膨脹是在無超額需求的情況下,由於供給方面成本的上升而導致的)。後來又有人補充,當經濟中未實現充分就業時,由於需求增加後,總供給的增加無法迅速滿足總需求的要求便產生了暫時的供給短缺,從而推動了價格水平,產生通貨膨脹。由於經濟尚未達到充分就業,價格水平的上漲仍會刺激總供給逐漸增加,從而也使國民收入隨之增加。

2. 成本推動型通貨膨脹

成本推動型通貨膨脹又稱成本通貨膨脹或供給通貨膨脹,是指在沒有超額需求的情況下由於供給方面成本的提高所引起的一般價格水平持續和顯著的上漲。

成本推動型通貨膨脹由於成本上升時的原因不同,可以分為三種類型:工資推進通貨膨脹、利潤推進通貨膨脹、進口和出口推進通貨膨脹。

(1) 工資推進通貨膨脹。總需求不變的條件下,如果工資的提高引起產品單位成本增加,便會導致物價上漲。在物價上漲後,如果工人又要求提高工資,而再度使成本增加,便會導致物價再次上漲。這種循環被稱為工資—物價螺旋。許多經濟學家將歐洲大多數國家在 20 世紀 60 年代末 70 年代初經歷的通貨膨脹認定為工資推動的通貨膨脹。例如,在聯邦德國,工時報酬的年增長率從 1968 年的 7.5% 躍居到 1970 年的 17.5%。在同一時期,美國的工時報酬年增長率由 7% 上升到 15.5%。

其主要原因在於:工會或某些非市場因素壓力的存在,會使工人貨幣工資增長率超過勞動生產率的增長。

(2) 利潤推進通貨膨脹。寡頭企業和壟斷企業為保持利潤水平不變,依靠其壟斷市場的力量,運用價格上漲的手段來抵消成本的增加;或者為追求更大利潤,以成本增加作為藉口提高商品價格,從而導致價格總水平上升。其中最為典型的是在 1973—1974 年,石油輸出國組織(OPEC)歷史性地將石油價格提高了 4 倍,到 1979 年,石油價格又被再一次提高,引發"石油危機"。

(3) 進口和出口推進通貨膨脹

進口和出口推進通貨膨脹是由於進口品價格上漲，特別是進口原材料價格上漲，引起的通貨膨脹。由於出口猛增，使國內市場產品不足，也能引起物價上漲和通貨膨脹。

3. 混合型通貨膨脹

單一的供給型通貨膨脹，在現實生活中是不可能持續發展下去的。以工資推進通貨膨脹爲例，在經濟運行中，要使工資推進通貨膨脹繼續下去，貨幣工資的增加就必須連續不斷地進行下去。在需求不變的情況下，這會受到越來越嚴重的失業和產量下跌的限制。實際上，在現實經濟運行中，供給型通貨膨脹並不會如理論分析的那樣，只有當失業率下跌到足以阻止貨幣工資率上升的程度或實際產量下跌到足以使價格的提高不會增加利潤的時候才會停止。

在一般情況下，供給型通貨膨脹會得到需求擴張的支持。因爲如果出現了單一的供給型通貨膨脹，政府是不會容忍實際產量的下跌和失業率的大幅度上升的，所以政府遲早會通過擴張性的宏觀經濟政策去增加需求。此時，供給型通貨膨脹也就演化成供給—需求混合型的通貨膨脹了。爲了分析的方便，我們將混合型通貨膨脹分爲螺旋式混合型通貨膨脹和直線式混合型通貨膨脹。

4. 結構型通貨膨脹

在沒有需求拉動、成本推動的條件下，由於經濟結構的變動，也會出現一般價格水平的持續上漲，這種情況稱爲結構型通貨膨脹。這個理論的基本觀點是在一國經濟中，當一些產業和部門在需求方面或成本方面發生變動時，往往會通過部門之間的相互比較而傳導到其他部門，並導致一般物價水平的普遍上升。

從生產率提高的速度來看，社會經濟結構存在着這樣的特點，一些部門的勞動生產率增長速度較快，而另一些部門的勞動生產率增長速度較慢，因此一個社會的經濟結構會存在這樣一種趨勢，即一些部門正在發展，而另一些部門正在逐漸衰落。那些生產率提高速度快的部門工資提高快，而生產率提高速度慢的部門工資提高慢，但是處於生產率提高速度慢的部門的工人要求"公平"，由於工會的存在，這類部門提出的提高工資的要求通常會實現，從而使得整個社會的工資增長率要超過勞動生產率，從而引起通貨膨脹。同樣，在迅速發展的部門和日趨衰落的部門、開放部門和非開放部門之間也會存在這種情況。

四、通貨膨脹的影響

通貨膨脹對於整個經濟生活的影響體現在以下幾個方面：

(一) 影響社會財富的再分配

1. 通貨膨脹會調整債權人和債務人的財富分配

在通常情況下，借貸的債務契約都是根據簽約時的通貨膨脹率來確定名義利息率的，因此當現實中發生了未預期的通貨膨脹後，債務契約無法更改，從而使得實際利息率下降，債務人受益，而債權人受損。

2. 通貨膨脹會調整雇主和工人的財富分配

通常情況下，工人會一次性和雇主簽訂幾年的合同，在合同中會規定這幾年的工資（當然會根據預期的物價上升來進行調整）。那麼在這幾年中，若發生了未預期到的通貨膨脹，合同無法更改，從而使得工人拿到手的實際工資下降。

（二）皮鞋成本

當經濟發生通貨膨脹時，人們必然會頻繁到銀行去取錢，以期望把錢換成實物或是更保值的貨幣，如美元。這樣頻繁地光顧銀行，必然使鞋底磨損得較快，因此將這種成本稱爲皮鞋成本。

皮鞋成本是一種形象化的説法，泛指爲了減少貨幣持有量而產生的成本。

（三）菜單成本

大多數企業不會經常變動產品的價格。企業不改變價格的原因是因爲改變價格是有成本的，這個成本即菜單成本。這個詞來自餐館印刷新菜單的成本。菜單成本包括印刷新清單和目錄的成本、把這些新價格表和目錄送給中間商和顧客的成本、爲新價格做廣告的成本、決定新價格的成本，甚至還包括處理顧客對價格變動怨言的成本。

通貨膨脹增加了企業的菜單成本，因爲如果發生通貨膨脹，使得企業生產的成本增加，企業就會不斷調整產品的價格。

（四）通貨膨脹引起的稅收扭曲

當經濟中存在通貨膨脹時，稅收扭曲變成了問題。這是因爲法律制定者在制定稅法的時候沒有考慮到通貨膨脹，但通貨膨脹往往會增加納稅負擔。

我們以一個最簡單的例子來説明。我國的個人所得稅的免徵額是 3 500 元，即當某人每月的收入超過 3 500 元，就需要繳納個人所得稅。某人 2015 年的月工資爲 3 300 元，不需要繳納個人所得稅，但 2016 年的月工資增加到 3 600 元，就需要繳納個人所得稅。在這一過程中，表面上看是個人工資提高，繳納了個人所得稅。但若從 2015 年到 2016 年發生了很嚴重的通貨膨脹，也就是説這個人的名義工資提高了，但實際工資不僅沒有提高，反而降低了。但是稅法並不考慮通貨膨脹，而是要對新的名義工資進行徵稅，那麼這在無形中會增加納稅人的負擔。

此外，經濟中還有很多這方面的例子，如通貨膨脹會增加利息收入者的負擔，因此在高通貨膨脹率的國家，會抑制儲蓄。

小案例：

我們上面列舉了不少通貨膨脹會對經濟造成的危害，那麼有人會認爲通貨緊縮會不會要好一點，而實際上，通貨緊縮的影響可能會更壞。

1. 經濟衰退

通貨緊縮導致的經濟衰退表現在三個方面：一是物價的持續、普遍下跌使得企業產品價格下跌，企業利潤減少甚至虧損，這將嚴重打擊生產者的積極性，使生產者減少生產甚至停產，結果社會的經濟增長受到抑制。二是物價的持續、普遍下跌使得實際利率升高，這將有利於債權人而損害債務人的利益。而社會上的債務人大多是生產者和投資者，債務負擔的加重無疑會影響他們的生產與投資活動，從而對經濟增長造成負面影響。三是物價下跌引起的企業利潤減少和生產積極性降低，將使失業率上升，實際就業率低於充分就業率，實際經濟增長低於自然增長。

2. 導致社會財富縮水

通貨緊縮發生時，全社會總物價水平下降，企業的產品價格自然也跟着下降，企業的利潤隨之減少。企業盈利能力的下降使得企業資產的市場價格也相應降低。產品價格水平的下降使得單個企業的產品難以賣出，企業爲了維持生產周轉不得不增加負債，負債率的提高進一步使企業資產的價格下降。企業資產價格的下降意味着企業淨值的下降和財富的減少，通貨緊縮的條件下，供給的相對過剩必然會使衆多勞動者失業，此時勞動力市場供過於求的狀況將使工人的工資降低，個人財富減少。即使工資不降低，失業人數的增多也使社會居民總體的收入減少，導致社會個體的財富縮水。

3. 可能引發銀行危機

與通貨膨脹相反，通貨緊縮有利於債權人而有損於債務人。通貨緊縮使貨幣越來越昂貴。這實際上加重了借款人的債務負擔，使借款人無力償還貸款，從而導致銀行形成大量不良資產，甚至使銀行倒閉，金融體系崩潰。

第三節　失業與通貨膨脹的關係：菲利普斯曲線

1958年，菲利普斯根據英國1861—1913年失業率和貨幣工資變動率的經驗統計資料，提出了一條用以表示失業率和貨幣工資變動率之間交替關係的曲線。這條曲線表明：當失業率較低時，貨幣工資增長率較高；反之，當失業率較高時，貨幣工資增長率較低，甚至是負數。根據成本推動型通貨膨脹理論，貨幣工資可以表示通貨膨脹率。因此，這條曲線就可以表示失業率與通貨膨脹率之間的交替關係，即失業率高表明經濟處於蕭條階段，這時工資與物價水平都較低，從而通貨膨脹率也就低；反之，失業率低表明經濟處於繁榮階段，這時工資與物價水平都較高，從而通貨膨脹率也就高。失業率和通貨膨脹率之間存在着反方向變動的關係（見圖15-1）。

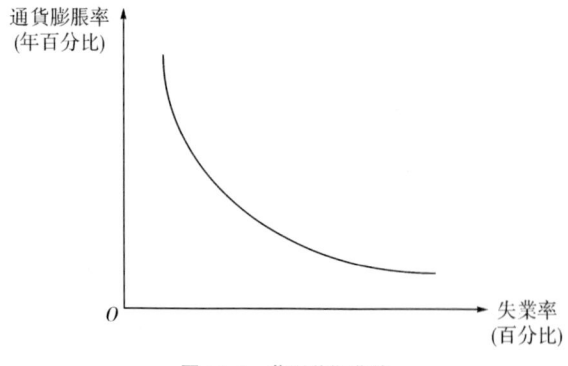

圖 15-1　菲利普斯曲線

習題

1. 若一國 16 周歲以上的人口是 2.5 億人，工作人數是 2 億人，失業人數是 2 000 萬人，則失業率為（　）。
   A. 0%　　　　　　　　　　B. 9%
   C. 10%　　　　　　　　　 D. 8%
2. 由經濟蕭條造成的失業屬於（　）。
   A. 摩擦性失業　　　　　　B. 結構性失業
   C. 週期性失業　　　　　　D. 自願失業

第十六章　開放經濟

引導案例

人民幣匯率韌性增強

2016年6月末以來，英國脫歐公投結果震動全球金融市場，人民幣與英鎊、歐元等國際主要非美貨幣匯率出現階段性走貶。回顧人民幣匯率自6月24日英國脫歐公投以來的表現，在英鎊、歐元等主要非美貨幣匯率一度猛烈下挫的背景下，人民幣對美元匯率雖也出現持續小幅走貶，但與全球主要非美貨幣相比調整幅度較爲有限。

數據顯示，截至7月12日，人民幣對美元匯率中間價報6.695 0，較英國脫歐公投前下跌1.97%；人民幣對美元即期匯價收報6.685 0，較6月23日收盤價下跌1.63%。而截至北京時間7月12日16時30分（境內銀行間外匯市場日內交易收盤），歐元、英鎊對美元匯價較英國脫歐公投之前的跌幅分別高達2.67%和12.44%。此外，加拿大元、瑞士法郎等非美貨幣匯價均有接近3%的跌幅，在此期間全球主要非美貨幣中僅有日元、澳大利亞元沒有出現明顯貶值。

整體來看，人民幣對美元的走軟幅度雖然在近年來較少見，但在英國脫歐對國際匯市產生巨震的大環境下，人民幣匯率的整體表現相對於其他主要非美貨幣仍稱得上穩健。在此前國外部分金融機構持續大幅唱空人民幣匯率的背景下，人民幣匯率在外部重磅金融事件帶來一定衝擊時，沒有出現超出預期的走貶。

匯率是衡量一國經濟實力的重要指標。那麼什麼是匯率？國與國之間的匯率是如何決定的？這就是本章要講述的內容。

教學目的

本章介紹與開放經濟有關的幾個重要概念。通過本章的學習，要求掌握匯率、FDI、購買力平價等幾個重要的概念。

本章重難點

匯率的概念及表示方法、名義匯率與實際匯率的關係、購買力平價。

亞當・史密斯用絕對優勢來說明國際貿易的好處，而大衛・李嘉圖用比較優勢來說明國際貿易的好處。貿易使得人們生產自己最擅長生產的東西，並消費世界各國生產的各種各樣的物品與勞務。貿易可以使得每個人的狀況變得更好。而在現實中，幾乎世界上的每一個國家都是開放經濟，即幾乎所有的國家都與其他國家有經濟貿易往來。

本章我們討論與開放經濟相關的一些定義與原理。

第一節　物品與資本的國際流動

一個開放經濟以兩種形式與其他經濟體發生聯繫：一種是大家比較熟悉的在世界市場上購買和出售自己的產品和服務；另一種是在世界金融市場上購買和出售自己的股票、債券等金融資產。

一、產品和服務的流動

出口是指在國內生產並在國外銷售的產品與服務，進口是指在國外生產並在國內銷售的產品與服務。舉一個最簡單的例子，當中國一家公司生產的衣服賣到美國一家公司時，這對於中國來說是出口，而對於美國來說是進口。

一國的淨出口等於出口減去進口。如果淨出口為正，也即出口大於進口，這種情況我們稱之為貿易盈餘（貿易順差）。而如果淨出口為負，即出口小於進口，我們稱之為貿易赤字（貿易逆差）。如果一國的淨出口為零，即出口等於進口，我們稱之為貿易平衡。

據中國海關統計，2016 年上半年，中國貨物貿易進出口總值 11.13 萬億元人民幣，比 2015 年同期（下同）下降 3.3%。其中，出口 6.4 萬億元，下降 2.1%；進口 4.73 萬億元，下降 4.7%；貿易順差 1.67 萬億元，擴大 5.9%。

二、金融資本的流動

一個開放經濟的居民可以參與世界物品與服務市場，一個開放經濟的居民還可以參與世界金融市場。舉例來說，一個中國公民可以買一輛福特汽車，也可以購買福特公司的股票。前一種是這個公民參與了世界產品市場，而後一種是這個公民參與了世界金融市場。

在世界金融市場中，有一個名詞類似於淨出口，即資本淨流出，它等於本國居民購買的外國資產減去外國居民購買的本國資產。同淨出口一樣，資本淨流出可以為正，也可以為負。如果資本淨流出為正，說明本國居民購買的外國資產大於外國居民購買的本國資產，此時可以說資本從一國流出。如果資本淨流出為負，說明本國居民購買的外國資產小於外國居民購買的本國資產，此時可以說一國有資本流入。

國際資本流動主要有兩種方式，一種是直接投資，另一種是間接投資。

（一）外商直接投資（FDI）

外商直接投資，即一國的投資者（自然人或法人）跨國境投入資本或其他生產要素，以獲取或控制相應的企業經營管理權為核心，以獲得利潤或稀缺生產要素為目的的投資活動。FDI 是現代資本國際化的主要形式之一。

2014 年，流入發展中經濟體的 FDI 達到歷史最高水平，達 6 810 億美元，上升

2%。發展中經濟體在全球 FDI 流動格局中的地位進一步增強，占全球 FDI 流量的 55%。流入發達國家的 FDI 持續低迷，全年下降 28%，爲 4 990 億美元。中國首次超過美國成爲全球最大的 FDI 流入國，2013 年吸引外資增加 4%，達 1 290 億美元，而美國 FDI 流入同期大幅減少六成，僅爲 924 億美元。在全球十大外資流入地中，發展中經濟體占據"半壁江山"，包括中國、新加坡、巴西和印度。

(二) 國外間接投資

國外間接投資最主要的一種是國外有價證券投資，是指購買國外股票和其他有價證券爲內容，以實現貨幣增值爲目標而進行的投資活動。例如，我們剛才舉過的一個例子，一個中國居民購買了美國某一家公司的股票。

直接投資和間接投資的區別在於直接投資是以獲取或控制企業經營管理權爲目的的，是一種主動管理投資；而間接投資（有價證券投資）是以實現自己的貨幣增值爲目的的，不是一種更爲直接有效的投資。

第二節　匯率與匯率的決定

一、與匯率有關的概念

(一) 匯率

在現代經濟生活中，貨幣作爲價值尺度和支付手段，具有不可替代的作用，但是由於各國的貨幣是不同的，國際貿易活動中首先出現的一個問題是各國貨幣之間的兌換比率必須確定，而各國貨幣之間的兌換比率即匯率。

匯率有兩種表示方法，一種是直接標價法，另一種是間接標價法。

直接標價法是以一定單位（1、100、1,000）的外國貨幣爲標準來計算應付出多少單位本國貨幣，如人民幣兌美元匯率爲 6.367 7 人民幣。在國際外匯市場上，包括中國在內的世界上絕大多數國家目前都採用直接標價法。在直接標價法下，若一定單位的外幣折合的本幣額多於前期，則說明外幣幣值上升或本幣幣值下跌，稱爲本幣貶值；反之，如果要用比原來較少的本幣即能兌換到同一數額的外幣，說明本幣升值或外幣貶值。

間接標價法是以一定單位本國貨幣爲標準，來計算應收若干單位的外幣。在國際外匯市場上，歐元、英鎊、澳大利亞元等均爲間接標價法，如歐元 0.970 5，即 1 歐元兌 0.970 5 美元。在間接標價法中，本國貨幣的數額保持不變，外國貨幣的數額隨著本國貨幣幣值的變化而變化。如果一定數額的本幣能兌換的外幣數額比前期多，這表明外幣幣值下降，本幣升值，即匯率上升；反之，本幣幣值下降，本幣貶值，即匯率下降。

(二) 匯率制度

匯率制度是指各國或國際社會對於確定、維持、調整與管理匯率的原則、方法、方式和機構等做出的系統規定。按照匯率變動幅度的大小，匯率制度可分爲固定匯率制和浮動匯率制。

固定匯率制度是以本位貨幣本身或法定含金量爲確定匯率的基準，匯率比較穩定的一種匯率制度。在不同的貨幣制度下具有不同的固定匯率制度。

金本位制度是一種以黃金爲中心的國際貨幣體系，黃金成爲兩國匯率決定的實在的物質基礎。

布雷頓森林體系實行"雙掛勾"，即美元與黃金掛勾，其他各國貨幣與美元掛勾。在"雙掛勾"的基礎上，《國際貨幣基金協定》規定，各國貨幣對美元的匯率一般只能在匯率平價±1%的範圍內波動。當某國貨幣對美元匯率的波動超過這一幅度後，該國貨幣當局有義務干涉外匯市場。20世紀60年代以後，美元一再貶值，1973年2月美元再次大幅度貶值後，布雷頓森林體系解體，西方各國貨幣紛紛與美元脫鈎，不再實行固定匯率而改用浮動匯率。

浮動匯率是固定匯率的對稱，是根據市場供求關係而自由漲跌，貨幣當局不進行干涉的匯率。在浮動匯率下，金平價已失去實際意義，官方匯率也只起某種參考作用。就浮動形式而言，如果政府對匯率波動不加干預，完全聽任供求關係決定匯率，稱爲自由浮動。但是，各國政府爲了維持匯率的穩定，或出於某種政治及經濟目的，要使匯率上升或下降，都或多或少地對匯率的波動採取干涉措施。這種浮動匯率在國際上通稱爲管理浮動。1973年固定匯率制度瓦解後，西方國家普遍實行浮動匯率制度。

(三) 名義匯率

名義匯率是一個人可以用一國通貨交換另一國通貨的比率。例如，如果你到銀行，你就會看到標出的匯率是80日元兌1美元，即如果你給銀行1美元，銀行就給你80日元；而如果你給銀行80日元，銀行會給你1美元。

(四) 實際匯率

實際匯率是一個人可以用一國的物品與服務交換另一國的物品與服務的比率。例如，你到商店購物，發現1千克中國大米的價格是1千克美國大米的2倍，那麼實際匯率就是1千克美國大米兌1/2千克中國大米。要註意的是，和名義匯率一樣，實際匯率也可以用一單位國內東西的外國東西單位量來表示。但在這種情況下，東西是物品，而不是通貨。

(五) 名義匯率與實際匯率的關係

名義匯率與實際匯率是緊密相關的，我們可以用以下公式來總結名義匯率與實際匯率的關係：

$$實際匯率 = \frac{名義匯率 \times 國內價格}{國外價格}$$

一國的實際匯率是其物品與勞務淨出口的決定因素。若美國的實際匯率下降，這意味着相對於外國商品來說，美國商品變得更便宜了。那麼人們就會更多地購買美國商品，這樣美國的出口就會增加。而相反，若美國的實際匯率上升，則意味着相對於外國商品來說，美國商品變得更貴了，那麼人們就會選擇少購買美國的商品，美國的出口就會減少。

二、匯率決定理論

匯率的變動幅度一直很大。如果觀察各國的匯率兌換表，你會發現，在同一時期，與某一種貨幣相比，人民幣的價值下降了；但與另一種貨幣相比，人民幣的價值上升了，並且變動的幅度完全不同。那麼什麼因素可以解釋匯率這種大幅度且方向相反的變動呢？經濟學家嘗試用很多理論來解釋。這里我們介紹一種最簡單的理論——購買力平價理論。

(一) 購買力平價理論

購買力平價理論根據一價定律的原理得出。一價定律認爲，一種物品在所有地方都應該按同樣的價格出售，否則就有未被利用的可以獲取利潤的機會。

舉個簡單的例子來說明，假如湖北大米的售價低於湖南，一個人可以在湖北以5元/千克的價格購買大米，然後在湖南以8元/千克的價格出售，這樣他就從這種價格差中獲得了每千克3元的利潤。利用不同市場上同一種東西的價格差的過程稱爲套利。若這種現象一直持續，會出現一種趨勢，在湖北，大米的需求會增多，在供給不變的情況下，湖北大米的價格會上升；而同時，在湖南，大米的購買量會減少，湖南大米的價格會下降。直到兩個市場上大米的價格相等了，這種套利的情況才會結束。

現考慮一價定律如何應用於國際市場。如果1美元在美國可以買到的咖啡比在日本多，國際貿易者就會通過在美國購買咖啡並將其在日本出售而獲得利潤。這種從美國到日本的咖啡出口會使美國的咖啡價格上升，使日本的咖啡價格下降，最終一價定律告訴我們，在所有國家，1美元必定能買到等量的咖啡。

一個測量購買力平價的簡單而幽默的例子就是"巨無霸指數"。這個指標由於《經濟學人》雜誌的使用而聞名於世。《經濟學人》雜誌將麥當勞在各國的分店中賣的巨無霸漢堡包的價格進行了比較。如果一個巨無霸漢堡包在美國的價格是4美元，而在英國的價格是3英鎊，那麼美元與英鎊的購買力平價匯率就是3英鎊=4美元。

(二) 購買力平價理論的局限性

購買力平價理論用很簡單的方法向我們解釋了現實中各國匯率到底是怎麼決定的。但是，這種理論並不一定完全是正確的。事實上，在世界各國，商品的價格並不是完全一樣的。購買力平價理論在現實中並不總是能成立的原因在於這一理論有一些局限性。

第一個原因是現實中，很多物品是不容易進行交易的，更不容易進行國際交易。我們剛才提到了一個例子，湖北大米的價格比湖南大米的價格便宜，因此我們可以購買湖北的大米再拿到湖南市場上去出售，從中套利。但在現實中，我們會發現，這一過程比想象中複雜，時間、精力以及最重要的運輸費用都是我們要考慮的問題。國內的套利都如此複雜，更何況國際貿易。

第二個原因是消費者的偏好。假如在中國理髮要比在美國理髮便宜，我們拋開貿易的不可實現性，即消費者可以自由地選擇在中國或美國理髮。根據購買力平價理論，消費者會更多地選擇在中國理髮，而不在美國理髮，那麼最終這兩個國家理髮的價格應該是相等的。現實是消費者的偏好是不同的，儘管價格不同，但消費者認為這兩個市場中服務的質量是不同的，那麼這種價格差還會一直存在。

雖然購買力平價理論並不是一種完美的匯率決定理論，但它仍然提供瞭解釋匯率的有用的第一步。

習題

1. 人民幣對美元的匯率下降，將使（　　）。
   A. 中國商品相對便宜，美國增加對中國商品的進口
   B. 中國商品相對便宜，中國增加對美國商品的進口
   C. 中國商品相對昂貴，美國增加對中國商品的出口
   D. 中國商品相對昂貴，中國增加對美國商品的出口
2. 如果法郎和美元的交換比率從 5：1 變為 4：1，則（　　）。
   A. 法郎的匯率由 20 美分上升到 25 美分，美元升值
   B. 法郎的匯率由 20 美分上升到 25 美分，美元貶值
   C. 法郎的匯率由 25 美分下降到 20 美分，美元升值
   D. 法郎的匯率由 25 美分下降到 20 美分，美元貶值
3. 如果德國在美國大量出售股票和債券，然後將資金用於購買本國商品，對美元造成的短期影響是（　　）。
   A. 美國的黃金和外匯儲備外流　　B. 美國的黃金和外匯儲備增加
   C. 對美國的外匯儲備沒有影響　　D. 對美國外匯儲備的影響是不確定的

第十七章　宏觀經濟政策

引導案例

2016 年二季度重磅經濟數據陸續出爐　積極財政政策繼續發力

2016 年二季度經濟數據陸續出爐。2016 年 6 月新增信貸有望回升至萬億元，但外貿形勢不容樂觀，二季度 GDP 同比增長 6.6% 保持平穩，2016 年下半年積極財政政策繼續發力。

2016 年 6 月財新網制造業採購經理指數（PMI）顯示，目前國內外市場需求持續偏弱，實體經濟發展動力仍顯不足，三季度政府有必要讓積極的財政政策更積極，穩健的貨幣政策繼續配合，以避免出現經濟過快下行風險。李克強總理近期在達沃斯論壇上也表示，中央政府的債務率還比較低，積極的財政政策仍然可以加力。

國家主席習近平也強調，宏觀經濟政策要堅持穩中求進的工作總基調，適度擴大總需求，繼續實施積極的財政政策和穩健的貨幣政策；以推進供給側結構性改革爲主線，有力、有度、有效落實好"三去一降一補"重點任務；引導好發展預期，用穩定的宏觀經濟政策穩定社會預期，用重大改革舉措落地增強發展信心。

交通銀行首席經濟學家連平表示，2016 下半年中國經濟運行存在四大不確定性，包括外部環境對中國資本市場和外匯市場帶來聯動風險隱患；去產能進程可能加重經濟下行壓力；部分食品和資產價格上漲過快，食品和住房價格事關居民基本生活；債券市場違約風險可能擴散，需要防止引發系統性風險等。

連平建議，當前內外部經濟金融形勢錯綜複雜，在貨幣政策保持穩健中性、確保流動性總體合理寬裕的同時，應積極發揮財政和投資政策對穩增長、調結構的重要作用，有效採取更具針對性、更爲精準和差異化的調控舉措。

當宏觀經濟出現波動時，政府會進行干預，那麼怎樣進行干預，這就是本章要講述的內容。

教學目的

本章介紹與宏觀經濟政策有關的幾個重要概念。通過本章的學習，要求掌握宏觀經濟政策目標、財政政策與貨幣政策的使用。

本章重難點

宏觀經濟政策目標、財政政策和貨幣政策的內容及使用、財政政策與貨幣政策的協調。

第一節　宏觀經濟政策目標

宏觀經濟政策是指國家或政府有意識、有計劃地運用一定的政策工具，調節控制宏觀經濟的運行，以達到一定的政策目標。宏觀調控是公共財政的基本職責。所謂公共財政，指的是為彌補市場失效、向社會提供公共服務的政府分配行為或其他形式的經濟行為。

一般認為，宏觀經濟政策的目標有以下四個：

一、經濟增長

經濟增長是指在一個特定時期內經濟社會生產的人均產量和人均收入的持續增長。經濟增長包括：一是維持一個高經濟增長率；二是培育一個經濟持續增長的能力。一般認為，經濟增長與就業目標是一致的。經濟增長通常用一定時期內實際國民生產總值年均增長率來衡量。經濟增長會增加社會福利，但並不是增長率越高越好。這是因為經濟增長一方面要受到各種資源條件的限制，不可能無限地增長，尤其是對於經濟已相當發達的國家來說更是如此。另一方面，經濟增長也要付出代價，如造成環境污染、引起各種社會問題等。因此，經濟增長就是實現與本國具體情況相符的適度增長率。

二、充分就業

充分就業是指包含勞動在內的一切生產要素都以願意接受的價格參與生產活動的狀態，即所有資源都得到充分利用。需要強調的是充分就業並不是說經濟中的所有人都有工作，它是指除了摩擦失業和自願失業之外，所有願意接受各種現行工資的人都能找到工作的一種經濟狀態，即消除了非自願失業就是充分就業。失業意味著稀缺資源的浪費或閒置，從而使經濟總產出下降，社會總福利受損。因此，失業的成本是巨大的，降低失業率，實現充分就業就常常成為西方宏觀經濟政策的首要目標。

三、物價穩定

物價穩定是指物價總水平的穩定。一般用價格指數來衡量一般價格水平的變化。價格穩定不是指每種商品價格的固定不變，也不是指價格總水平的固定不變，而是指價格指數的相對穩定。關於價格指數，我們在前面的章節已經介紹過三種，即 CPI、PPI 和 GDP 平減指數。物價穩定並不是通貨膨脹率為零，而是允許保持一個低而穩定的通貨膨脹率。所謂低，就是通貨膨脹率在 1%~3%；所謂穩定，就是在相當時期內能使通貨膨脹率維持在大致相等的水平上。這種通貨膨脹率能為社會所接受，對經濟也不會產生不利的影響。

四、國際收支平衡

國際收支平衡具體分爲靜態平衡與動態平衡、自主平衡與被動平衡。靜態平衡是指一國在一年的年末，國際收支不存在順差也不存在逆差；動態平衡不強調一年的國際收支平衡，而是以經濟實際運行可能實現的計劃期爲平衡週期，保持計劃期內的國際收支均衡。自主平衡是指由自主性交易即基於商業動機，爲追求利潤或其他利益而獨立發生的交易實現的收支平衡；被動平衡是指通過補償性交易即一國貨幣當局爲彌補自主性交易的不平衡而採取調節性交易達到的收支平衡。

國際收支平衡的目標要求做到匯率穩定，外匯儲備有所增加，進出口平衡。國際收支平衡不是消極地使一國在國際收支帳戶上經常收支和資本收支相抵，也不是消極地防止匯率變動、外匯儲備變動，而是使一國外匯儲備有所增加。適度增加外匯儲備被看成改善國際收支的基本標誌。同時，由於一國國際收支狀況不僅反應了這個國家的對外經濟交往情況，還反應出該國經濟的穩定程度。

以上四種目標之間既存在着密切的聯繫，又存在着矛盾。我們一般認爲經濟增長和充分就業，有着促進作用，因爲要實現充分就業，就必須要促進經濟增長。但是經濟增長和物價穩定之間就是相互矛盾的，因爲經濟增長了，物價一般都會上升。而經濟增長與國際收支平衡也是矛盾的，因爲國民收入增加了，在邊際進口傾向不變的情況下，進口必然會增加，從而使國際收支狀況惡化。

宏觀經濟政策目標的相互矛盾，就要求政策制定者在制定經濟政策時，必須對經濟政策目標進行價值判斷，權衡輕重緩急和利弊得失，確定目標的實現順序和目標指數高低，同時使各個目標能有最佳的匹配組合，使所選擇和確定的目標體系成爲一個和諧的有機的整體。

第二節　財政政策

財政政策是指政府通過課稅以及支出的行爲來影響社會的有效需求，促進就業水平的提高，並避免通貨膨脹或通貨緊縮的發生，從而實現經濟穩定增長的一種政策。

一、財政收入政策

財政收入政策主要包括政府的稅收政策和政府的公債政策。

（一）稅收政策

稅收既是當今世界各國財政收入的主要來源，又是各國政府實施財政政策強有力的手段之一。稅收政策具有乘數效應（在第十一章中已介紹過），即稅收的變動對國民收入的變化具有倍增的作用。

具體來看，稅收政策對整個宏觀經濟的作用主要有以下幾點：

第一，稅收是國家籌集資金、組織財政收入的主要工具。稅收作爲一種收入手段，可以將民間的一部分資源轉移到政府部門，從而實現資源的重新配置。政府有時需要利用稅收的收入手段強制改變資源的配置，以彌補市場機制的缺陷。

第二，稅收是調節經濟的重要槓桿。稅收作爲調節手段，一是調節社會總供給和總需求的關係，二是調節收入分配關係。例如，當經濟處於繁榮時期，社會總需求大於總供給，國民收入增加，政府可以提高個人所得稅稅率，減少人們的可支配收入，從而降低消費需求；同時，對企業採取減稅政策，刺激企業生產，增加社會總供給。反之，當經濟衰退時，社會總供給大於總需求，政府可以相應降低個人所得稅稅率，增加居民可支配收入，刺激總需求。

(二) 公債政策

政府公債的發行，既能作爲一種財政政策工具，增加財政收入，影響財政收支，又能對金融市場上的資金狀況起到調節作用，從而調節社會的總需求水平。所有公債是政府實施宏觀調控的有力的經濟政策工具。

公債政策作爲一種有效的財政政策，其對經濟活動的槓桿作用主要體現在對經濟的利率效應上。

利率效應即通過調整公債的利率水平和影響其供求狀況來影響金融市場利率變化，從而對經濟產生擴張性或抑制性效應。公債政策的利率效應是通過確定公債利率水平和改變公債價格來實現的。當經濟蕭條時，政府通過調低公債的發行利率，帶動金融市場利率水平下降，以刺激投資需求和消費需求；當經濟繁榮時，政府通過調高公債的發行利率，推動金融市場利率水平上升，以抑制總需求。公債價格與利率呈反方向變化。而當經濟衰退時，政府可以大量買進債券，以刺激公債價格上升，使利率水平降低，產生擴張性效應；在經濟繁榮時，政府可以拋售債券，以促使公債價格下跌，使利率水平上升。

應該注意的是，公債政策不僅是一種財政政策工具，還是一種貨幣政策工具。政府在實現財政政策的目標時，要注意不能與貨幣政策目標相矛盾，要使財政政策與貨幣政策協調搭配使用，才能實現共同的經濟發展目標。

二、財政支出政策

財政支出政策主要包括政府購買支出政策和政府轉移支付政策。

(一) 政府購買支出政策

政府購買對於整個社會的總支出水平具有十分重要的調節作用。當經濟發展不景氣時，政府可以通過基礎設施建設等政府購買政策來增加社會的總需求水平，以此來拉動經濟；相反，當經濟發展過快時，政府可以採取減少政府購買支出的政策，來降低社會的總需求水平，以此來使經濟發展速度趨於平穩。因此，政府購買支出政策是實現反經濟週期、合理配置資源、穩定物價的強有力的工具。

(二) 政府轉移支付政策

政府轉移支付政策也是一種重要的財政政策工具，但其力度要小於政府購買支出政策。當經濟發展不景氣時,社會的總支出水平不足,失業會增加,政府可以通過增加社會福利保障支出,提高轉移支付水平,增加私人的可支配收入和消費支出水平,從而使社會的總需求增加,刺激經濟走出低谷;當經濟發展速度過快時,社會的總支出水平過高,政府可以通過減少社會福利保障支出,降低轉移支付水平,減少私人的可支配收入和消費支出水平,從而使社會的總需求減少,使經濟發展趨於平穩。

三、財政政策實施中的問題

財政政策是通過經濟手段來間接調節經濟的,這種對經濟的間接調節能否達到預期的最終目標呢?這就是政策效應問題。在財政政策的實施過程中有哪些因素會影響到政策的作用呢?在財政政策的實施中應該注意以下問題:

(一) 政策效應的時滯

政策時滯是政策從制定到獲得主要的或全部的效果所必須經歷的一段時間。政策時滯一般分為內在時滯和外在時滯兩個階段。內在時滯是指決定並實施某項政策需要的時間,外在時滯是指政策發生效應需要的時間。

政策時滯的長短對政策的制定與效果有重大的影響,並根據各種不同的政策而有所不同。在研究政策效應問題時必須瞭解這種時滯的長短與特點,這正是我們現在所要研究的問題。

政策時滯的存在對制定財政政策是十分重要的。如果不存在這種時滯,則對經濟中任何變動都可以採取相應的政策。但如果考慮到政策的制定、實施與發揮作用有一定的時滯,那麼就不是任何變動都應該採取一定的政策了。這也就是說,如果某種變動是暫時的,對經濟的影響不是長久的,那麼就可以不採取任何政策,因為與其等政策過一段時間再發揮作用,還不如讓經濟自行調節。而如果經濟變動是重大的,對經濟的影響是長期的,儘管政策存在時滯也必須採取相應的政策。

(二) 預期

無論是決策者還是公衆都要對未來的經濟進行預期,並根據這種預期來決定自己的行為。決策者的預期決定了採取的政策措施,公衆的預期決定他們對政策的反應,這些都會影響財政政策效應。政府要受預期的影響,同時政策本身也會影響預期。因此,在分析財政政策效應時,預期是一個十分重要的因素。

政府在進行決策時也要對經濟形勢以及政策效應進行預期,政府預期的方式也與個人相同。而政府對經濟形勢的判斷、對政策效應的預期會和個人的預期一樣難免會出現失誤,有時甚至是嚴重的失誤。那麼,這就會使政府制定出來的政策不一定是完全正確的。例如,經濟中只出現了很小的衰退,但政府由於預期失誤制定了強有力的拉動經濟的措施,其結果只能是適得其反。

財政政策效應如何要取決於公衆的配合,而公衆是否配合取決於他們的預期,公衆的預期在很大程度上要受到政府的影響。例如,政府採取了一項減稅政策,政府的本意是希望增加人們的可支配收入,從而刺激消費,達到增加社會總需求的目的,但能否達到這一目標還需要公衆的配合。如果公衆在政府實行減稅之後增加消費,那麼政府就達到了目的。如果公衆在政府實行減稅之後，在可支配收入增加的情況下，沒有增加消費反而增加了儲蓄，那麼政府的目的就沒有達到。

公衆的預期主要取決於過去的經驗，而這種經驗很大程度上來源於政府的政策行爲。一般來說，如果政府的政策行爲有規律性，則公衆的預期易於合乎理性；如果政府的行爲有突發性，則公衆的預期也是多變的。因此，政府在平時要通過規範自己的行爲來影響公衆預期，以期在發布政策時獲得公衆合作。

(三) 財政政策實施中的實際問題

在財政政策實施中還存在許多實際問題，這些問題都會影響到政策效應。任何一種財政政策在實施的過程中都會產生一些副作用。例如，擴張性財政政策在刺激經濟的同時會導致通貨膨脹，同時擴張性財政政策還會使利率上升而抵制投資，這就是財政政策的擠出效應，這種擠出效應會減少財政政策對經濟的刺激作用。

爲了達到某種最終目標，政府往往不會只採用一種政策工具，爲了實現最優的政策效應，政府必須將各種財政政策工具配合使用。只有政策的協調與配合得當，才能獲得最理想的政策效應。這種協調與配合更多的時候需要根據具體情況相機行事。

以上是財政政策實施中的問題，也是運用財政政策的困難所在。

第三節　貨幣政策

貨幣政策是中央銀行通過改變貨幣供應量來影響社會總需求水平進而影響總產出水平的一種政策。貨幣政策作爲一國政府進行宏觀調控兩大政策工具之一，對一國經濟具有十分重要的影響。但是同財政政策相比，貨幣政策是間接發揮作用的，因爲財政政策直接影響總需求的規模，這種直接作用是沒有任何中間變量的，而貨幣政策還要通過利率這種中間目標的變動來對總需求發生影響。

貨幣政策一般分爲擴張性貨幣政策和緊縮性貨幣政策。擴張性貨幣政策是指通過增加貨幣供給來帶動總需求的增長，而緊縮性貨幣政策是指通過減少貨幣供給來降低總需求水平。貨幣政策的實施主要有以下三種具體的方式：

一、公開市場業務

公開市場業務是指中央銀行通過買進或賣出有價證券，吞吐基礎貨幣，調節貨幣供應量的活動。與一般金融機構從事的證券買賣不同，中央銀行買賣證券的目的不是爲了盈利，而是爲了調節貨幣供應量。根據經濟形勢的發展，當中央銀行認爲需要收縮銀根時，便賣出證券，相應地收回一部分基礎貨幣，減少金融機構可用資金的數量；相反，當中央銀行認爲需要放鬆銀根時，便買入證券，擴大基礎貨幣供應，直接增加金融機構可用資金的數量。

公開市場業務與其他貨幣政策工具相比具有主動性、靈活性和時效性等特點。公開市場業務可以由中央銀行充分控制其規模，中央銀行有相當大的主動權；公開市場業務是靈活的，多買少賣、多賣少買都可以，對貨幣供應既可以進行"微調"，也可以進行較大幅度的調整，具有較大的彈性；公開市場業務操作的時效性強，當中央銀行發出購買或出售的意向時，交易立即可以執行，參加交易的金融機構的超額儲備金相應發生變化；公開市場業務可以經常、連續地操作，必要時還可以逆向操作，由買入有價證券轉爲賣出有價證券，使該項政策工具不會對整個金融市場產生大的波動。

二、改變貼現率

貼現率是指將未來支付改變爲現值所使用的利率，或指持票人以沒有到期的票據向銀行要求兌現，銀行將利息先行扣除所使用的利率。這種貼現率也指再貼現率，即各成員銀行將已貼現過的票據作擔保，作爲向中央銀行借款時支付的利息。

換言之，貼現率是指當商業銀行需要調節流動性的時候，要向中央銀行付出的成本。理論上講，中央銀行通過調整這種利率，可以影響商業銀行向中央銀行貸款的積極性，從而達到調控整個貨幣體系利率和資金供應狀況的目的，是中央銀行調控市場利率的重要工具之一。

貼現率政策是西方國家的主要貨幣政策。中央銀行通過變動貼現率來調節貨幣供給量和利息率，從而促使經濟擴張或收縮。當需要控制通貨膨脹時，中央銀行提高貼現率，這樣商業銀行就會減少向中央銀行的借款，商業銀行的儲備金就會減少，而商業銀行的利息率將得到提高，從而導致貨幣供給量減少。當經濟蕭條時，商業銀行就會增加向中央銀行的借款，從而儲備金增加，利息率下降，擴大了貨幣供給量，由此起到穩定經濟的作用。但如果商業銀行已經擁有可供貸款的充足的儲備金，則降低貼現率對刺激放款和投資也許不太有效。中央銀行的再貼現率確定了商業銀行貸款利息的下限。

三、改變存款準備金率

存款準備金率是銀行準備金對存款的比例。改變存款準備金率被認爲是一項強有力的貨幣政策手段，由於影響太強烈而不經常使用。

中央銀行往往逆經濟風向而改變銀行存款準備金率。貨幣當局認爲總支出不足因而失業有持續增加的趨勢時，可以降低存款準備金率。如果有必要，中央銀行可以將存款準備金率一直降到法定的最低限。存款準備金率的下降，使商業銀行能夠按更低的存款準備金率也就是按更多的倍數來擴大貸款。反之，貨幣當局認爲總支出過多因而物價水平有持續增長的趨勢時，可以提高存款準備金率，直到法定最高限。存款準備金率的提高，使商業銀行必須按更高的存款準備金率即以較低的倍數擴大貸款。存款準備金率的提高，還使商業銀行準備金不足。準備金不足縮小了商業銀行擴張貨幣和信用的基礎，減少了貸款能力。

在上述各種貨幣政策手段中，公開市場業務被認爲是最常使用的政策手段。一般來說，以上三項主要手段既可以單獨運用，又可以配合使用。在通常情況下，中央銀行通過公開市場業務和貼現率的配合來調節宏觀經濟活動水平。只有在特殊情況下，中央銀行才運用存款準備金率政策。

第十七章 宏觀經濟政策

以上我們已經分別介紹了財政政策與貨幣政策，財政政策與貨幣政策雖然都能對社會總供給與社會總需求的平衡狀況進行調節，但無論是在調節目標的確定、調節方式和手段的選擇、調節作用的發揮機制上，還是在調節的側重點、調節的效果等方面，兩者均有很多差別。在許多差別上，兩者又往往具有很大的互補性，由此決定了兩者既不能相互取代，也不能各行其是，而必須相互配合。財政政策與貨幣政策的協調配合體現在目標、方向以及力度上的配合。

財政政策目標的重點是通過稅收、政府預算和社會保障等手段調節國民收入分配，實現社會總供給與總需求的平衡；通過結構調控以優化資源配置，實現生產結構與消費結構、供給結構與需求結構的協調。貨幣政策目標的重點是通過調控貨幣供給量和貨幣需求量來實現社會總需求與社會總供給的平衡。我們在實際經濟生活中，需要通過發揮財政政策和貨幣政策的互補效應，實現各自的重點目標，最終全面實現宏觀經濟調控的總體目標。

財政政策與貨幣政策的調控方向是反經濟週期的逆向調節，以熨平經濟週期。當社會總需求明顯大於社會總供給、經濟處於高峰期時，應實行緊的財政政策與緊的貨幣政策搭配，以抵制社會總需求和通貨膨脹；當社會總需求明顯小於社會總供給、經濟處於低谷期時，應實行鬆的財政政策與鬆的貨幣政策搭配，以刺激社會總需求，抵制通貨緊縮；在經濟的平穩發展時期或在經濟的高峰期與低谷期之間的過渡時期，則可以根據社會總供求的具體情況相機抉擇，實行總體上中性的財政政策和貨幣政策。

總體而言，財政政策與貨幣政策的方向搭配，主要有以下幾種方式，即雙緊政策、雙鬆政策和雙中性政策。

財政政策和貨幣政策被人們稱為拉動經濟的兩套馬車，兩者同向而行，將對經濟產生極大的調控效應；兩者背道而馳，則作用力相互抵消。

習題

1. 請簡要回答宏觀經濟政策的目標有哪些，這些目標是否是矛盾的。
2. 請回答財政政策和貨幣政策的具體內容有哪些，以及在不同的階段政策會如何使用。
3. 中央銀行在公開市場上賣出政府債券是企圖（   ）。
   A. 收集一筆資金幫助政府彌補財政赤字
   B. 減少商業銀行在中央銀行的存款
   C. 減少流通中基礎貨幣以減縮貨幣供給，提高利率
   D. 通過買賣債券獲取差價利益

國家圖書館出版品預行編目(CIP)資料

西方經濟學/ 肖嵐 主編. -- 初版.
-- 臺北市：崧燁文化，2018.07

　面 ；　公分

ISBN 978-957-681-307-8(平裝)

1.經濟學

550　　　　　107010928

書　名：西方經濟學
作　者：肖嵐
發行人：黃振庭
出版者：崧燁文化事業有限公司
發行者：崧燁文化事業有限公司
E-mail：sonbookservice@gmail.com
粉絲頁　　　　　網址：
地　址：台北市中正區重慶南路一段六十一號八樓815室
8F.-815, No.61, Sec. 1, Chongqing S. Rd., Zhongzheng Dist., Taipei City 100, Taiwan (R.O.C.)
電　話：(02)2370-3310　傳　真：(02) 2370-3210
總經銷：紅螞蟻圖書有限公司
地　址：台北市內湖區舊宗路二段121巷19號
電話：02-2795-3656　傳真：02-2795-4100　網址：
印　刷 ：京峯彩色印刷有限公司（京峰數位）

　　　本書版權為西南財經大學出版社所有授權崧博出版事業股份有限公司獨家發行電子書繁體字版。若有其他相關權利需授權請與西南財經大學出版社聯繫，經本公司授權後方得行使相關權利。

定價：400 元
發行日期：2018 年 7 月第一版
◎ 本書以POD印製發行